Le chien est...

Le chien est le plus ancien de tous les animaux domestiqués. Il a su s'adapter pour vivre avec l'homme, acceptant de reconnaître la famille humaine comme sa meute.

...un animal de meute

Pour bien se développer, le chien a besoin de la compagnie d'autres chiens. Par une succession de tâtonnements, de parades rituelles voire d'affrontements physiques, chacun trouve sa place au sein de la meute, puis se contente de demeurer un membre à part entière d'une hiérarchie sociale bien établie. Le cerveau du chien est fait pour la vie en communauté : il chasse, joue, dort et mange en groupe. Toute meute compte un chef qui contrôle les activités collectives et, si quelques membres dominants peuvent défier le chien de tête, le groupe suit infailliblement son leader.

L'implantation des yeux du chien lui permet d'avoir un champ visuel plus large que le nôtre, même si nous possédons une meilleure vision binoculaire – aptitude à voir simultanément avec les deux yeux.

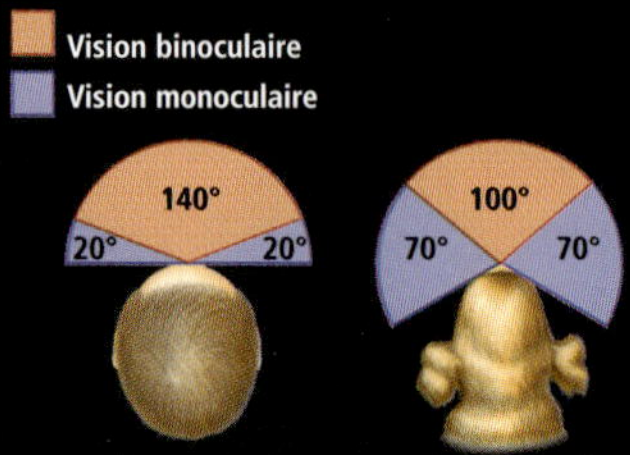

Champ visuel de l'homme

Champ visuel du chien

La plupart des hommes voient le monde selon un spectre des couleurs allant du rouge au violet (barre du bas). Les chiens voient ces couleurs différemment (barre du haut).

Spectre lumineux visible par le chien et par l'homme

...guidé par ses sens

La réussite d'un chien à la chasse dépend de son acuité sensorielle. Placés latéralement, ses yeux lui confèrent une excellente vision périphérique qui lui permet de déceler à distance le moindre mouvement. Son ouïe est capable de percevoir les sons extrêmement aigus émis par les petits rongeurs et autres proies du même type. Toutefois, son sens le plus remarquable reste l'odorat. Le museau d'un chien compte plusieurs centaines de millions de récepteurs olfactifs et, si l'on déployait entièrement ses membranes nasales, elles dépasseraient largement la superficie de son corps.

Un chien peut sentir des substances biochimiques telles que l'acide butyrique, présent dans la sueur, à une concentration un million de fois inférieure à celle décelable par l'homme.

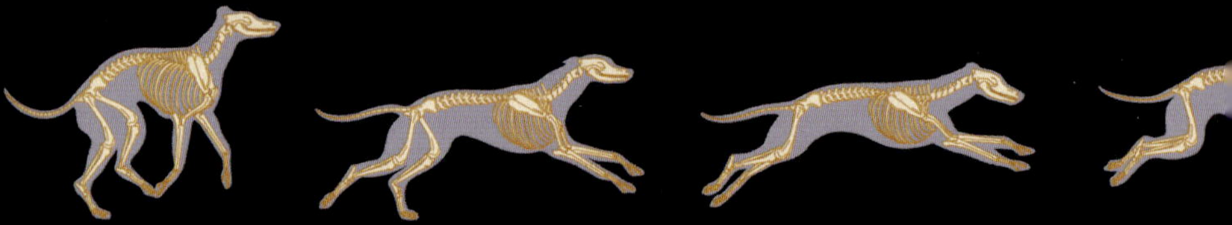

Le solide squelette du Greyhound constitue une ossature parfaitement adaptée, qui amortit son impact sur le sol lorsqu'il « vole » avec grâce, emporté par sa vitesse.

...plein d'énergie

La constitution du chien lui confère une grande résistance. Dans des conditions extrêmes, il peut survivre sans eau quatre fois plus longtemps que l'homme, sans que ses reins ne subissent de lésions irréversibles. Il est capable de jeûner pendant des jours sans que son taux sanguin de sucre – source d'énergie – ne chute. Il peut marcher, trotter, courir ou galoper bien plus longtemps que nous sans que l'accumulation de déchets chimiques n'affaiblisse ses muscles. Naturellement, il est plus enclin à bondir et à trotter qu'à marcher ou à ambler. Le chien recherche l'activité physique et se montre naturellement curieux. Il veut explorer, chercher et évaluer, goûtant sans relâche à toutes les expériences de la vie.

Comme les humains, le chien a besoin de jouer tout au long de sa vie. Méthode d'apprentissage, le jeu est aussi un plaisir qui se suffit à lui-même.

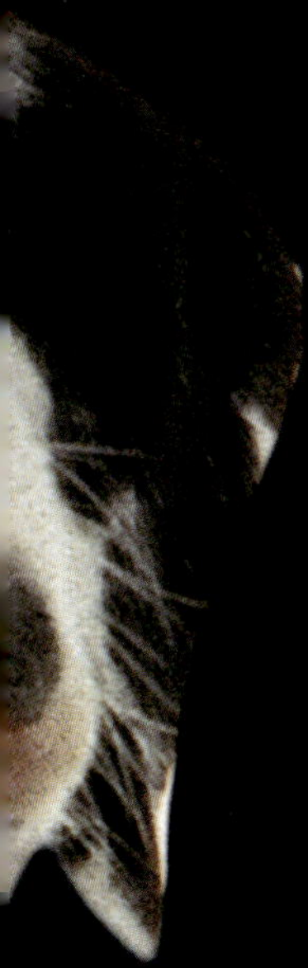

L'attachement entre le chien et l'homme se développe par le dressage et l'utilisation de récompenses afin de renforcer les comportements positifs.

...notre meilleur ami

Le chien est notre meilleur ami, car nous avons en commun nombre de traits de caractère. Hommes et chiens appartiennent à deux espèces sociables et grégaires aimant la compagnie de leurs congénères. Tous deux marquent leur territoire, les hommes par des limites physiques, comme les clôtures, les chiens par l'odeur de leurs déchets organiques. Tout comme les hommes, les chiens aiment jouer pour se distraire. Ils éprouvent les mêmes émotions de base, comme la satisfaction, l'anxiété, la jalousie, la colère, la sympathie ou la joie. Hommes et chiens partagent un éventail d'expressions et un langage du corps qui favorisent la compréhension mutuelle.

Les personnes ayant eu toute leur vie des liens affectifs avec des chiens sont généralement en meilleure santé que les autres. De la même façon, les chiens appartenant à une structure sociale stable sont plus fiables, plus heureux, voire en meilleure santé que leurs congénères qui en sont privés.

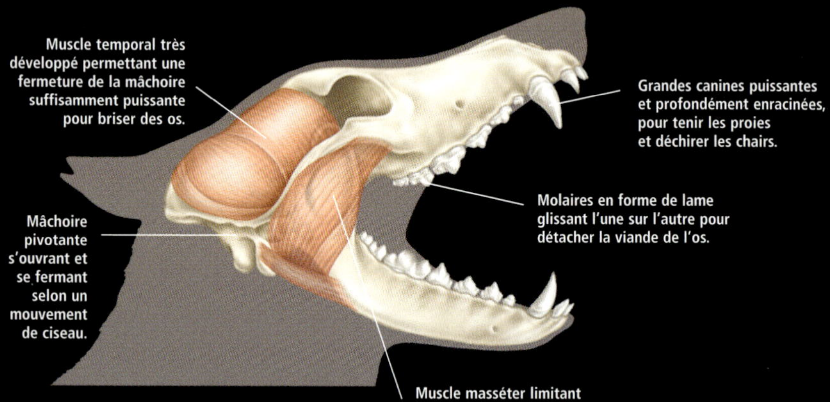

La forme de la mâchoire rappelle qu'à l'origine, le chien était un chasseur qui capturait, tuait et dévorait ses proies. Aujourd'hui, il s'est adapté à la vie domestique mais conserve encore son instinct qui lui permet de trouver de la nourriture.

...un opportuniste qui sait s'adapter

Le chien est toujours prêt à saisir sa chance. L'évolution ayant fait de lui aussi un animal se nourrissant de déchets, il laisse rarement passer une occasion de manger nos restes, en allant fouiller dans les poubelles, à la maison ou dans la rue. Naturellement, le chien est un voleur, mais un voleur parfaitement loyal. Toute chose vue, qu'il s'agisse du jouet d'un autre chien, d'un morceau de bois, d'un os ou d'une part de gâteau, devient une proie idéale. Essentiellement carnivore, il peut cependant se nourrir de toutes sortes d'aliments ou presque, d'origine animale ou végétale. Grâce à son extraordinaire faculté d'adaptation, le chien est le plus accompli des canidés, et peut-être, numériquement parlant, de tous les carnivores terrestres.

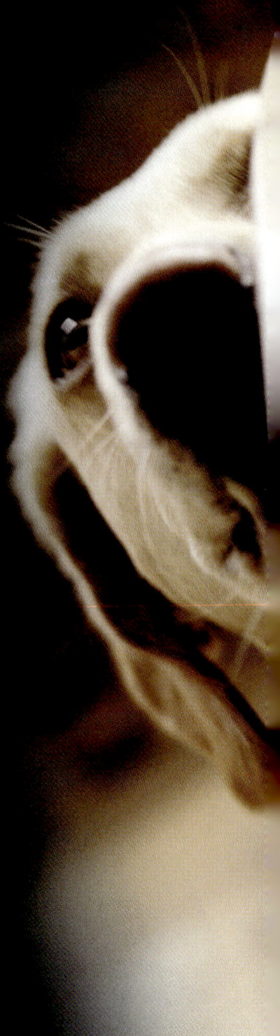

Le chien est un merveilleux compagnon qui sait faire vibrer notre corde sensible. Comment résister à ces jeunes chiots, avec leur grand front et leurs yeux étonnés? Nous aimons les caresser, car leur contact fait baisser notre pression artérielle, la température de notre peau et notre rythme cardiaque: autant de sensations éprouvées dans la petite enfance au contact de notre mère. Et si nous prenons tant de plaisir à nous occuper d'eux, peut-être est-ce parce que, de tous les mammifères, nous sommes les seuls à ressentir tout au long de notre vie ce besoin de nourrir et de prendre soin des autres.

...un compagnon pour la vie

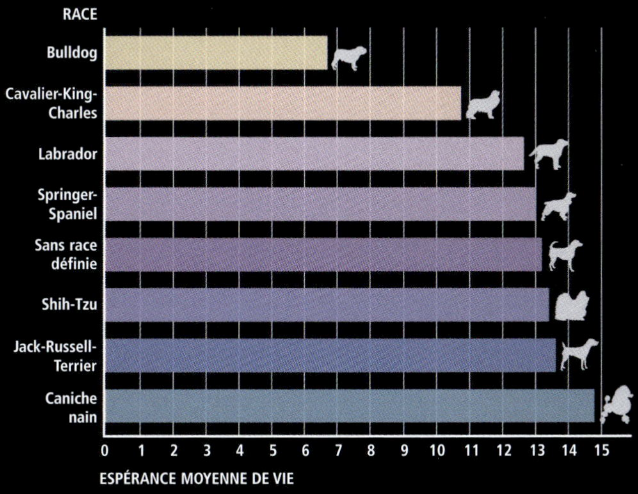

L'espérance de vie des chiens varie d'une race à l'autre, car le travail de sélection afin d'obtenir un caractère donné entraîne parfois une fragilité face à certaines maladies. La taille influe également, les chiens de grande taille vivant généralement moins longtemps que les autres.

Guide référence du chien

DR BRUCE FOGLE

• MARABOUT •

Version originale : Dorling Kindersley
Responsable éditorial : Deidre Headon
Directeur artistique : Lee Griffiths
Graphiste : Wendy Bartlet
Éditeurs : Heather Jones, Simon Tuite
Maquettiste : Jo Doran
Assistant maquettiste : Louise Waller
Responsable de la fabrication : Lauren Britton
Suivi de fabrication : Mandy Inness
Responsable de la photothèque : Hayley Smith
Iconographie : Sarah Duncan
Maquette de couverture : Nathalie Godwin

Publié pour la première fois en Grande-Bretagne en 2003,
par Dorling Kindersley Limited,
80 Strand, Londres, WC2R ORL
A Penguin Compagny

Titre Original : *Dog Owner's Manual*

Dépôt légal n°39721-mars 2004
ISBN : 2501041089
Codification : 4005484

Réalisation : Octavo
Traduction : Isabelle Delaye
Relecture scientifique : François Moutou
Mise en page : Barbara Kekus
Édition : Sandrine Duvillier
Révision : Marie-Paule Rochelois

Photogravure : Colourscan
Imprimé et relié en Slovaquie par Tlaciarne BB

Sommaire

CHAPITRE 3

Le comportement 130

CHAPITRE 4

Vivre avec son chien 162

CHAPITRE 5

Les problèmes de santé 206

Introduction

Le chien est l'une des plus belles réussites du règne animal. On le trouve sur tous les continents, vivant dans toutes sortes d'habitats et souvent en grand nombre. À elles seules, l'Europe et l'Amérique du Nord en comptent plus de 150 millions. Douze mille ans ont suffi pour que le chien passe de l'état de loup sauvage à celui d'animal familier choyé et dorloté – le temps d'un instant au regard de l'évolution – et ce, principalement grâce à sa capacité d'adaptation à de nouveaux environnements façonnés par l'homme. Ce livre traite de cette relation durable entre le chien et l'homme. Il étudie notre influence sur sa morphologie, sa taille et son comportement, passe en revue les différentes interactions entre l'homme et le chien, la façon d'utiliser ses instincts naturels pour notre bien commun et s'attache à donner de nombreux conseils pratiques pour veiller sur sa bonne santé et savoir réagir en cas de problème. Vivre avec un chien peut être extrêmement stimulant, fatigant, vivifiant et gratifiant, tout cela bien souvent dans une seule et même journée. Ce livre entend vous donner les moyens de profiter pleinement de cette relation unique.

DR BRUCE FOGLE
DVM, MRCVS

CHAPITRE 1

Anatomie

Le chien est peut-être, de par sa très grande malléabilité génétique, le plus versatile et le plus exceptionnel de tous les mammifères. Aucune autre espèce ne compte une telle variété de tailles, de formes, de couleurs, de longueurs et de nature de poil. Du point de vue interne, le cœur, les poumons et les muscles sont conçus pour l'endurance, le système digestif s'accommode d'aliments d'origine animale ou végétale et les déjections jouent un rôle dans la communication avec les autres congénères. Le chien a la capacité d'apprendre tout au long de sa vie et possède des facultés sensorielles remarquables, se servant notamment de son odorat pour chasser et pour communiquer avec d'autres chiens d'une façon si sophistiquée qu'elle dépasse notre entendement.

Les origines

- Le chien descend de mammifères carnivores
- Le loup est le parent le plus proche du chien domestique
- Les races actuelles sont le fruit de l'intervention de l'homme

Le chien domestique, ainsi que tous les membres de la famille des canidés, ou *Canidae*, est né pour chasser et capturer des proies dans les vastes prairies. Le chien (*Canis familiaris*) appartient au genre *Canis*, de même que ses plus proches parents : le loup, le coyote et différentes espèces de chacals. La famille des canidés compte une trentaine d'espèces de renards, le lycaon et le chien viverrin. Tous sont issus d'une souche commune et partagent nombre de comportements.

HYÈNE RAYÉE *(HYAENA HYAENA)*

Elle ressemble un peu à un grand chien mais elle n'est pas un canidé.

RENARD ROUX *(VULPES VULPES)*

La famille du loup

Pendant plus de cent ans, des anatomistes et des spécialistes du comportement ont mené des recherches poussées sur le lignage du chien domestique. Désormais, le loup (*Canis lupus*) est reconnu très largement comme son ancêtre le plus direct. Il est le membre le plus sociable de la famille des canidés et présente la plus grande diversité en matière d'organisation sociale, de taille et même de couleur de robe. Avant d'être décimé par l'homme, il était aussi l'un des mammifères terrestres les plus répandus.

Les premiers chiens domestiques

Il est peu probable que le chien soit issu d'un processus de sélection volontaire. En revanche, l'hypothèse selon laquelle il se serait domestiqué de lui-même est plus vraisemblable. Ces modifications initiales en termes de taille, de physiologie et de comportement résulteraient donc d'une sélection naturelle. Il y a 12000 ans au moins, des loups furent attirés vers les premiers villages sédentaires. Nul doute que des hommes capturèrent des louveteaux pour les élever. Ainsi naquirent les futurs chiens destinés à garder le campement, participer à la chasse et rapporter du gibier.

Les chiens modernes

Soumis à certaines contraintes environnementales, le loup devint plus petit, plus familier des hommes, mais il fallut de nombreuses générations de croisements sélectifs pour qu'une grande diversité de races voie le jour. Cette sélection accentua l'aboiement, signal d'alarme fort utile. Parmi les critères recherchés figuraient aussi les oreilles tombantes et le port de queue différent, afin de distinguer les chiens domestiques de leurs ancêtres plus sauvages. Les sinus frontaux s'agrandirent, donnant au chien un air plus intelligent. Dans ces premières sélections apparurent des chiens nains, plus petits que les loups, puis des chiens plus grands, pour aboutir aux races actuelles, particulièrement imposantes.

Un ancêtre préhistorique

Le *Cynodictis*, vivant il y a plus de 30 millions d'années, est considéré comme l'ancêtre du loup et du chien. Ce crâne fossilisé fut découvert en Amérique du Nord, où les premiers ancêtres des canidés se seraient peut-être développés.

CRÂNE DE *CYNODICTIS*

LOUP *(CANIS LUPUS)*

GOLDEN-RETRIEVER

TCHIN

Si les chiens d'aujourd'hui semblent très différents de leurs ancêtres les loups, ces derniers sont cependant plus proches du Golden-Retriever et du Tchin que de certains autres canidés comme le renard ou le lycaon.

La peau et la robe

- La peau joue un rôle protecteur et sensoriel
- Les chiens perdent et renouvellent régulièrement leur pelage
- La nature du poil diffère d'une race à l'autre

La peau et le pelage du chien sont une barrière contre les microbes cherchant à pénétrer dans l'organisme. La peau, organe sensoriel, permet de réguler la température interne : les poils se hérissent ou s'abaissent, augmentant ou diminuant la déperdition de chaleur. Des glandes situées dans la peau sécrètent ou excrètent des substances qui nourrissent l'épiderme et rendent le pelage luisant. Les cellules cutanées surveillent les dangers qui guettent l'organisme et influent sur la réponse immunitaire en cas de blessure.

La structure de la peau

La peau se compose principalement de deux éléments. La couche de surface (épiderme), fine et relativement fragile, conserve son rôle protecteur grâce à un renouvellement constant des cellules.

Sous l'épiderme se trouve le derme, solide et élastique, qui assure l'irrigation sanguine et l'innervation. Il contient de nombreuses glandes, telles les glandes sébacées tubulaires qui sécrètent, dans les follicules pileux, une substance résistante à l'eau, appelée sébum, pour protéger, nourrir et lubrifier l'épiderme.

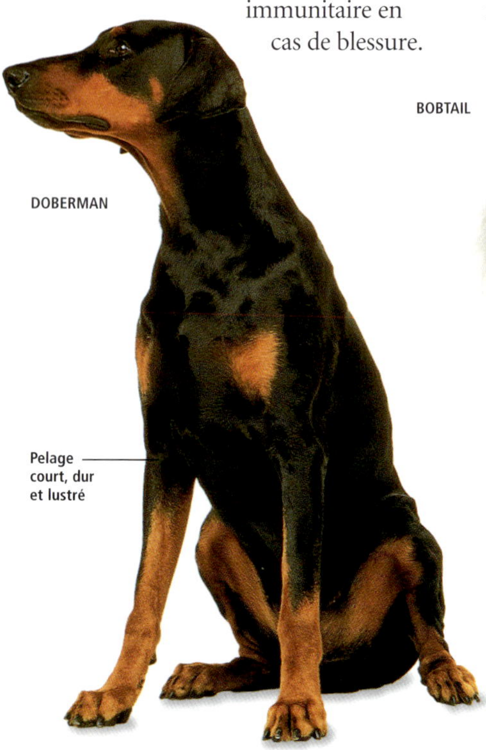

La croissance des poils

La croissance des poils est cyclique : une période de pousse active suivie d'une phase de transition, puis d'une période de repos. Un poil tombe lorsqu'un nouveau poil est prêt à le remplacer. Ce cycle est régi par de nombreux facteurs, dont la température, la durée du jour, les hormones corporelles, l'alimentation, le stress et certaines influences génétiques.

La chute des poils intervient au printemps, avec la perte de l'épais pelage d'hiver, puis de nouveau à l'automne, lorsque les courts poils d'été cèdent la place à un pelage long et dense et à un nouveau sous-poil. Les variations du taux d'hormones hypophysaires, thyroïdiennes, surrénales ou sexuelles influencent la texture et la densité du pelage. Les hormones mâles favorisent un pelage fourni, tandis que les hormones femelles ont un effet inverse.

Les pattes

Les ongles ou griffes proviennent d'une excroissance spécialisée de l'épiderme. Les coussinets, dotés d'une épaisse couche épidermique protectrice et isolante, sont beaucoup moins sensibles à la chaleur et au froid que d'autres zones de la peau.

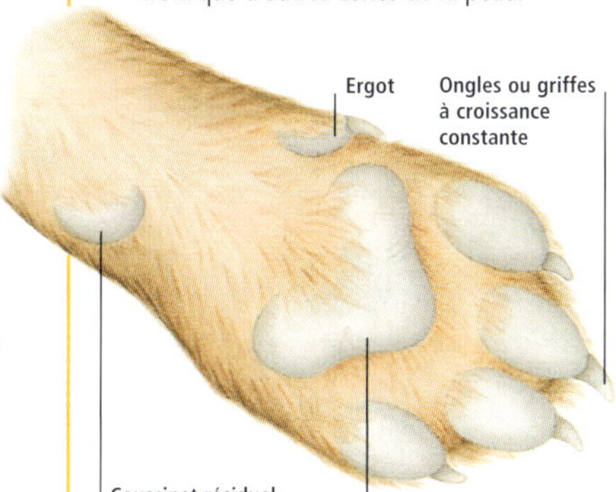

La robe varie de façon plus spectaculaire chez le chien que chez toute autre espèce domestique, car de nombreux poils de texture différente peuvent pousser à partir d'un seul follicule pileux.

Les poils principaux, épais, souvent appelés poils de recouvrement ou poil de jarre, sont parfois entourés de petits poils secondaires, également connus sous le nom de bourre ou sous-poil.

CANICHE MOYEN

Le squelette

- Un corps d'athlète pour un mode de vie plein d'énergie
- Des muscles puissants assurant agilité et endurance
- Un squelette robuste entourant les organes vitaux

Chasseur né, le chien allie force et élasticité. Son solide squelette constitue une merveilleuse structure pour son organisme. Un crâne robuste, doté de profonds renfoncements protecteurs pour les yeux et les oreilles, entoure le cerveau. Les replis de la membrane nasale sont fixés sur un os fin situé dans le museau. Les vertèbres sont dotées de becs auxquels sont rattachés de puissants muscles. Du fait de l'absence de clavicule, les omoplates sont dissociées du reste du squelette, permettant une plus grande souplesse. Les côtes forment une cage protectrice pour le cœur et les poumons. Les épaules et les hanches font office de pivots, permettant aux membres de se mouvoir avec grâce et précision. La cohésion de la structure osseuse est assurée par de solides ligaments, des tendons élastiques et de puissants muscles, conçus pour l'endurance.

Le squelette en action

Les os, formés de tissus vivants, sont alimentés en permanence grâce aux vaisseaux sanguins qui pénètrent dans la diaphyse de chaque os par un conduit nutritif. Chez les jeunes animaux, la croissance osseuse se fait par les « cartilages de conjugaison », près des extrémités de l'os. Ces régions, très irriguées, sont plus molles et plus fragiles que les os parvenus à maturité.

En cas de fracture, la surface fibreuse de l'os produit de nouvelles cellules pour combler l'interstice, puis la fracture est remodelée de l'intérieur.

Les muscles des cuisses lui donnent une puissance explosive pour poursuivre sa proie.

Une solide cage thoracique protège les organes vitaux.

Les puissants muscles des membres antérieurs permettent l'extension de la patte.

Un chien en bonne santé est athlétique et débordant d'énergie.

Articulations et ligaments

Les os se rejoignent au niveau des jointures cartilagineuses, véritables amortisseurs absorbant les forces développées lorsque le chien court ou saute. Chaque articulation est entourée d'une capsule articulaire contenant un fluide lubrifiant. Des ligaments fibreux relient les os entre eux, n'autorisant le mouvement que dans certaines directions et évitant les mouvements pouvant entraîner des blessures.

Muscles et mouvements

Un chien en bonne santé présente des mouvements parfaitement coordonnés et une démarche souple. Les membres antérieurs supportent environ 60 % de son poids, tandis que les membres postérieurs sont dotés de muscles puissants permettant une accélération instantanée et le maintien de la vitesse. Les muscles sont rattachés au squelette par des tendons élastiques alimentés en oxygène par le sang.

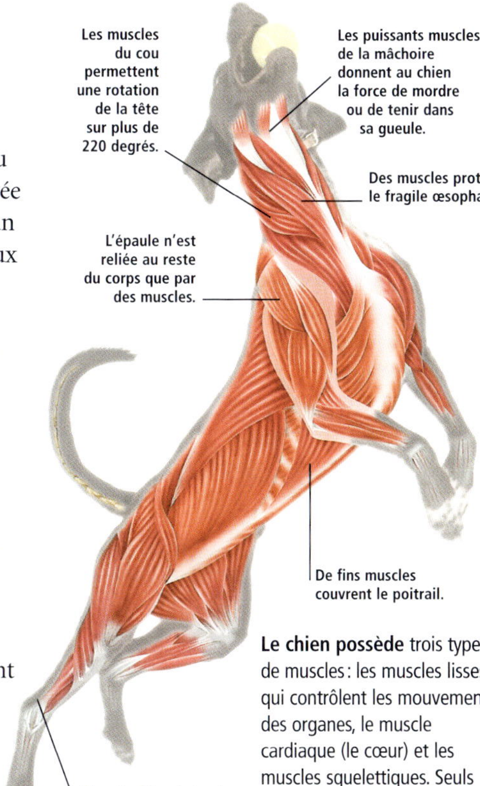

Le chien possède trois types de muscles : les muscles lisses qui contrôlent les mouvements des organes, le muscle cardiaque (le cœur) et les muscles squelettiques. Seuls ces derniers obéissent à une action consciente et volontaire.

Une taille réduite

S'ils semblent très différents à première vue, le minuscule squelette du Bichon Maltais ressemble fort à celui de son ancêtre le loup, à ceci près qu'il est plus petit. Dans un premier temps, les chiens de petite taille apparurent spontanément dans le processus d'évolution canine. Cette caractéristique fut ensuite accentuée dans le cadre de la sélection des races par l'homme. Cette miniaturisation réduit proportionnellement la taille de chaque os, depuis le crâne jusqu'au fémur, en passant par les côtes.

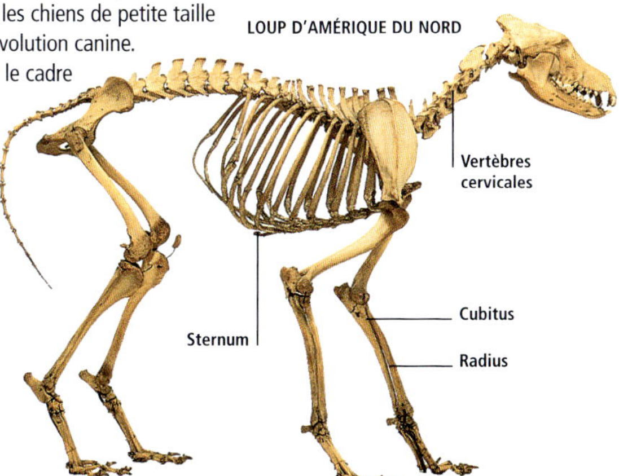

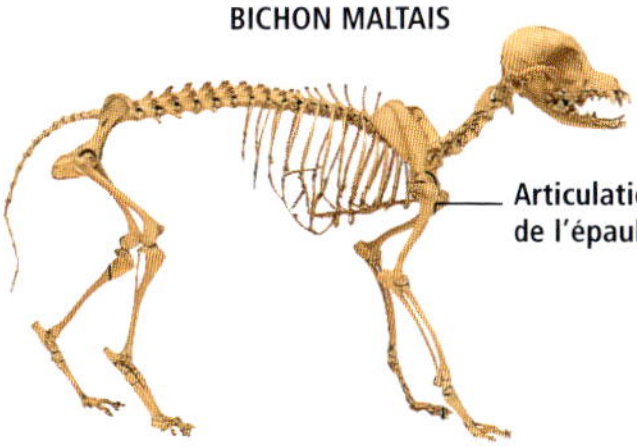

Le cerveau et l'intelligence

- Le cerveau traite les informations fournies par les sens
- Le système nerveux central transmet les messages à l'organisme
- Chaque chien possède sa propre personnalité

Le cerveau du chien reçoit et analyse les informations transmises par les sens. Une grosse artère amenant du sang oxygéné depuis le cœur lui apporte l'abondante quantité d'alimentation nécessaire à son bon fonctionnement. Le cerveau et la moelle épinière, qui constituent le système nerveux central, sont protégés par les os du crâne et la colonne vertébrale. Les informations transmises par les récepteurs nerveux situés dans les organes et les tissus circulent dans les nerfs puis la moelle épinière pour arriver au cerveau.

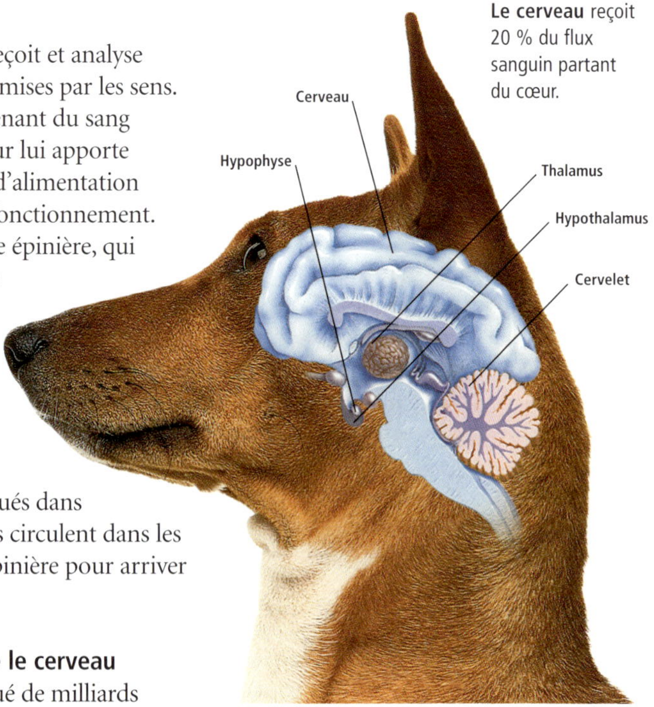

Le cerveau reçoit 20 % du flux sanguin partant du cœur.

Comment fonctionne le cerveau

Le cerveau est constitué de milliards de cellules (les neurones) dont chacune peut compter jusqu'à 10 000 connexions avec d'autres cellules. Ces neurones transmettent l'information sous forme de signal électrique et communiquent entre eux grâce à des substances chimiques appelées « neurotransmetteurs ». La vitesse de ces transmissions dépend, en partie, d'une substance grasse : la myéline. Une malformation ou une dégénérescence de la myéline entraîne une diminution des fonctions nerveuses, tout comme le vieillissement du cerveau occasionne un ralentissement de ces transmissions.

L'instinct et l'apprentissage

Les informations transmises par chaque sens arrivent au cerveau par un ensemble de nerfs spécifiques. Le système limbique, réseau de cellules réparties dans tout le cerveau, est certainement le siège de l'instinct et de l'apprentissage. Le conflit entre ce qu'un chien veut faire par instinct et ce que nous lui avons appris se tient probablement dans le système limbique. Les humains peuvent neutraliser ce système en accordant au chien des récompenses lorsqu'il obéit à ses maîtres.

Le système nerveux central

Le cerveau et la moelle épinière constituent les principales voies de transmission d'informations. Douze paires de nerfs partent du cerveau vers les différentes régions de la tête et du cou, comme les yeux et le nez. D'autres, issues de la moelle épinière, desservent le reste du corps.

Tous les comportements complexes, comme la réponse d'un mâle aux marques odorantes laissées par un autre chien, impliquent le système nerveux central. Lorsque le mâle capte l'odeur, l'information est transmise au cerveau par le nerf olfactif. Le cerveau envoie ensuite des signaux électriques, *via* la moelle épinière, au muscle sphinctérien (qui maintient la vessie fermée) pour se relâcher. La sensation d'un relâchement imminent du sphincter remonte vers le cerveau *via* la moelle épinière. Cette stimulation de l'activité cérébrale fait redescendre vers la moelle épinière et les nerfs commandant les muscles de la patte arrière, l'ordre de lever la patte avant d'uriner.

Le toucher

Le premier sens que le chien développe est le toucher. Son corps tout entier, y compris les pattes, est couvert de terminaisons nerveuses sensibles au toucher. Au-dessus des yeux, sur le museau et sous les mâchoires, se trouvent des poils, les vibrisses, capables de sentir le moindre souffle d'air.

L'intelligence de votre chien

Le comportement des chiens reste soumis aux limitations du cerveau canin, mais cela ne signifie pas pour autant qu'ils fonctionnent uniquement à l'instinct. Tant s'en faut. Chaque chien offre un caractère, une tolérance, une aptitude au dressage et une « intelligence » bien à lui. L'esprit de votre chien est celui d'un membre sociable d'une famille étendue : la meute. Dans un sens, il est semblable au vôtre : sa personnalité est façonnée par son hérédité génétique, mais aussi par l'apprentissage et les expériences vécues dans l'enfance.

L'aptitude au dressage varie selon les races de chiens. Le Berger Allemand apprend très vite et exécute avec facilité de nouvelles tâches.

Les réactions hormonales

- Les hormones régulent les réponses de l'organisme
- Les phénomènes de rétroaction contrôlent les niveaux hormonaux
- Le dressage influe sur la rétroaction hormonale

Les hormones – messagers chimiques – gèrent et maintiennent les fonctions corporelles du chien en réponse aux changements internes et externes. La plupart des hormones sont produites par les principales glandes endocrines: l'hypophyse, la thyroïde, la parathyroïde et les glandes surrénales, les ovaires ou les testicules et le pancréas. Ces hormones sont libérées dans le sang et se déplacent pour agir sur d'autres parties du corps. Le système endocrinien est contrôlé par l'hypophyse: glande magistrale située à la base du cerveau. Elle est à son tour sous le contrôle d'une partie du cerveau produisant des substances chimiques: l'hypothalamus.

La rétroaction hormonale

Un mécanisme de rétroaction, semblable au fonctionnement d'un thermostat surveillant la température d'une pièce, permet de maintenir et de réguler les

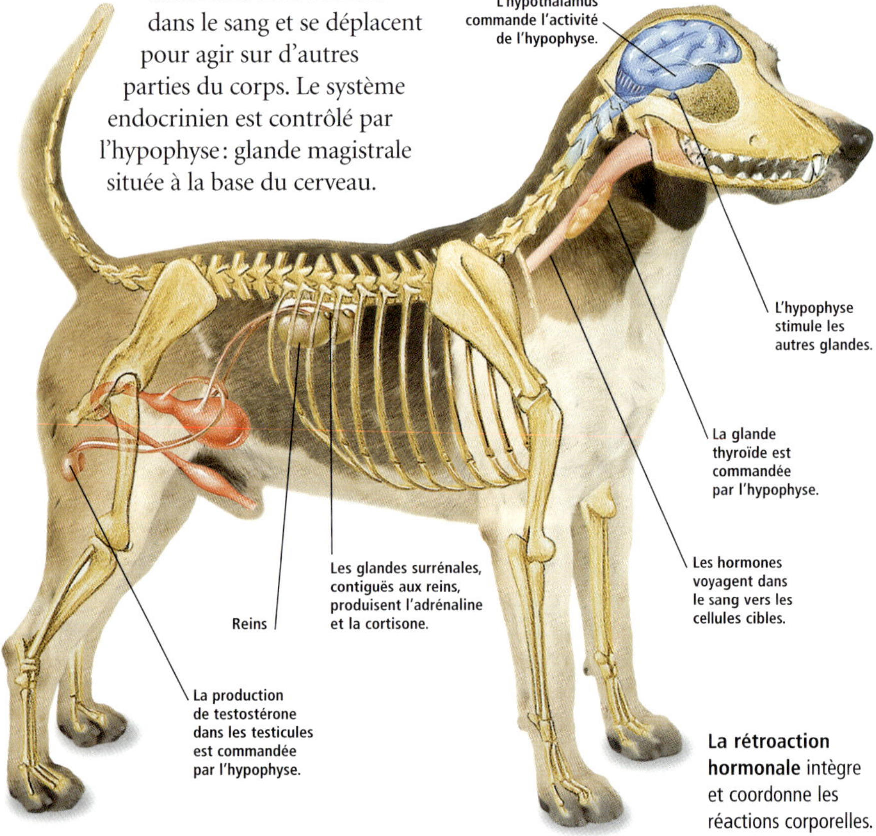

La rétroaction hormonale intègre et coordonne les réactions corporelles.

niveaux d'hormones. Le thermostat déclenche la chaudière si la température descend en dessous d'un certain seuil. Lorsque le niveau fixé est atteint, le thermostat éteint la chaudière.

Dans le système endocrinien, une perception visuelle, un son ou une odeur peuvent stimuler la production d'une hormone par l'hypophyse. Cette hormone est transportée par le sang vers d'autres glandes ; elle les incite alors à produire de nouvelles hormones qui agissent sur les organes et les muscles pour déclencher une réponse. Ces nouvelles hormones voyagent à leur tour dans le sang vers l'hypophyse et réduisent la production de la première hormone de stimulation. Ce système de contrôle réciproque, constamment actif, permet de maintenir et de contrôler les réactions corporelles.

L'hypophyse

L'hypophyse produit diverses hormones qui commandent d'autres glandes endocrines et influent sur différents processus physiologiques. Les hormones libérées par l'hypophyse stimulent les glandes surrénales et la thyroïde, régulent la croissance, la production d'ovules ou de spermatozoïdes, la fabrication des hormones sexuelles, la production des pigments cutanés, la concentration des urines, les contractions utérines et les montées de lait.

Les sécrétions d'adrénaline

La partie centrale des glandes surrénales – la medulla – est surtout contrôlée par le système nerveux. Lorsque le chien est soumis à un stress ou à une excitation sexuelle, elle sécrète de l'adrénaline, composante du réflexe de « lutte ou de fuite ».

Les influences hormonales

Le comportement du chien est largement influencé par les réactions corporelles hormonales. Ces réactions sont déterminées par la génétique, mais aussi par les premières expériences et le dressage.

Le réflexe normal de lutte ou de fuite est accentué chez la chienne en période de lactation, qui veut à tout prix protéger ses petits. Les mêmes hormones qui stimulent la lactation ont un effet calmant sur elle.

Chez les jeunes chiots, le jeu permet de faire de l'exercice, d'améliorer l'équilibre, mais aussi d'apprendre à contrôler les réactions hormonales nées des pulsions émotionnelles.

Le dressage permet au chien de vaincre ses instincts naturels d'origine hormonale.

La vue

- Le chien est doté d'une vue très sensible, caractéristique d'un chasseur
- Son champ visuel est très large
- Les couleurs n'ont guère d'importance

La capacité du chien à détecter de loin le moindre mouvement dépasse celle de l'homme. En revanche, sa vision de près n'est pas aussi bonne que la nôtre. Son œil est plus plat, et même s'il est en mesure de modifier la forme de son cristallin pour ajuster sa focale, il ne peut le faire aussi efficacement que nous. Ses yeux sont plus sensibles à la lumière et au mouvement que les nôtres, mais comparativement, leur pouvoir de résolution est moins grand. Un homme a donc plus de facilité qu'un chien à retrouver une balle de tennis dans l'herbe, alors qu'un chien repère plus facilement du coin de l'œil de discrets mouvements.

La vision périphérique varie selon les races de chiens, en fonction de l'implantation et de l'angle des yeux.

Nuances de gris

La vision des couleurs est moins importante pour les carnivores que pour les animaux se nourrissant de baies, et de fruits colorés. L'œil du chien est l'exemple même de l'œil du carnivore. Sa rétine compte beaucoup de bâtonnets, cellules photosensibles qui ne perçoivent qu'en noir et blanc mais permettent la vision dans l'obscurité. En revanche, elle compte un nombre nettement inférieur de cônes, indispensables pour la vision des couleurs.

Derrière la rétine se trouve une couche opaque de cellules : le tapetum lucidum, qui améliore la vision dans la pénombre par réflexion de la lumière de faible intensité vers les bâtonnets (c'est le reflet dans les yeux de votre chien sur une photo prise au flash). Par ailleurs, les pupilles peuvent largement se dilater, absorbant un maximum de lumière, ce qui améliore encore sa vision nocturne.

Le fonctionnement de l'œil

La lumière qui pénètre par la pupille converge sur la rétine par la cornée et le cristallin transparents. La rétine convertit la lumière en impulsions nerveuses transmises via le nerf optique jusqu'au cerveau. L'iris contrôle la quantité de lumière pénétrant dans l'œil en augmentant ou en réduisant le diamètre de la pupille. Derrière le cristallin se trouve une grande chambre postérieure, remplie de liquide. Les glandes lacrymales produisent les larmes qui humidifient la cornée et une troisième paupière, dissimulée par la paupière inférieure, balaie l'œil, assurant sa propreté.

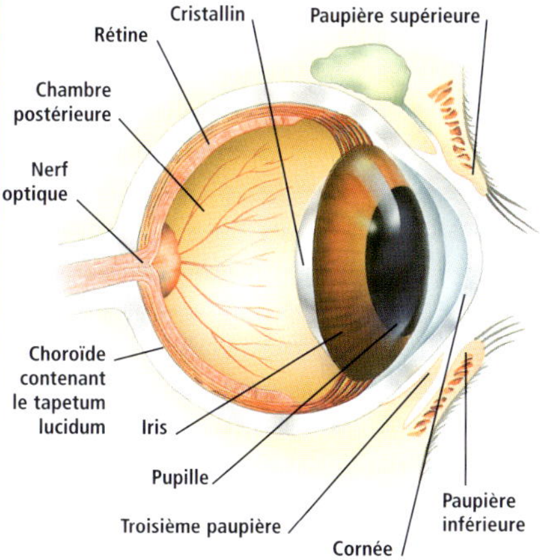

Des chiens chassant à vue, comme l'élégant Barzoï, sont dotés d'une vue perçante pour détecter à distance le moindre mouvement.

L'ouïe

- L'ouïe du chien est quatre fois supérieure à la nôtre
- Les chiens entendent des sons trop aigus pour nos oreilles
- L'acuité auditive du chien facilite son dressage

Mobiles, les oreilles font un balayage des sons environnants.

Les deux oreilles servent à capter et à canaliser les ondes sonores.

La source sonore est localisée avec précision.

Le chien est capable de localiser l'origine d'un son en 6/100e de seconde et d'entendre des bruits émis à une distance quatre fois supérieure à la distance maximale audible pour l'homme. Il entend mieux les sons très aigus et détecte les ultrasons qui nous sont inaudibles. Cette aptitude lui vient de ses ancêtres les loups, qui complétaient leur régime alimentaire de petits animaux, tels les mulots, au cri suraigu. Pour le chien domestique, néanmoins, cette acuité auditive peut devenir un inconvénient. Ainsi, les chiens dotés d'une hypersensibilité auditive sont effrayés par certains bruits, comme le grondement du tonnerre dans le lointain.

Les hommes ont su exploiter l'excellente ouïe du chien pour faciliter le dressage. Les chiens répondent instantanément à un coup de sifflet ou à un cliquetis. Les bergers, par exemple, communiquent sur de grandes distances avec leur chien par des sifflements.

La structure de l'oreille

L'oreille externe cartilagineuse, ou pavillon, capte le son et le conduit du canal auditif externe vers la membrane tympanique ou tympan. Les vibrations sur le tympan sont transmises aux structures de l'oreille moyenne – marteau, enclume et étrier, appelées osselets. Ces structures osseuses amplifient et transmettent le son tout en protégeant l'oreille interne des vibrations excessives. La cochlée (qui fait partie de l'oreille interne) capte ces sons et les convertit en signaux nerveux envoyés vers le cerveau pour être décodés.

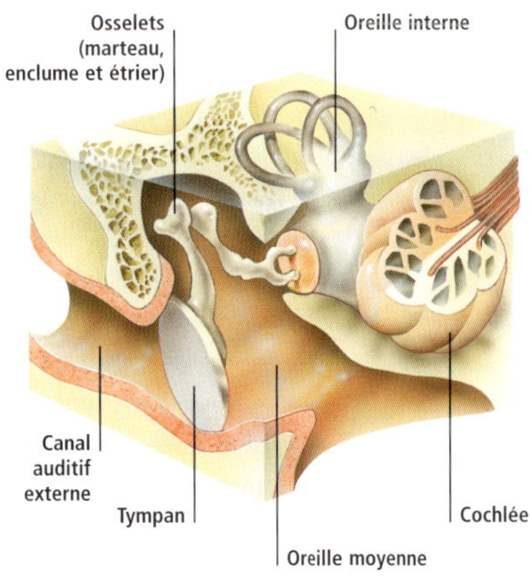

L'odorat et le goût

- Chez le chien, l'odorat prime tous les autres sens
- Les informations olfactives sont transmises au cerveau
- Les chiens ont un sens du goût peu développé

Le chien compte beaucoup moins de papilles gustatives que l'homme et identifie un goût comme agréable, indifférent ou désagréable.

L'odorat est le sens le plus développé chez le chien. Une partie importante de son cerveau est consacrée à l'interprétation des odeurs. Certains chiens ont un flair si fin qu'ils peuvent déceler des odeurs dont la concentration est un million de fois inférieure à celle décelable par l'odorat humain. Les chiens ont, sur la voûte du palais, un organe voméro-nasal leur permettant de détecter les phéromones sexuelles. Cet organe olfactif transmet directement les informations au système limbique, partie du cerveau la plus active en matière de comportement émotionnel.

Comment fonctionnent ces sens ?

Les récepteurs du goût situés sur la langue du chien sont sensibles aux saveurs sucrées, acides, amères et salées. Les chiens disposent d'un odorat très développé. L'humidité du museau facilite la perception des odeurs, information transmise aux parois des muqueuses nasales comptant une grande densité de cellules sensorielles, qui convertissent cette odeur en message chimique envoyé vers la zone cérébrale du bulbe olfactif.

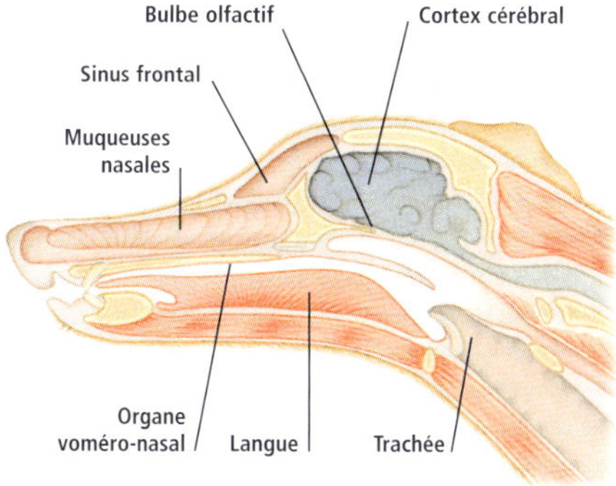

L'odorat du chien constitue un outil de communication majeur, permettant d'obtenir toutes sortes d'informations sur ses congénères grâce à une analyse attentive de leurs odeurs corporelles.

La respiration, la circulation

- Le système sanguin transporte l'oxygène dans l'organisme
- Les globules rouges absorbent l'oxygène dans les poumons
- Le foie élimine les déchets contenus dans le sang

Le sang alimente l'organisme en oxygène et en nutriments. En cas d'activité physique intense, le chien a besoin d'une grande quantité d'oxygène. Les systèmes respiratoire et circulatoire réagissent automatiquement en envoyant davantage de sang vers le cœur et les poumons. Si l'irrigation du cerveau demeure constante, le volume sanguin envoyé vers le muscle cardiaque est multiplié par quatre et vers les autres muscles par vingt. Afin de décupler l'énergie du chien, jusqu'à 90 % du sang pompé par le cœur peut être dirigé vers les muscles. Parallèlement, l'afflux de sang vers les autres parties du corps diminue.

La circulation sanguine

Le sang circule dans l'organisme grâce à un réseau de vaisseaux sanguins. Dans ce système, la pression est variable : plus élevée dans les vaisseaux qui partent du cœur, plus faible dans ceux qui reviennent vers le cœur. Les artères –

Le système cardiaque et sanguin alimente en oxygène tous les tissus et transporte les déchets vers le foie, pour leur détoxication.

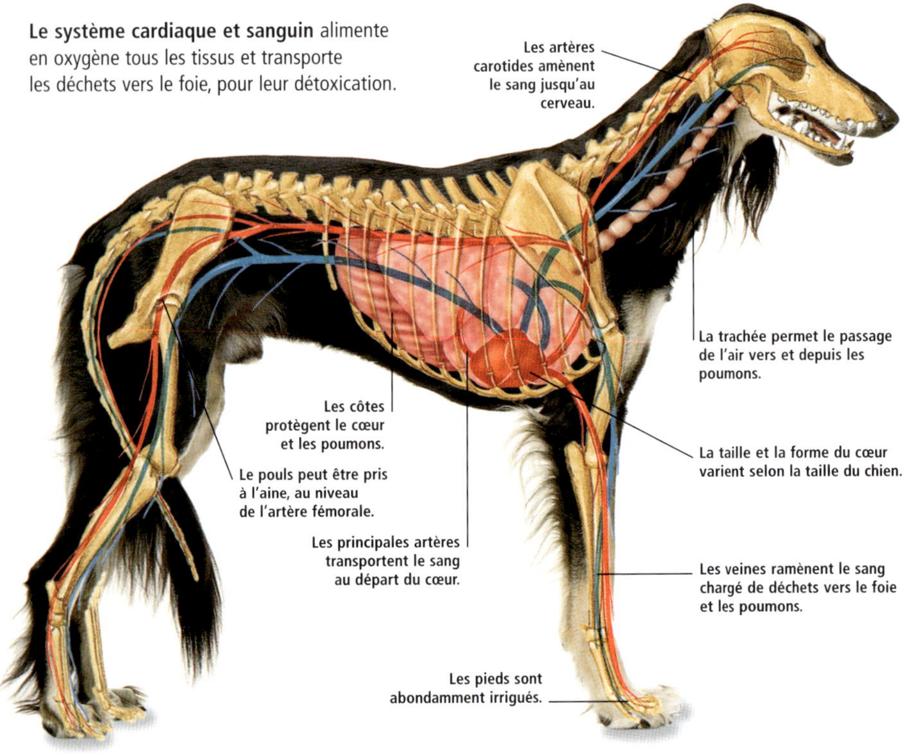

Le système circulatoire du chien réagit en cas d'augmentation de l'activité physique pour apporter aux muscles un supplément d'oxygène et éliminer rapidement le dioxyde de carbone.

Les globules rouges

Les globules rouges (voir ci-dessous) contiennent un composé chimique – l'hémoglobine – qui assure le transport de l'oxygène. Les atomes de fer contenus dans l'hémoglobine se mélangent à l'oxygène provenant des poumons, formant de l'oxyhémoglobine, de couleur rouge vif. Le cœur envoie ce nouveau sang dans le corps pour alimenter les tissus en oxygène. Après libération de l'oxygène, le sang est de couleur bleu-rouge sombre.

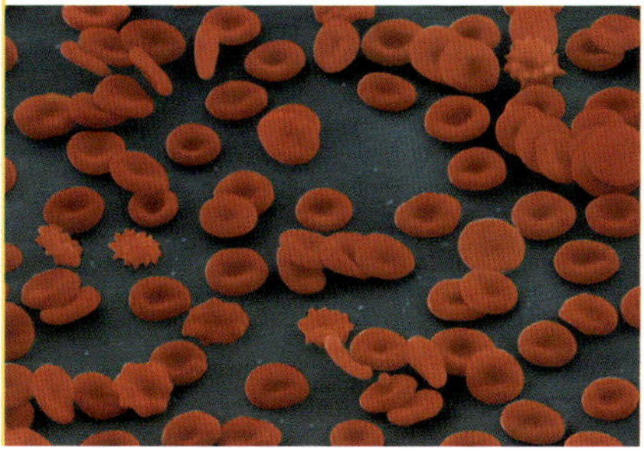

vaisseaux qui transportent le sang depuis le cœur – disposent de solides parois élastiques, capables de résister à une pression plus élevée. Elles se détendent ou se contractent pour modifier le flux sanguin. Les veines – qui ramènent le sang vers le cœur – ont des parois plus fines dotées de valves n'autorisant la circulation que dans ce sens.

Les muscles disséminés sur les parois des plus petites artères – les artérioles – peuvent se relâcher ou se contracter sous l'action du système nerveux ou hormonal. Le sang circulant dans ces vaisseaux est envoyé vers les parties du corps qui en ont le plus besoin. Toute augmentation de l'activité musculaire, et par conséquent de la production de déchets, entraîne une dilatation des artérioles et une augmentation du volume sanguin – qui peut atteindre 256 fois le flux normal au repos – transitant par ces vaisseaux afin d'irriguer rapidement la région concernée.

Les artères et artérioles se terminent par de minuscules capillaires qui irriguent toutes les régions du corps. Les échanges d'oxygène, de nutriments et de déchets se font par diffusion à travers les parois capillaires.

Les échanges gazeux

Les poumons forment un réseau de tuyaux extrêmement ramifié menant à des amas d'alvéoles semblables à de minuscules ballons gonflables. Lorsque le chien inspire, l'air pénètre par le museau puis descend la trachée pour aller gonfler les poumons.

L'oxygène se diffuse dans le sang à travers les parois des alvéoles. Il est absorbé par les globules rouges qui le transportent vers toutes les régions du corps. Le dioxyde de carbone rejeté circule en sens inverse, pour être expiré.

Le système digestif

- Les chiens sont des omnivores opportunistes
- La digestion se fait principalement dans les intestins
- La dentition du chien est adaptée à une alimentation variée

Contrairement à d'autres prédateurs, le chien ne se nourrit pas exclusivement de viande. Sa langue compte un nombre de papilles gustatives bien inférieur à celui de l'homme, prêtes à absorber toute chose pouvant constituer un aliment. À cette totale absence de sophistication s'ajoute un réflexe vomitif lui permettant de rejeter les aliments dangereux ou ayant un goût désagréable.

Le chien dispose d'un gros estomac et d'intestins relativement courts, convenant à sa condition de chasseur opportuniste et de fouilleur de poubelles. La décomposition des aliments débute dans l'estomac, mais la digestion se fait principalement dans les intestins.

Un animal vorace

À l'état sauvage, les chiens se gavent de nourriture dès qu'ils le peuvent, puis vivent sur ces réserves plusieurs jours durant. Les aliments restent, en effet, en grande partie non digérés, dans l'estomac, une petite quantité seulement transitant au fur et à mesure vers les intestins. Chez les chiens domestiques bien nourris cette voracité combinée à un exercice insuffisant peut entraîner de graves problèmes de poids.

Le régime alimentaire du chien

Une alimentation équilibrée donne des chiens musclés, à l'ossature solide et au beau pelage. Le régime alimentaire d'un chien en bonne santé doit inclure de la viande quotidiennement. Cette source de protéines apporte également des graisses contenant les acides gras essentiels nécessaires à différentes fonctions physiologiques et préservent la bonne santé de la peau et du pelage.

Pour le reste, l'alimentation doit être complétée par des fibres solubles et non solubles et couvrir les besoins quotidiens en vitamines. Certains chiens aiment manger de l'herbe ou des légumes crus qui offrent une faible valeur nutritive : ils sont difficiles à digérer, mais constituent des aliments consistants.

La denture du chien

La gueule du chien est parfaitement adaptée à l'alimentation d'un animal se nourrissant de déchets. Longue et profonde, avec de grandes canines pour attraper sa proie, la tenir, de petites incisives pour grignoter la viande attachée à l'os et se nettoyer la peau et le pelage. Les prémolaires et molaires permettent de déchirer et couper la viande et de broyer et mâcher les aliments tels que les racines et les herbes. La salive lubrifie les aliments après mastication afin de faciliter leur entrée dans l'appareil digestif. Puissantes et robustes, les canines peuvent néanmoins se briser ou s'ébrécher lorsque le chien ronge des os. Autre problème, beaucoup plus fréquent : la gingivite ou maladie des gencives d'origine bactérienne qui touche les tissus entourant et supportant les dents. Elle se déclare souvent chez les chiens de compagnie et affecte 70 % des animaux de plus de quatre ans. Une bonne hygiène buccale suffit à la prévenir.

Le chien a appris à manger tout aliment disponible, et à le manger vite, avant qu'un autre ne s'en empare.

Les dents du chien

La dentition du chien est composée de 12 petites incisives pour couper et mordre, 4 grandes canines ou crocs, aux racines extrêmement profondes, pour tenir et déchirer la viande, 16 prémolaires pour dépecer, couper et tenir et 10 molaires pour mastiquer et broyer la viande et autres aliments.

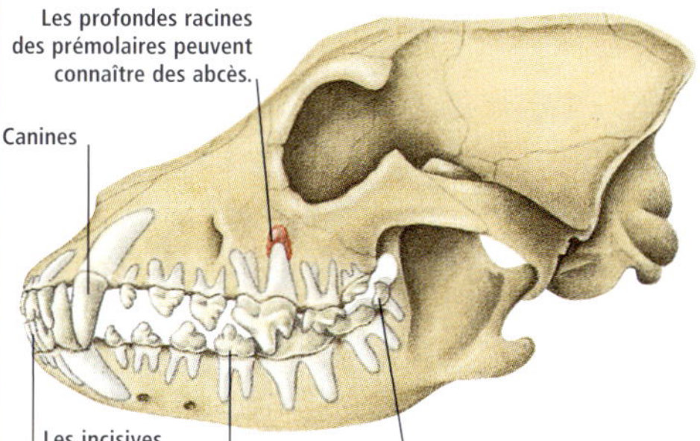

Nous autres humains, souffrons de caries dentaires car nous mangeons de grandes quantités de sucre et des résidus alimentaires restent régulièrement coincés entre nos dents. Les chiens sont moins sujets aux caries : leurs dents, plus espacées et plus lisses, empêchent les aliments de stagner.

Le système gastro-intestinal

Le tube digestif – par lequel les aliments pénètrent dans l'organisme, pour être transformés puis absorbés avant que leurs déchets ne soient expulsés – se caractérise par une structure simple, mais un fonctionnement complexe. Le processus de digestion débute dans la bouche, où les dents commencent par broyer les aliments. La salive les agglomère et les lubrifie pour faciliter leur passage dans l'œsophage. La production de salive permet également de garder des dents propres et des papilles gustatives toujours sensibles. L'élasticité de son œsophage permet au chien d'avaler de gros morceaux de viande, mais aussi, malheureusement, des objets non comestibles tes que les os ou les jouets.

La nourriture arrive ensuite dans l'estomac. Ce dernier produit des acides et des enzymes qui décomposent les protéines, tissus conjonctifs et autres fibres musculaires des aliments. Les glandes stomacales produisent un mucus qui empêche ces sucs d'attaquer les parois de l'estomac ou des intestins.

Les muscles stomacaux se contractent par vague, mélangent les aliments et les envoient vers une étroite valve – le sphincter pylorique – qui s'ouvre pour laisser passer successivement des portions d'aliments vers l'intestin grêle.

Les intestins

Le canal biliaire conduit la bile sécrétée par le foie et les sucs digestifs du pancréas vers la partie supérieure de l'intestin grêle ou duodénum. Ces sécrétions contiennent du bicarbonate qui neutralise l'acide gastrique, et des enzymes qui décomposent les aliments en molécules simples. Absorbées à travers les parois de l'intestin grêle tapissées de villosités, ces molécules passent alors dans le sang et sont transportées vers les cellules. Les vagues de contractions musculaires de l'intestin

L'appareil gastro-intestinal du chien lui permet de manger de façon peu fréquente, mais en grande quantité.

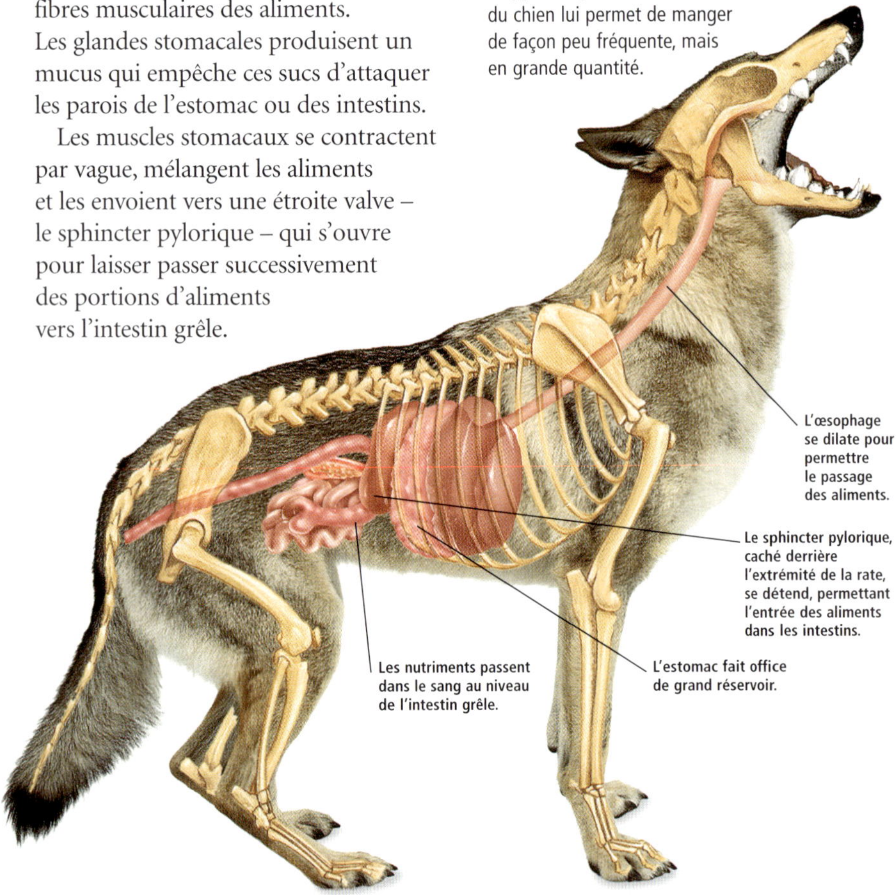

Le rôle de la bile

La bile produite par le foie agit sur les aliments dans l'intestin grêle, en décomposant les graisses en minuscules gouttelettes en suspension et en favorisant la dissolution des vitamines liposolubles. Des pigments biliaires, produits de la décomposition par le foie de l'hémoglobine contenue dans les globules rouges lui donnent sa couleur jaune caractéristique. Elle arrive dans la vésicule biliaire, piriforme, où elle est stockée. Lorsque les aliments viennent dans le duodénum, des hormones sont fabriquées pour inciter la vésicule biliaire à libérer la dose de bile nécessaire, via le canal biliaire commun, dans l'intestin grêle.

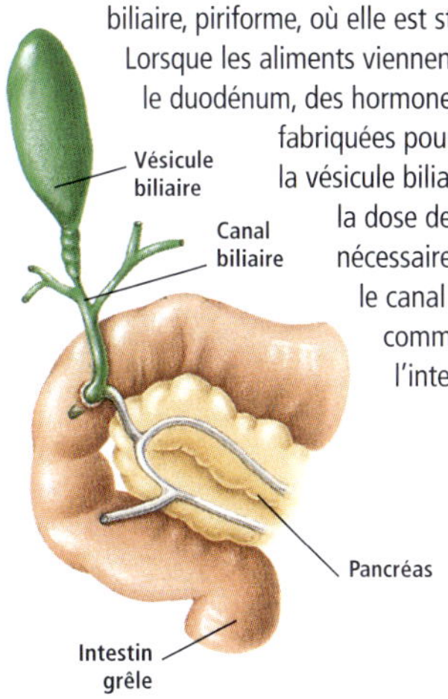

grêle font peu à peu avancer les aliments.

Lorsque la digestion est terminée, les résidus passent dans le côlon où l'eau et les sels sont absorbés. Il abrite un très grand nombre de bactéries – qui réduisent les risques d'infection pour l'organisme, synthétisent les vitamines et assurent la décomposition des déchets. Dans les 36 heures qui suivent leur ingestion, les aliments non assimilés sont expulsés.

Le rôle du foie

Le foie joue un rôle essentiel dans la digestion : il produit les acides biliaires responsables de la décomposition des aliments et se charge d'un très grand nombre de fonctions métaboliques. Lorsqu'ils arrivent dans le foie, les nutriments transportés par le sang sont transformés sous différentes formes, stockés pour une utilisation ultérieure ou envoyés vers d'autres régions du corps. Un excès d'hydrates de carbone, par exemple, est transformé en glycogène puis mis en réserve. Le moment venu, il sera retransformé en glucose. Le foie neutralise également les substances nocives comme les drogues ou poisons.

Les besoins quotidiens en eau

Le chien élimine de l'eau quotidiennement par l'urine, les fèces ou encore les halètements. Il est tout aussi dépendant que nous et le priver de boire pendant plus de 48 heures augmente le risque de déshydratation et peut causer des dommages irréversibles. La plupart des conserves pour chiens contiennent 75 % de liquide, mais cela ne suffit pas à couvrir ses besoins quotidiens. Un chien doit toujours disposer d'un bol d'eau propre et fraîche.

Une soif accrue peut être le signe d'un problème de santé à soumettre au vétérinaire.

L'appareil uro-génital

- Les reins filtrent les déchets toxiques contenus dans le sang
- Les mâles connaissent une activité sexuelle permanente
- Les femelles présentent deux cycles reproductifs par an

Comme chez tous les mammifères, les appareils génital et urinaire du chien sont étroitement imbriqués. Les deux reins filtrent le sang afin d'éliminer les substances indésirables ou toxiques. Ces déchets arrivent ensuite dans la vessie. Un urètre unique évacue l'urine à partir du pénis, ou de la vulve. L'appareil reproducteur est lui-même situé dans l'ultime portion du système urinaire. Les cordons spermatiques amènent le sperme des testicules jusqu'à l'urètre. Chez la femelle, le vagin débouche dans la vulve, où l'urètre se vide.

Fonctionnement de l'appareil urinaire
Chacun des deux reins est constitué de quelque 400 000 petites unités appelées néphrons ayant pour fonction de filtrer le sang. Le néphron est entouré d'un petit peloton symétrique de vaisseaux sanguins microscopiques constituant un glomérule. C'est là que le sang est nettoyé de ses déchets.

Lorsque le chien vieillit, le nombre de néphrons diminue. Ce n'est qu'après la destruction d'une majorité de néphrons qu'apparaissent les symptômes caractéristiques d'une affection rénale,

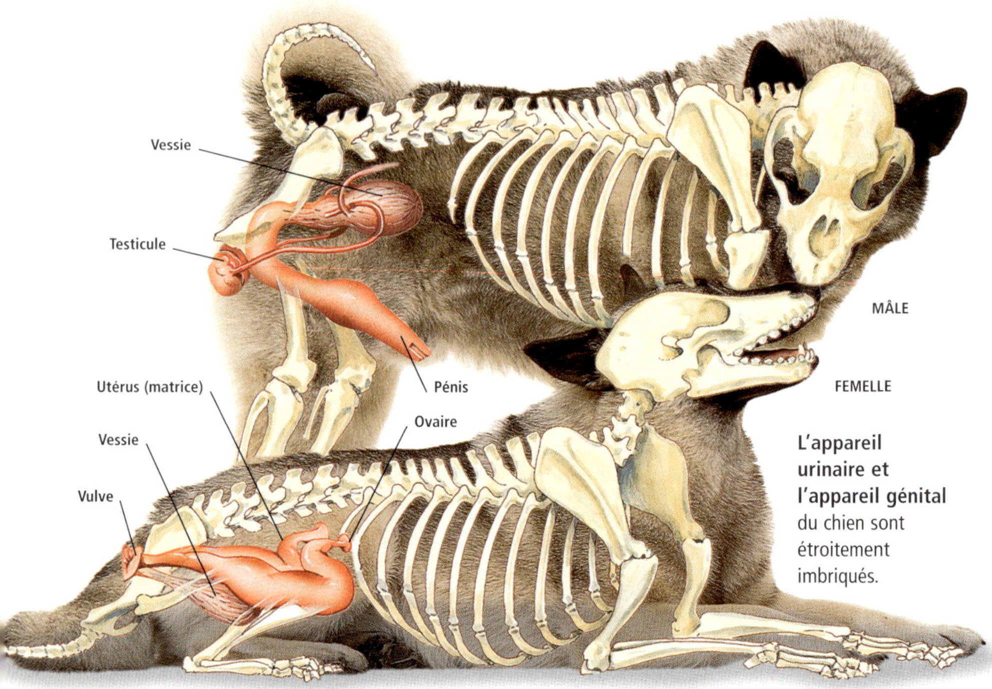

L'appareil urinaire et l'appareil génital du chien sont étroitement imbriqués.

comme une accentuation de la soif et du besoin d'uriner.

L'urine, provenant des néphrons, est collectée dans la cavité située au centre de chaque rein et descend dans les deux uretères jusqu'à la vessie pour être évacuée par intermittence. Le muscle sphinctérien commande cette évacuation.

Tout facteur, physique, hormonal ou physiologique, affectant le muscle sphinctérien peut provoquer son relâchement et déclencher l'écoulement de l'urine. Lors du diagnostic d'un problème uro-génital (*voir également p. 260-263*), le vétérinaire procède à une analyse d'urine pour vérifier sa teneur en protéines, en globules sanguins, en glucose et en cristaux ou la présence de bactéries. Il peut également contrôler son acidité ou alcalinité (pH).

L'influence des hormones

Le mâle connaît une activité sexuelle permanente. Dès la puberté, il est capable de produire des spermatozoïdes. La phéromone émise par la femelle en période d'activité sexuelle stimule son hypophyse qui donne l'ordre aux testicules de produire davantage de testostérone et de spermatozoïdes.

La femelle présente généralement deux cycles reproducteurs (cycles œstraux) par an avec activité hormonale. Environ 12 jours avant l'œstrus, sa vulve se gonfle et un écoulement se produit. Pendant l'œstrus, qui dure 5 jours, cet écoulement cesse et ses ovaires libèrent des ovules dans les trompes de Fallope. C'est alors seulement qu'elle décide de s'accoupler. La gestation sera ensuite de 63 jours environ (*voir p. 140-141*).

Toutefois, même en l'absence d'accouplement, la femelle connaîtra une grossesse hormonale (ou phase de métœstrus) pendant 8 semaines, suivie d'une période de repos reproducteur de 15 semaines (phase d'anœstrus), jusqu'au cycle suivant.

Reproduction

Les spermatozoïdes (*ci-dessous*) sont stockés dans l'épididyme. Pendant l'accouplement, ils descendent par deux cordons spermatiques vers la prostate où ils sont mélangés à un liquide de transport à forte teneur en sucre leur permettant de rester en bonne santé. Les spermatozoïdes, une fois transmis à la chienne, rencontrent les ovules dans la trompe de Fallope, et s'unissent. Les œufs fécondés se développeront dans l'utérus pendant 2 mois.

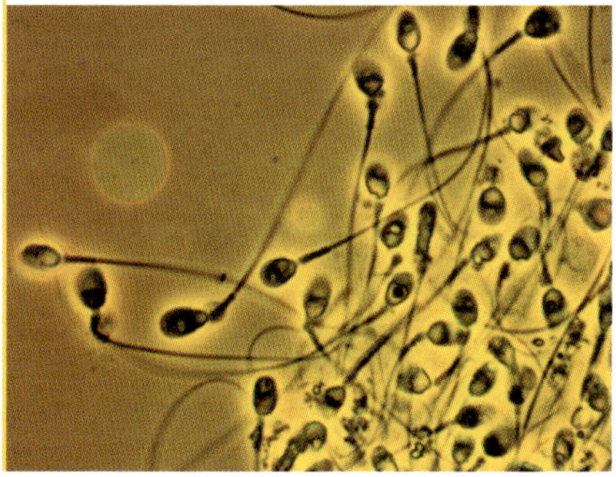

Quand doit intervenir l'accouplement ?

Une chienne atteint la puberté vers 10 mois sans être mûre physiquement et émotionnellement. Il s'ensuit souvent de petites portées et une attention maternelle déficiente. L'accouplement donne de meilleurs résultats lors des cycles oestraux ultérieurs.

La chienne ovule autour du 12e jour après le début du cycle, ce chiffre pouvant varier d'un individu à l'autre. Les éleveurs procèdent donc à deux accouplements, le 10e et le 12e jour ou le 11e et le 13e jour. L'examen des sécrétions vaginales au microscope donne une indication raisonnablement fiable sur le jour d'ovulation de la chienne. Pour un suivi plus précis, mieux vaut surveiller les niveaux hormonaux.

Le système immunitaire

- L'organisme compte de multiples lignes de défense contre les agresseurs
- Ces défenses peuvent être innées ou spécifiques
- Le système immunitaire se développe pleinement avec le temps

Le rôle du système immunitaire chez le chien est de reconnaître, d'arrêter et de détruire les virus responsables de maladies, les bactéries, les tumeurs (fongus) et autres mycoplasmes (agents pathogènes) et de faire face aux dangers internes, comme le cancer. Certaines composantes du système immunitaire offrent une protection générale innée, d'autres sont tout à fait spécifiques, tels des projectiles spécialement conçus pour lutter contre un agresseur.

Défenses innées

La peau constitue la toute première composante du système immunitaire. Elle forme une barrière efficace contre la plupart des agents pathogènes. Tout agresseur cherchant à pénétrer par les orifices ou les voies internes se heurte à diverses enzymes présentes dans les sécrétions des muqueuses. Quant aux agents pathogènes atteignant l'appareil digestif, ils doivent affronter un environnement chimique hostile: l'estomac, par exemple, contient de l'acide chlorhydrique meurtrier et nombre de bactéries sont tuées par les sels biliaires sécrétés dans l'intestin grêle.

Les agents pathogènes qui réussissent à atteindre ces parois externes et internes se heurtent à une nouvelle ligne de défense innée. Certains composants chimiques du sang, appelés protéines du complément, s'accrochent aux bactéries étrangères et les font éclater. Des globules blancs spécialisés – les phagocytes – engloutissent et digèrent les molécules, cellules et virus étrangers, tandis que des agents chimiques – les interférons –

L'immunité précoce provient des anticorps transmis aux jeunes chiots par le premier lait – ou colostrum – de la mère.

augmentent la résistance des cellules voisines atteintes d'infection, qu'il s'agisse ou non du même virus.

Les défenses spécifiques

Un simple millilitre de sang contient quelque 5 millions de globules rouges et environ 100 000 globules blancs. Ces derniers participent des réactions ciblées de l'organisme contre les agresseurs. Deux types de globules blancs – les lymphocytes B et T – produisent des anticorps pour détruire les agents pathogènes.

Les réactions immunitaires

Les lymphocytes reconnaissent les protéines (antigènes) à la surface d'un agent agresseur, comme par exemple une bactérie. Chaque lymphocyte B ne peut identifier qu'un seul antigène, mais l'organisme d'un chien adulte possède un très grand nombre de ces lymphocytes. Conjointement, ils font face à la quasi-totalité des agents agresseurs. Dès qu'un lymphocyte B reconnaît « son » antigène, il se divise. Ses clones commencent alors à produire des anticorps qui se mettent en chasse, captent la bactérie puis la détruisent. Le fonctionnement des lymphocytes T est légèrement différent (voir ci-contre) : ils détectent et détruisent les cellules ayant subi une mutation ou ayant été infectées par un virus.

Immunité et maturité

La chienne transmet une immunité temporaire à ses chiots par son colostrum. Mais les anticorps maternels diminuent sensiblement lorsque les chiots atteignent 10 à 12 semaines. Ils ont alors besoin d'une immunisation définitive par une injection.

Les lymphocytes T et l'immunité

Les lymphocytes T ciblent les cellules infectées par un virus, les cellules parasites et les cellules cancéreuses. Au lieu de produire des anticorps qui attaqueront l'agresseur, les lymphocytes T affrontent directement l'ennemi.

1. Les cellules infectées par un virus sont englouties par les phagocytes puis mises en contact avec les lymphocytes T correspondant aux antigènes de l'agresseur.
2. Le lymphocyte T correspondant produit des lymphocytes T tueurs et des lymphocytes T mémoire qui « mémorisent » l'antigène viral dans l'éventualité d'une nouvelle infection.
3. Les lymphocytes T tueurs s'arriment à la cellule infectée et lâchent des protéines toxiques pour détruire l'agresseur, avant de poursuivre leur recherche d'autres cellules infectées.

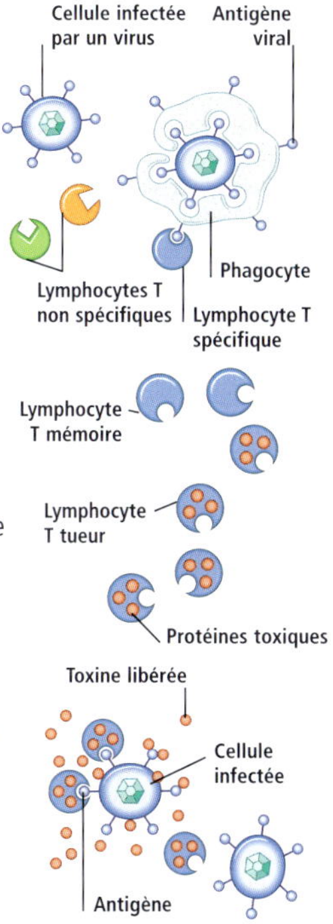

Inflammation et guérison

Une blessure est souvent rouge et douloureuse car les cellules libèrent un agent chimique appelé histamine, qui provoque une « porosité » des vaisseaux sanguins, permettant aux phagocytes de s'échapper dans les tissus pour engloutir les cellules étrangères et s'en débarrasser (*voir ci-dessous*).

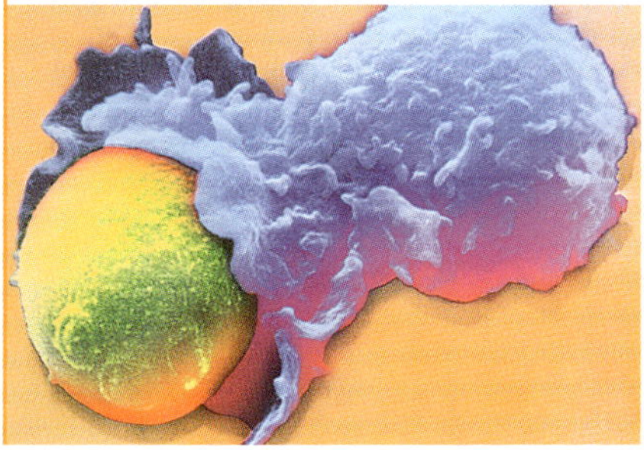

La communication

- Les chiens possèdent un langage sonore performant
- Les pistes et les odeurs fournissent une multitude d'informations
- Le langage corporel peut exprimer la position au sein du groupe

Les chiens disposent d'une gamme très riche de sons, d'odeurs et de postures, permettant de transmettre des messages particulièrement subtils à leurs congénères. Leur voix peut indiquer toute une palette d'émotions comme l'inquiétude, l'alarme ou la satisfaction. Grâce à l'odeur de leur urine ou de leurs fèces, ils marquent leur territoire. Le langage corporel, et notamment les variations de la position des oreilles et de la queue, exprime un éventail tout à fait parlant de sentiments et d'avertissements.

Un hurlement peut exprimer la solitude, l'inquiétude ou la joie intense.

Communiquer par la voix

Les chiens utilisent toute une gamme de sons pour s'exprimer : pleurs, gémissements et plaintes de nouveau-nés, grondements et aboiements aigus en guise d'avertissement, aboiements et hurlements plaintifs pour attirer l'attention, sanglots douloureux, jappements et hurlements perçants ou bien encore grognements de plaisir.

La communication vocale des chiens se révèle étonnamment efficace. Une mère apprend très vite à reconnaître le timbre de voix de chacun de ses chiots et à comprendre les sons traduisant la faim, la souffrance ou le plaisir.

Chez le loup, le hurlement représente le principal mode de communication vocale. Le chien,

Les marques odorantes

Le chien lève la patte pour déposer la marque odorante de son urine au niveau du museau des autres chiens et fournir ainsi des d'informations le concernant. Il n'est pas rare qu'un chien marque 80 endroits différents de son urine en un laps de temps de 4 heures.

Un mâle urine pour couvrir l'odeur des autres chiens.

quant à lui, aboie plus qu'il ne hurle. Ce trait caractéristique a suscité l'intérêt de nos ancêtres et été volontairement renforcé par la domestication.

Utiliser les odeurs corporelles

Les chiens produisent des substances chimiques – les phéromones – présentes dans la salive, les fèces et l'urine, ainsi que dans les sécrétions provenant du vagin et du pénis. En mélangeant ou en recouvrant leurs déjections de phéromones, ils utilisent leurs déchets organiques pour diffuser des informations.

Des marques odorantes sont également présentes dans toutes les sécrétions et autres liquides corporels, notamment la salive et le cérumen. Porteuses d'informations, les chiens les reniflent pour en prendre connaissance. L'oreille d'une femelle peut informer sur son état sexuel.

Le langage du corps

Le chien exprime ses émotions, ses pensées et ses exigences par un langage corporel précis. De subtils changements de position des oreilles, de la queue, de la gueule, de la physionomie, du pelage ou de la posture peuvent être riches d'enseignements. Le contact visuel est particulièrement fort. Le chien dominant fixe du regard et se tient droit, tandis que le chien soumis évite le contact visuel direct et s'aplatit. C'est parce que nous communiquons sur le même mode que nous comprenons ce langage.

Les postures du corps reflètent les variations émotionnelles de l'animal. S'il est calme, ses oreilles et sa queue sont relâchées. En alerte, oreilles et queue se redressent. Si le chien décide de faire preuve d'agressivité, il hérisse les poils du cou, redresse davantage la queue et retrousse les babines pour montrer les dents. Pour accentuer son agressivité, il se penche en avant et gronde en montrant les crocs.

Le langage corporel est instinctif. Ce chiot est en position d'invitation au jeu : un mouvement vif très particulier, par lequel il demande à un autre chien de jouer avec lui.

L'homme et le chien

- Il existe une race de chiens pour chacun d'entre nous
- L'intervention de l'homme a eu des effets positifs et négatifs
- Rien ne justifie d'écourter la queue ou les oreilles d'un chien

Chacun de nous a sa personnalité, ses aspirations et ses valeurs, qu'il considère comme son bien propre. Chez les chiens, il existe selon les races une telle diversité de tempéraments, de physionomies, de tailles et d'aptitudes qu'à n'en pas douter, nous pouvons trouver celui qui saura répondre à nos besoins. L'important reste de prendre le temps de bien choisir. Posez-vous les vraies questions: si vous aimez les chiens mais que l'idée de devoir effacer les traces de bave sur les murs ne vous plaît guère, évitez de prendre un Saint-Bernard. Si vous voulez tout contrôler, préférez un petit Caniche que vous pourrez faire toiletter à un Basenji au poil court et luisant. Si vous souhaitez vous entourer d'êtres aimants, qui vous respectent et vous obéissent, une femelle Golden-Retriever ou Labrador sera votre chien idéal. Sachez voir au-delà des apparences. Une race peut sembler jolie, mais ses autres caractéristiques – instincts, comportements et habitudes – pourraient bien cacher un animal de compagnie totalement inadapté à vos besoins.

Améliorer l'espèce

La sélection artificielle a sensiblement modifié la physionomie des chiens au fil des millénaires. Nous avons réduit ou augmenté leur taille, aplati leur tête et raccourci leurs pattes. Les conséquences de cette sélection sont

La sélection artificielle a permis d'accentuer les caractéristiques de certains chiens, jugées agréables ou utiles.

La manipulation génétique

La manipulation génétique représente peut-être la plus grave menace pesant à court terme sur les chiens. Bientôt, nous serons en mesure de modifier les races en introduisant de nouveaux gènes issus de chiens ou d'autres espèces. Certaines études peuvent se révéler utiles, comme la neutralisation de l'allergène Can F1 qui provoque une allergie à la peau des chiens. Mais elles peuvent aussi sembler frivoles ou sournoises. Recourir à la génétique pour créer des silhouettes ou des comportements étrangers au répertoire canin naturel est désormais possible. Jusqu'à ce jour, la relation entre l'homme et le chien s'est révélée mutuellement bénéfique. Seul le temps dira s'il continuera d'en être ainsi.

par exemple l'augmentation des maladies héréditaires chez certaines races et le rallongement sensible de l'espérance de vie chez d'autres.

Le choix des extrêmes

Pendant la majeure partie du XXe siècle, les normes en matière de race ont encouragé les extrêmes, l'objectif étant de créer la tête la plus grosse, la peau la plus plissée, les yeux les plus proéminents, la taille la plus réduite possible. Fort heureusement, nous n'en sommes plus là aujourd'hui et ces critères ont été remaniés. Pour autant, tous les éleveurs ne cherchent pas à créer des chiens physiquement plus sains. Certains persistent dans l'ancienne voie, car malheureusement, cela fait vendre.

Des « améliorations » chirurgicales

On pensait autrefois qu'écourter la queue d'un chien prévenait la rage. Cette pratique devint un usage chez les chiens de travail, notamment les Terriers et les Épagneuls, pour éviter les blessures à la queue. Aujourd'hui, si de nombreux chiens ont la queue amputée, c'est tout simplement pour flatter la vanité de leur maître. Généralement, la queue est coupée dans les trois jours suivant la naissance. Les chiots souffrent pendant l'opération mais les nerfs n'étant pas pleinement développés, la sensation de douleur est heureusement atténuée.

De même, certains chiens se voient partiellement amputés de leurs oreilles dans le seul but de leur donner un air féroce. Il s'agit essentiellement d'une tradition germanique, née des usages militaires de certaines races comme le Dogue Allemand, le Boxer, le Doberman et le Schnauzer. Cette mutilation est désormais interdite en Allemagne et dans la plupart des pays. L'Amérique du Nord reste la seule région du monde où l'on continue de pratiquer ces mutilations des oreilles et de la queue.

Il n'existe aucune justification médicale ou professionnelle à la pratique de telles opérations sur nos animaux de compagnie. Désormais, nombre de vétérinaires consciencieux refusent pour des raisons éthiques de tels actes.

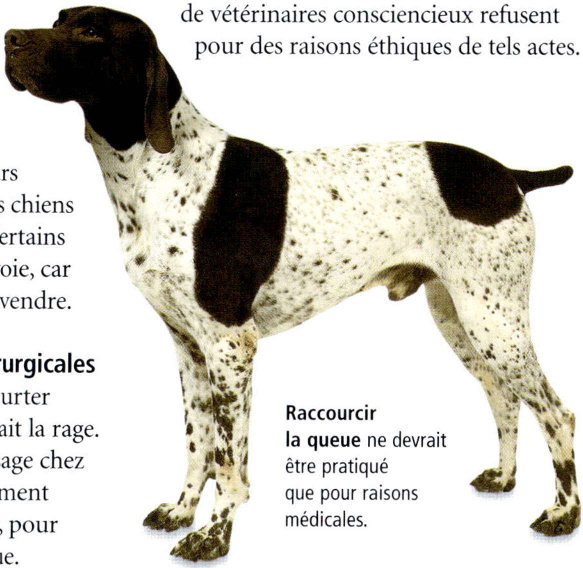

Raccourcir la queue ne devrait être pratiqué que pour raisons médicales.

CHAPITRE 2

Les races

De prime abord, on serait tenté de croire que les races de chiens sont en nombre bien défini, tout comme les variétés de pommes ou de poires. En réalité, il n'existe aucune limite clairement établie : tout groupe de chiens dont les petits sont semblables à leurs parents, par leurs caractéristiques physiques et leurs comportements, constitue une « race ». Il existe encore des « races » non reconnues en Asie, en Afrique et dans certaines régions d'Amérique du Sud. Néanmoins, ce que nous appelons par convention une race est un ensemble de chiens sélectionnés artificiellement pour correspondre à un standard, c'est-à-dire à des caractéristiques idéales définies par un club cynophile. Il en existe plus de 400 reconnues de par le monde. Parmi elles, les 20 races les plus populaires représentent près de la moitié des chiens ayant un pedigree et les 50 premières, plus de 90 % de toute la population canine.

La sélection artificielle

- À l'origine, les chiens étaient sélectionnés pour une tâche donnée
- Aujourd'hui, ils le sont pour leur physionomie ou leur tempérament
- Les standards de races ont accentué à l'excès certains traits

Depuis l'origine, l'évolution du chien fut placée entre les mains de l'homme dans le seul but de donner un animal performant dans la tâche qui lui était incombée : chien de troupeaux, chien de garde et chien de chasse. L'avènement des loisirs orienta la sélection artificielle sur des critères esthétiques.

Une influence royale

Pendant des millénaires, la chasse fut l'un des passe-temps favoris de toutes les Cours, de la Chine à l'Europe occidentale. De nombreux chiens firent l'objet d'un élevage sélectif pour leurs aptitudes de chasseurs. Des chiens de petite taille furent ainsi créés pour lever les oiseaux des fourrés : ils ont donné les Épagneuls que nous connaissons aujourd'hui. Des animaux plus grands, les ancêtres des Pointers, ont été développés pour débusquer le gibier.

La beauté comme critère

Les rois sélectionnèrent leurs chiens de chasse dans un souci d'esthétisme : une meute assortie de Bassets-Hounds citron et blanc était en effet plus agréable à l'œil. Les femmes de la noblesse adoptèrent des chiens de compagnie – véritables accessoires de mode –, sélectionnés pour la douceur et la couleur de leur robe, leur caractère affectueux et leur petite taille.

Les premières expositions canines

Vers le milieu du XIXe siècle, il était d'usage chez les gens riches de posséder un chien reconnu pour sa beauté. Les premières expositions canines furent des événements mondains organisés par des aristocrates. En 1860, à Birmingham, on créa

Les Épagneuls ont conservé leurs aptitudes de chasseur, bien que la race actuelle soit divisée en deux branches : chiens de travail et chiens de concours.

la première Dog Show Society, chargée d'organiser de telles expositions. Moins de trois ans plus tard, la Société Impériale d'Acclimatation tenait sa première exposition à Paris, présentant des races européennes, britanniques, mais aussi d'Amérique du Nord ou des pays nordiques, ainsi que des chiens tout droit venus « des bazars de l'Orient ». À l'époque, la définition du mot « race » restait on ne peut plus vague.

Les Kennel Clubs

En 1873, un club d'éleveurs et de cynophiles passionnés vit le jour en Angleterre. Ce Kennel Club rédigea sans délai un *stud-book* ou livre des origines rassemblant les pedigrees de plus de 4 000 chiens répartis en 40 races. Sept ans plus tard, un règlement interdit aux chiens non enregistrés au Kennel Club de participer à une exposition officielle. Des clubs du même type ne tardèrent pas à apparaître en France (Société Centrale Canine), aux États-Unis (American Kennel Club) et à l'échelle internationale (International Cynological Federation). En établissant des standards officiels pour les différentes races, ces associations cynophiles fixèrent des critères en matière de sélection, façonnant ainsi l'évolution de l'espèce.

Des standards imposés

Le Bulldog Anglais illustre à merveille certains aspects négatifs d'une sélection réalisée selon des standards imposés. Il était élevé à l'origine pour attaquer et saisir au cou les taureaux lors des jeux dans les arènes. Après l'interdiction de ces combats, les caractéristiques physiques – mâchoires puissantes et tête volumineuse – furent, contre toute logique, accentuées à la demande du Bulldog Club. Afin de remporter les concours, les éleveurs sélectionnèrent des têtes de plus en plus grosses, à tel point que la plupart des naissances nécessitèrent une césarienne, la tête ne passant plus par les voies naturelles.

De la même façon, moins dramatique toutefois, le Caniche, pouvant avoir une robe pluricolore, fit l'objet d'une sélection qui standardisa la robe unie.

Le Bulldog est aujourd'hui un doux compagnon, au caractère bien différent de celui de ses ancêtres.

La sélection artificielle garantit la permanence de certains caractères, mais réduit la variabilité génétique.

Les concours canins

- Les chiens ayant de l'assurance font excellente impression
- Il est recommandé d'avoir un chien dressé
- Un loisir qui peut être coûteux

Lors des concours canins, les chiens ne sont pas mis en compétition mais jugés individuellement en fonction d'une liste définissant les critères de beauté de la race. Les juges recherchent l'animal se rapprochant le plus de cet idéal de perfection et pénalisent les chiens qui dérogent à ces règles.

Les vainqueurs de concours sont des chiens qui aiment paraître et qui font preuve d'une grande confiance dans le ring.

Le dressage : un facteur essentiel

Les expositions sont certes des concours de beauté, mais la personnalité du chien est également importante. Il doit être habitué dès son plus jeune âge à être examiné car les juges lui ouvrent la bouche, inspectent les extrémités. Une petite récompense lors de la présentation est autorisée et facilite la tâche.

Avant le concours

Assistez, en spectateur, à des concours afin de savoir à quoi vous en tenir et vérifiez que votre chien est à jour dans ses vaccinations. À quelques jours du concours, coupez-lui les griffes et lavez-le. Les lipides naturels auront ainsi le temps de redonner tout son brillant à son pelage. Toute méthode artificielle visant à l'embellir est évidemment interdite.

Si votre chien a l'habitude de voyager en voiture, il ne sera guère dépaysé. Prévoyez assez de nourriture et d'eau. Un grand parapluie vous protégera tous les deux du soleil et de la pluie lors des concours en extérieur. Emportez une petite pelle pour nettoyer ses déjections. Une bouteille d'eau et une serviette vous permettront de lui nettoyer les pattes et le pelage s'il venait à se salir.

Sur le ring

Prenez place dans la file des candidats accompagnés de leur maître ; faites prendre la pose à votre chien, puis rectifiez la position si nécessaire. Le juge – en règle générale un éleveur reconnu – regardera attentivement l'animal, puis l'examinera, appréciant la texture de son pelage et jugeant de sa conformité avec les standards de race. L'interprétation du juge restant subjective, les mêmes chiens ne sortent pas obligatoirement vainqueurs des différents concours.

Pour certaines races, le toilettage en vue du concours demande du temps.

L'allure

Les standards de race décrivent la façon dont votre chien doit se déplacer. Le juge peut vous demander de le faire trotter dans un espace triangulaire afin d'observer son allure de face, de côté et de dos. Tout chien se déplaçant de façon empruntée est sanctionné. La victoire revient toujours à des chiens ayant une grande confiance en eux, qui « trottent » avec aisance et plaisir. Bien que les juges se concentrent principalement sur le chien, le rapport entre le chien et son maître n'est pas sans importance.

Considérez avant tout les concours comme un loisir, un moment d'agrément pour vous et votre compagnon.

Le jugement final

Le juge peut établir une première sélection, puis demander aux heureux élus de défiler une nouvelle fois. Une cocarde est attribuée au vainqueur de sa catégorie, ainsi qu'aux quatre suivants. Pour chaque race, les vainqueurs des différentes catégories (mâle, femelle, jeune, adulte) se mesurent entre eux pour le titre de champion. Au sein des différents groupes – les Terriers, par exemple – les vainqueurs de chaque race se mesurent les uns aux autres afin d'élire le meilleur du groupe. Les champions de chaque groupe s'affrontent enfin pour l'élection du vainqueur du concours.

Le coût des concours

Ces concours divertissants peuvent être peu onéreux. En vous organisant bien, vous n'aurez à payer que le prix d'entrée, le transport et le logement. Pour les concours de haut niveau, les postulants font appel, moyennant finance, à des conducteurs qui prennent en charge plusieurs chiens et les entraînent sur le parcours. Seul un chien d'exception sera en mesure de compenser ces frais par le prix de ses saillies ou de ses chiots.

Des chiens en mission

- De nombreux chiens ont conservé leur rôle traditionnel
- Les missions qui leur sont confiées ne cessent d'évoluer
- La sélection artificielle crée des chiens adaptés à des tâches nouvelles

Partout dans le monde, des chiens remplissent encore leur rôle traditionnel (chien de garde, de traîneau, de berger ou de chasse). Mais au siècle dernier, un grand nombre de nouvelles missions leur ont été confiées, qu'ils accomplissent avec brio.

Les chiens d'aveugles

Il s'agit des premiers chiens d'assistance, nés au XXe siècle. En Allemagne, après la Seconde Guerre mondiale, des Bergers Allemands furent dressés pour devenir « les yeux » de militaires ayant perdu la vue au combat. Cette idée fit rapidement son chemin. Aujourd'hui, si l'on utilise encore des Bergers Allemands comme chiens-guides, ils ont été largement supplantés par les Labradors et les Golden-Retrievers. Au Royaume-Uni, l'association Guide Dogs for the Blind a même créé une nouvelle race, un croisement de Labrador et de Golden-Retriever, dont le tempérament convient à merveille aux contraintes de cette mission.

Les chiens pour sourds

Les chiens assistant les personnes sourdes doivent naturellement faire preuve de curiosité et de responsabilité. Ils travaillent 24 h/24 h, réagissant aux pleurs du bébé, à la sonnerie de la porte ou à l'alarme du détecteur de fumée. Autant de sons auxquels nous prêtons tout naturellement l'oreille. La plupart de ces chiens proviennent de refuges et sont issus de croisements. Ceux ayant du sang de Cocker donnent les meilleurs résultats, suivis de près par les croisés de Caniche.

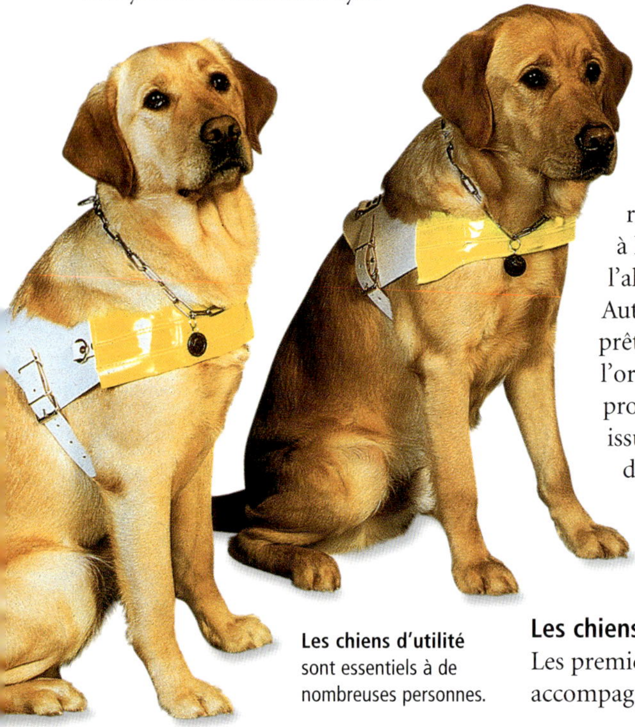

Les chiens d'utilité sont essentiels à de nombreuses personnes.

Les chiens pour handicapés

Les premiers chiens dressés pour accompagner les personnes en fauteuil

L'attelage de chiens est un moyen de transport dans certaines contrées reculées, mais il est aussi devenu un sport.

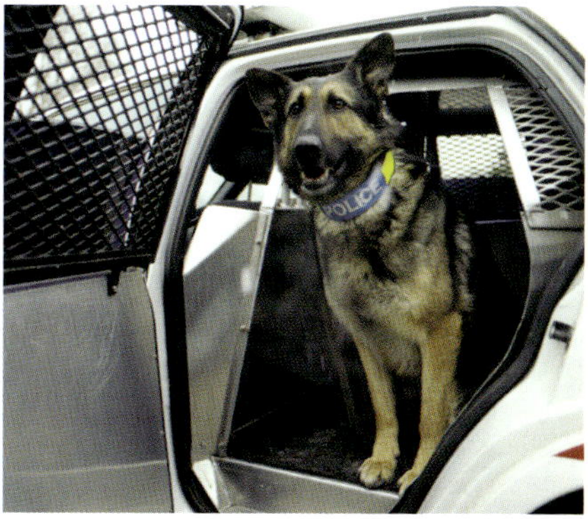

Des chiens accompagnent les forces de l'ordre dans leurs patrouilles, suivant les pistes, cherchant de la drogue ou des produits de contrebande.

roulant apparurent aux États-Unis dans les années 1980. Les Golden-Retrievers constituent la race la plus appréciée et la plus performante. Chaque chien est éduqué pour répondre aux besoins d'une personne donnée, l'essentiel du dressage consistant à ramasser les objets et à marcher à côté du fauteuil roulant. Mais certains apprennent à ouvrir le réfrigérateur ou à appuyer sur un interrupteur !

Les chiens « thérapeutes »

Les propriétaires de chien vont plus rarement chez le médecin, prennent moins de médicaments et souffrent plus rarement de petits maux. En d'autres termes, les chiens nous font du bien : ils nous obligent à faire davantage d'exercice et nous apportent de nombreux bienfaits sur le plan psychologique.

Chez certains chiens, il s'agit même d'une vocation. Ces « thérapeutes » sont des animaux de compagnie faciles à vivre, qui visitent régulièrement les gens dans les hôpitaux ou les maisons de retraite. Ravis de se laisser caresser, ils apportent leur affection pleine d'honnêteté. Le toucher est sans doute le sens le plus négligé par l'homme et les gens placés en institution y ont d'autant moins accès. Ces animaux jouent donc un rôle important dans cette étape souvent difficile de leur vie.

Votre chien a peut-être une vocation de thérapeute. Parlez-en à votre vétérinaire.

Les chiens de sauvetage

Les chiens utilisés lors des tremblements de terre, des avalanches et des sauvetages en montagne font un travail très professionnel. Pourtant, il s'agit bien souvent d'animaux de compagnie entraînés pour des opérations ponctuelles. Le sauvetage s'apparente de fait à une partie de cache-cache dont l'enjeu est sérieux. Le chien utilise son odorat – reniflant l'air ou le sol – pour retrouver des disparus.

Les sauveteurs professionnels font appel à des chiens de grande taille, notamment les Collies, mais les Japonais entraînent aussi avec succès des chiens plus petits, comme les Bergers des Shetland.

Chihuahua

- Le chien miniature dernier cri
- Il sait s'adapter et aime voyager
- Idéal pour la vie citadine

Petit et délicat, le Chihuahua n'en est pas moins vif et audacieux. Qu'il soit à poil court ou à poil long – plus robuste –, il sait offrir chaleur, affection et fidélité. Tremblant à la moindre brise, il est au comble du bonheur sur les genoux de son maître. Trop fragile pour la vie en plein air, c'est le chien d'intérieur par excellence.

Un peu d'histoire Le Chihuahua porte le nom de l'État du Mexique d'où il fut exporté vers les États-Unis, avant de gagner le reste du monde. Ses origines restent nimbées de mystère. Selon certains, en 1519, les armées espagnoles d'Hernán Cortès auraient apporté avec elles de petits chiens. Pour d'autres, les Chinois touchèrent les côtes d'Amérique avant les Européens, introduisant sur le continent des chiens miniatures.

Carte d'identité

Région d'origine
Mexique

Apparition de la race
XIXe siècle

Espérance de vie
12 à 14 ans

Caractère
Vif, alerte. Ni empressé ni timide envers les gens, mais souvent méfiant vis-à-vis des autres chiens.

Soins
Un peu d'exercice et un léger toilettage.

Caractéristiques physiques

Tête	Crâne bombé caractéristique, museau court et joues maigres
Yeux	Sombres ou rubis, bien écartés
Oreilles	Grandes et évasées
Corps	Long et compact, avec le dos horizontal
Robe	Toutes les couleurs, longue ou courte, douce, plate ou ondulée
Queue	De longueur moyenne, dressée au-dessus du dos

Bichon Maltais

- Doté de bonnes manières et d'un tempérament joueur
- Allure aristocratique
- Il nécessite régulièrement un toilettage complet

Autrefois baptisé Terrier Maltais, ce chien parfois très sensible, d'un naturel doux et de tempérament égal, ne perd jamais ses poils. Sa robe longue et épaisse risque de s'emmêler, notamment vers huit mois, lorsque le pelage juvénile est remplacé par le pelage adulte. Ce chien aime les enfants (il est préférable de le surveiller lorsqu'il joue avec eux, en raison de sa petite taille), adore se dépenser, mais sait aussi s'adapter à une vie relativement sédentaire.

Un peu d'histoire Le « Melita » (ancien nom du Bichon Maltais) fut sans doute introduit à Malte par des marchands vénitiens, il y a plus de 2000 ans. Le Bichon Maltais actuel est probablement issu de croisements d'Épagneul Nain et de Caniche Nain.

Carte d'identité

Région d'origine
Bassin méditerranéen

Apparition de la race
Antiquité

Espérance de vie
14 à 15 ans

Caractère
Confiant et affectueux, il peut se montrer très énergique lorsqu'il joue, malgré sa petite taille.

Soins
Brossage quotidien indispensable pour préserver son élégance.

Autre nom
Maltais

Pelage blanc, avec parfois une moucheture ivoire sur les oreilles

Pattes courtes et droites

20 à 25 cm

Poids **2 à 3 kg**

Caractéristiques physiques

Tête	**Crâne légèrement arrondi. Museau fin et pointu, avec des incisives bord à bord**
Yeux	**Grands, sombres, légèrement saillants**
Oreilles	**Abondamment frangées de longs poils**
Corps	**Ramassé, poitrine assez profonde**
Robe	**Longue, blanche et soyeuse, sans sous-poil**
Queue	**Le poids du pelage entraîne la queue sur le côté.**

Pinscher Nain

- Un chien de garde intrépide pour les petits espaces
- Très vif et fougueux
- Peut se montrer possessif avec ceux qu'il aime

À l'origine, le Pinscher Nain avait pour mission de chasser les rongeurs. Aujourd'hui, ce fringant petit Terrier (pinscher signifie « terrier » en allemand) sert exclusivement de chien de compagnie, même s'il a su conserver son instinct d'exterminateur de rats. Ressemblant à un petit Doberman, il serait pourtant apparu 200 ans environ avant ce dernier, avec lequel il n'a en commun que son pays d'origine. En dépit de sa taille, il n'hésite pas à affronter des chiens beaucoup plus gros que lui et aurait tendance à mordre avant même d'analyser la situation.

Un peu d'histoire Créé à partir du Pinscher, il y a plusieurs siècles, le Pinscher Nain était à l'origine un chien trapu, excellent ratier d'étable. Son aspect raffiné actuel est le fruit d'une sélection plus récente.

Carte d'identité

Région d'origine
Allemagne

Apparition de la race
XVIIIe siècle

Espérance de vie
13 à 14 ans

Caractère
Vif et joueur, même lorsqu'il est âgé

Soins
Se contente d'un léger brossage et d'un exercice modéré

Autre nom
Zwergpinscher

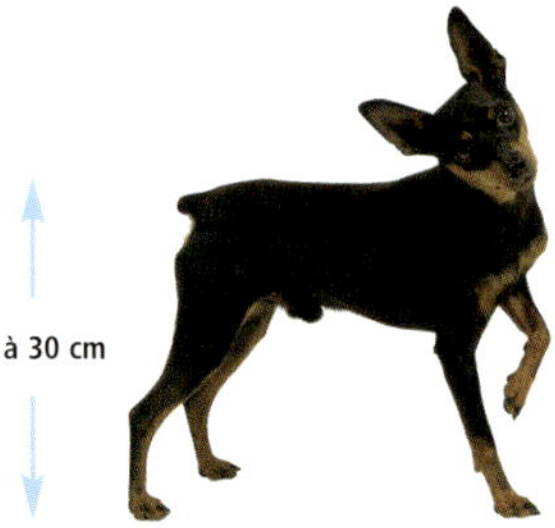

Caractéristiques physiques

Tête	Bien proportionnée, avec un museau court, droit et fin
Yeux	Sombres et brillants, en amande
Oreilles	Grandes, plantées haut sur le crâne
Corps	Profil ramassé, membres antérieurs bien développés
Robe	Brillante, raide, dure et courte, très près du corps
Queue	Traditionnellement coupée

Loulou de Poméranie

- Fort, vif et enjoué
- Excellent chien de compagnie
- Loyal et spontané, il déborde parfois de confiance en lui

La reine Victoria fit connaître le Loulou de Poméranie en Angleterre lorsqu'elle introduisit la race dans ses chenils. À l'origine, il était plus grand et plus blanc qu'aujourd'hui. La robe blanche est plutôt réservée aux grands spécimens, pouvant atteindre 13 kg. En voulant développer des animaux de petite taille, les éleveurs créèrent les couleurs zibeline et orange, aujourd'hui les plus répandues. Le Loulou de Poméranie, dont la taille n'a été réduite que récemment, continue de se comporter comme un grand chien. Il aboie très volontiers et peut se révéler un bon gardien qui n'hésite pas à défier des congénères plus gros que lui. C'est aussi un excellent compagnon.

Un peu d'histoire Le petit Loulou a été créé en Allemagne, dans la région de Poméranie, à partir de petits spécimens de Spitz Allemands. Son allure et sa robe orange rappellent ses lointaines origines arctiques.

Carte d'identité

Région d'origine
Allemagne

Apparition de la race
XIXe siècle

Espérance de vie
15 ans

Caractère
Extraverti et plein de vivacité

Soins
Son épaisse robe exige un brossage régulier. Pour le reste, c'est un chien d'entretien facile.

Autre nom
Dwarf Spitz, Loulou

Poids 2 à 3 kg

Caractéristiques physiques

Tête	Museau court, expression rappelant celle du renard
Yeux	Sombres et brillants, légèrement ovales et assez enfoncés
Oreilles	Petites et droites
Corps	Très ramassé, mais robuste
Robe	Sous-poil long et serré, poil de couverture formant une collerette
Queue	Tombant en éventail sur le dos

Carlin

- Batailleur et individualiste
- Un petit chien doté d'un solide caractère
- Parmi les races les plus anciennes

Le goût pour les Carlins s'acquiert. Nombre de propriétaires éprouvent ensuite pour cette race un attachement indéfectible. Coriace et entêté, il sait ce qu'il veut et n'en démord pas. Son corps musclé et compact, son museau plat et son regard fixe lui confèrent présence et personnalité. Malgré sa volonté de fer et sa force, il se montre rarement agressif. Affectueux et joueur, surtout avec les enfants, il saura vous amuser et fera un agréable compagnon.

Un peu d'histoire Descendant de Mastiffs d'Extrême-Orient, anciens compagnons de moines bouddhistes, miniaturisés il y a au moins 2 400 ans, le Carlin fut introduit en Hollande au XVIe siècle par la Compagnie des Indes hollandaises et devint le compagnon des rois et de l'aristocratie.

Carte d'identité

Région d'origine
Chine

Apparition de la race
Antiquité

Espérance de vie
13 à 15 ans

Caractère
Indépendant, charmant et déterminé

Soins
D'entretien relativement facile, il a besoin de peu d'exercice et d'un toilettage occasionnel.

Autres noms
Mops, Pug

Pattes droites et solides

Dos court et large, horizontal du garrot jusqu'à la queue

25 à 28 cm

Poids 6 à 8 kg

Caractéristiques physiques

Tête	Grosse par rapport au corps, museau court et aplati, des plis très marqués
Yeux	Grands, sombres et brillants
Oreilles	Fines, petites, retournées (en rose) ou droites (en bouton), noires
Corps	Ramassé et carré
Robe	Courte, douce et luisante, noire, argentée, abricot ou fauve
Queue	Étroitement enroulée, en spirale

Yorkshire-Terrier

- Le Terrier le plus célèbre du monde
- Indépendant et plein d'entrain
- Tout petit et fort élégant

Ce petit Terrier, toujours fringant, est l'un des chiens de race les plus répandus en Europe et en Amérique du Nord. Souvent considéré comme un accessoire de mode, le Yorkshire est une véritable boule d'énergie qui aurait tendance à oublier sa petite taille. Très joueur, il semble infatigable. Généralement gâté à l'excès, il n'a guère l'occasion de montrer à son maître tout ce qu'il pourrait apprendre. Certains spécimens nerveux et soumis, heureusement minoritaires, sont le fruit d'un élevage trop sélectif. Sa miniaturisation est à l'origine de divers problèmes de santé.

Un peu d'histoire Cette race serait née au début du XIXe siècle, en Grande-Bretagne, dans la région de West Riding. À l'époque, les mineurs du Yorkshire, qui voulaient un chien ratier suffisamment petit pour tenir dans leur poche, croisèrent probablement des Terriers de Manchester avec des Clydesdale-Terriers et des Paisley.

Carte d'identité

Région d'origine
Grande-Bretagne

Apparition de la race
XIXe siècle

Espérance de vie
14 ans

Caractère
Obstiné et vif

Soins
Demande un entretien régulier

Autre nom
Broken-Haired-Scottish-Terrier

Les poils des oreilles ont été coupés.

Pattes fines, cachées par un abondant pelage

Le pelage requiert un entretien très régulier.

22,5 à 23,5 cm

Poids 2,5 à 3,5 kg

Caractéristiques physiques

Tête	Museau court, truffe noire, tête petite, plate et étroite
Yeux	Sombre et brillants
Oreilles	Dressées, en forme de « V ».
Corps	Bien proportionné, dos court
Robe	Longue, raide et soyeuse, bleu acier sur le corps, fauve intense sur la tête et la poitrine
Queue	Généralement amputée

Bichon à poil frisé

- Un charmant compagnon, vif et joyeux
- Très réceptif au dressage en douceur
- Une élégance tout à fait originale

Gai, intrépide et s'adaptant facilement, le Bichon a vu le nombre de ses adeptes augmenter depuis sa sortie de l'ombre, à la fin des années 1970. Malgré les apparences, c'est un chien courageux et robuste (des fermiers norvégiens l'utilisent même comme gardien de troupeau). Mieux vaut surveiller ses dents et ses gencives car elles s'entartrent facilement, d'où un risque de gingivite. En revanche, il semble moins touché par les allergies dermatologiques chroniques que d'autres races à poil blanc.

Un peu d'histoire

Les origines exactes du Bichon à poil frisé demeurent inconnues. Au XIVe siècle, il avait déjà été introduit par des marins sur l'île de Tenerife, et au XVe siècle, il bénéficiait des faveurs royales.

Carte d'identité

Région d'origine
Bassin méditerranéen

Apparition de la race
Moyen Âge

Espérance de vie
14 ans

Caractère
Joyeux et actif. Exceptionnellement amical envers les inconnus, les chiens et autres animaux

Soins
Entretien régulier

Autre nom
Tenerife

Caractéristiques physiques

Tête	Crâne légèrement arrondi, joues plates, museau peu marqué, grosse truffe noire
Yeux	Ronds, sombres, cerclés de peau sombre
Oreilles	Tombantes, couvertes de longs poils
Corps	Petit mais robuste, poitrine profonde
Robe	Poils de couverture en tire-bouchon, sous-poil épais et doux
Queue	Retombant avec légèreté sur le dos

Cavalier-King-Charles

- Le citadin idéal
- Affectueux, énergique et facile à vivre
- Prédisposé à certaines maladies

Ce chien avenant et plein d'énergie a su se faire apprécier, s'adaptant avec beaucoup de facilité aux humeurs de son maître. Le Cavalier aime se pelotonner sur le canapé les jours de mauvais temps, mais apprécie aussi de trottiner ou de courir sur des kilomètres lorsque l'occasion se présente. Sa popularité croissante a conduit à de nombreux croisements de même souche, entraînant une augmentation sensible des risques cardiaques. L'espérance de vie de ces chiens chute alors de 14 ans à 9 ans seulement.

Un peu d'histoire Dans les années 1920, l'Américain Roswell Eldridge offrit une récompense à quiconque présenterait un King-Charles au museau allongé, semblable aux chiens peints par Van Dyck sur le portrait de Charles II en compagnie de ses Épagneuls. Vers 1940, ces chiens furent reconnus comme une race à part entière et se virent attribuer le préfixe de Cavalier, afin de les distinguer de leurs prédécesseurs.

Carte d'identité

Région d'origine
Grande-Bretagne

Apparition de la race
XXe siècle

Espérance de vie
9 à 14 ans

Caractère
Vif, doux, affectueux et gracieux

Soins
La forte incidence des maladies héréditaires nécessite de vérifier les antécédents médicaux de la famille.

La robe peut être noir et feu, rubis, tricolore ou Blenheim.

Extrémités compactes et frangées

31 à 33 cm

Poids **5 à 8 kg**

Caractéristiques physiques

Tête	**Presque plate entre les oreilles, lèvres bien développées**
Yeux	**Grands, ronds, lui donnant un air doux et attachant**
Oreilles	**Longues et abondamment frangées**
Corps	**Petit et bien proportionné, se déplaçant avec élégance**
Robe	**Longue et soyeuse, légèrement ondulée**
Queue	**Très frangée**

Pékinois

- Calme et affectueux avec son entourage
- Une distinction toute royale
- Peut se révéler suffisant, têtu et farouche

Selon les règles établies par l'impératrice de Chine Tzu Hsi, le Pékinois devait posséder des membres courts et arqués pour l'empêcher de s'éloigner, une collerette lui conférant une dignité certaine et de délicates papilles gustatives pour un goût raffiné. Ce faisant, Tzu Hsi omettait qu'il est aussi têtu comme une mule, lent comme un escargot et très hautain. Selon la légende, il serait né de l'union d'un lion et d'une guenon, héritant de la noblesse du premier et de la grâce de cette dernière: une définition tout à fait pertinente. C'est un compagnon à la fois amusant et indépendant.

Un peu d'histoire L'histoire du Pékinois, autrefois propriété exclusive de la Cour impériale chinoise, est étroitement associée au bouddhisme. C'est en 1860 que furent introduits en Occident les quatre premiers spécimens.

Carte d'identité

Région d'origine
Chine

Apparition de la race
Antiquité

Espérance de vie
12 à 13 ans

Caractère
Accommodant avec ceux qui ont su gagner son respect.

Soins
Sa robe s'emmêle facilement et doit être brossée une heure par semaine.

Autre nom
Épagneul Pékinois

Poids 3 à 6 kg

Caractéristiques physiques

Tête	Grosse et large, long pli en forme de « V » inversé, babines, truffes et contour des yeux noirs
Yeux	Ronds, noirs et brillants
Oreilles	En forme de cœur, à l'avant du crâne
Corps	Ramassé, plus lourd sur l'avant
Robe	Très fournie et longue, dans toutes sortes de couleurs
Queue	Revenant en arrondi sur le dos

Phalène

- Une allure superbe, des plus originales
- Un compagnon fidèle et plein de vivacité
- Doté d'une fine ossature, il se déplace avec grâce

Avec ses oreilles évoquant les ailes d'un papillon et sa belle robe fournie et soyeuse, le Phalène pourrait ressembler à un petit chien d'appartement classique, se contentant de couler des jours heureux. Il n'en est rien. Bien dressé, il se révèle extrêmement obéissant. De bonne constitution et de santé robuste, ce chien s'adapte aussi bien à la ville qu'à la campagne. Il aurait tendance à se montrer possessif envers son maître et, comme la plupart des races de petite taille, il est sujet aux luxations de la rotule.

Un peu d'histoire Selon certains, le Phalène descendrait de l'Épagneul Nain d'Espagne, qui existait au XVIe siècle. Toutefois sa morphologie et son long pelage laissent à penser qu'il a du sang de Spitz nordique dans son ascendance.

Carte d'identité

Région d'origine
Europe continentale

Apparition de la race
XVIIe siècle

Espérance de vie
13 à 15 ans

Caractère
Vif, intelligent, peu agressif, affectueux

Soins
Sa robe nécessite moins d'entretien qu'il n'y paraît.

Autre nom
Épagneul Nain à oreilles tombantes

Poids **4 à 5 kg**

Caractéristiques physiques

Tête	**Museau délicat, fin et pointu**
Yeux	**Ronds et placés assez bas sur le crâne**
Oreilles	**Tombantes ou dressées, très frangées et plantées sur l'arrière de la tête**
Corps	**Plus long que sa hauteur au garrot**
Robe	**Pelage épais et soyeux, dénué de sous-poil, pluricolore, avec toujours du blanc**
Queue	**Frangée, ramenée en panache vers l'avant**

Teckel

- Vif, intelligent et intrépide
- Le chien de concours idéal
- Reconnaissable entre tous

Le Teckel est aujourd'hui un chien de compagnie, mais pendant des siècles, il a poursuivi blaireaux, renards et lapins dans leurs galeries, grâce à sa petite taille, son instinct de chasseur et l'acuité de ses sens, notamment son odorat. Il existe des Teckels Standard et des Teckels Nains, selon trois variétés de robes : à poil ras, à poil long ou à poil dur.

Un peu d'histoire Des sculptures de l'Égypte ancienne montrent un pharaon entouré de trois chiens courts sur pattes : peut-être des ancêtres du Teckel. Le Teckel Standard à poil ras, autrefois utilisé comme traqueur, est sans doute le plus ancien. En Allemagne, cette race est appelée « Dachshund », chien de blaireau, ce qui confirme sa fonction première.

Carte d'identité

Région d'origine
Allemagne

Apparition de la race
XXᵉ siècle

Espérance de vie
14 à 17 ans

Caractère
Fidèle, courageux, voire impétueux

Soins
Toilettage régulier pour les poils longs. Les Teckels ne sentent pas aussi fort que les autres chiens.

Teckel Nain 4 à 5 kg
Teckel Standard 7 à 11,5 kg

Caractéristiques physiques

Tête	Étroite, bien dessinée, effilée
Yeux	Sombres, de forme ovale
Oreilles	Arrondies, plantées près du sommet du crâne
Corps	Long, près du sol, doté de courtes pattes
Robe	Couleurs variées : rouge ou tacheté de noir, chocolat, sanglier, gris et fauve
Queue	Différente selon le type de robe

Berger des Shetland

- Un compagnon affectueux et avenant
- Fidèle à son entourage
- Facile à dresser

Le « Sheltie » compte depuis longtemps parmi les chiens les plus populaires au Japon, en Grande-Bretagne et en Amérique du Nord. Bien que rarement utilisé comme chien de travail, il a conservé son instinct de chien de berger et sait parfaitement protéger la maison de son maître. Autrefois baptisé Berger d'Écosse Nain, il s'agit en réalité d'une race classique miniaturisée et non d'un véritable chien nain, comme le Teckel. Le Berger des Shetland est une version réduite des grands Bergers d'Écosse.

Un peu d'histoire

Les origines du Sheltie remontent à l'Écosse du XVIIIe siècle. Il serait issu d'un croisement entre des chiens de berger des îles Shetland et des Bergers d'Écosse à poil long.

Carte d'identité

Région d'origine
Grande-Bretagne

Apparition de la race
XVIIIe siècle

Espérance de vie
12 à 14 ans

Caractère
Intelligent et obéissant, le compagnon idéal de la famille

Soins
Brossage hebdomadaire. Il perd ses poils deux fois par an.

Poids 6 à 7 kg

Caractéristiques physiques

Tête	Effilée des oreilles jusqu'à la truffe
Yeux	Brun sombre, en amande
Oreilles	Petites, extrémité tombante
Corps	Bien proportionné, démarche souple et gracieuse
Robe	Zibeline, bleu merle, noir et blanc, noir et feu ou tricolore
Queue	Plantée bas, couverte d'un épais pelage

Caniche (Nain et Toy)

- Un compagnon plein de fierté et d'élégance
- Fidèle, affectueux et vif
- Longue robe, propre à différents types de toilettage

Ces chiens sont en tout point identiques au Caniche Moyen (voir p. 110), exception faite de leur taille. Populaire dans les années 1950 et 1960, le Caniche Nain est légèrement plus grand que le Toy. Chez certaines races, la miniaturisation a produit des chiens très dépendants de leur maître. Il en va tout autrement des Caniches, qui ont conservé leur caractère indépendant, se montrant vifs, aptes au dressage et obéissants.

Un peu d'histoire Gardiens de troupeaux et chiens d'eau, les Caniches Moyens furent probablement introduits en France au XVIe siècle, en provenance d'Allemagne et existaient déjà sous leur forme miniaturisée.

Carte d'identité

Région d'origine
France

Apparition de la race
XVIe siècle

Espérance de vie
14 à 16 ans

Caractère
Un compagnon sociable et fidèle

Soins
Le Caniche ne perd pas ses poils, il faut donc le tondre régulièrement.

Autre nom
Poodle

Poids du Caniche Toy : 6 à 8 kg
Poids du Caniche Nain : 8 à 14 kg

Caractéristiques physiques

Tête	Longue, étroite et fine.
Yeux	Sombres, légèrement en amande et très expressifs
Oreilles	Longues et pendantes
Corps	Élégant, équilibré, mouvements légers et déliés
Robe	Pelage fourni et épais, plutôt rêche ; différentes couleurs, toujours unies
Queue	Traditionnellement écourtée

Shih-Tzu

- Un joyeux compagnon pour toute la famille
- Extraverti, vif et confiant
- Longs poils caractéristiques sur le museau

Ressemblant beaucoup au Lhassa-Apso (voir p. 72), le Shih-Tzu n'a cependant ni les mêmes origines, ni le même tempérament. Selon le standard de la race en vigueur au Kennel Club de Pékin, le Shih-Tzu doit avoir « une tête de lion, un torse d'ours, un pied de chameau, une queue en plumeau, des oreilles en feuilles de palmier, des dents en grains de riz, une langue nacrée et des mouvements de poisson rouge ». Le Shih-Tzu est plus affectueux et joueur que ses congénères tibétains, ce qui explique probablement sa popularité mondiale. Les poils de l'arête du nez, qui poussent vers le haut, sont souvent attachés sur le sommet de la tête.

Un peu d'histoire Affectueux et plein d'allant, le Shih-Tzu était élevé à la Cour impériale chinoise il y a plus de 400 ans. Il s'agit sans aucun doute d'un croisement entre des chiens tibétains et des ancêtres de l'actuel Pékinois.

Carte d'identité

Région d'origine
Chine

Apparition de la race
XVIIe siècle

Espérance de vie
12–14 ans

Caractère
Véritable chien de compagnie affectueux même envers les étrangers et les autres animaux.

Soins
Brossage quotidien

Autre nom
Chien chrysanthème

Poids 5 à 7 kg

Caractéristiques physiques

Tête	Ronde et large, avec un court museau carré et une truffe noire
Yeux	Grands yeux ronds, très sombres
Oreilles	Grandes, tombantes, disparaissant sous un pelage long et fourni
Corps	Robuste et ramassé
Robe	Longue robe très abondante, à poil raide, existant dans diverses couleurs
Queue	Retombant sur le dos en lourd panache

Lhassa-Apso

- Un chien affectueux, empreint de dignité
- Protecteur de sa famille d'adoption
- Chien de garde plein de vivacité

Les Tibétains sélectionnaient davantage leurs chiens pour leur caractère que pour leur apparence. Le Lhassa-Apso faisait office de guetteur, aboyant au moindre signe suspect. D'ailleurs, son nom tibétain, *Abso Seng Kye*, signifie « chien-lion sentinelle qui aboie ». Ce type de chien était plutôt réservé aux quartiers riches, notamment au palais du Dalaï Lama. Une certaine confusion régna lorsque le Lhassa-Apso fut introduit en Occident, d'abord classé dans la même catégorie que le Terrier Tibétain et le Shih-Tzu. Ce n'est qu'en 1934 que ces trois races furent reconnues individuellement.

Un peu d'histoire Pendant très longtemps, cette race ancienne fut exclusivement élevée au Tibet. Ce n'est qu'en 1921 que les premiers Lhassa-Apso firent leur apparition dans les pays occidentaux.

Carte d'identité

Région d'origine
Tibet

Apparition de la race
Antiquité

Espérance de vie
12 à 14 ans

Caractère
Joueur et vif : un compagnon plein d'affection

Soins
Toilettage régulier et soins attentifs

Autre nom
Apso Seng Kye

Poids 6 à 7 kg

Caractéristiques physiques

Tête	Couverte d'un épais pelage retombant sur les yeux
Yeux	Brun foncé, de taille moyenne
Oreilles	Pendant le long de la tête, la pointe peut être de couleur sombre
Corps	Bien équilibré et robuste, avec un dos droit et des reins musclés
Robe	Longue et lourde, à poil raide
Queue	Portée bien au-dessus du dos

Schnauzer Nain

- Un compagnon fidèle et joueur
- Intelligent et aimant plaire
- Un parfait citadin

C'est à sa principale caractéristique physique que le Schnauzer Nain doit son nom, puisque *Schnauze*, en allemand, signifie museau. Autrefois excellent ratier, il incarne désormais le compagnon presque parfait. Moins bruyant et bagarreur que les Terriers anglais, c'est l'une des deux races les plus prisées actuellement en Amérique du Nord. Chien calme par excellence, il est facile à dresser et ne se montre jamais hargneux. Cet aboyeur enthousiaste excelle comme chien de garde.

Un peu d'histoire Réplique presque parfaite du Schnauzer Géant et Standard dont il est le descendant, le Schnauzer Nain a également reçu du sang d'Affenpinscher et de Pinscher Nain. Contrairement à ce que certains avancent, cette race, créée en Allemagne au XVe siècle, n'aurait aucun lien avec le Caniche.

Carte d'identité

Région d'origine
Allemagne

Apparition de la race
XVe siècle

Espérance de vie
14 ans

Caractère
Doux avec les enfants et les autres chiens. Problèmes de santé s'il est négligé.

Soins
Il a besoin d'un toilettage régulier.

Autre nom
Zwergschnauzer

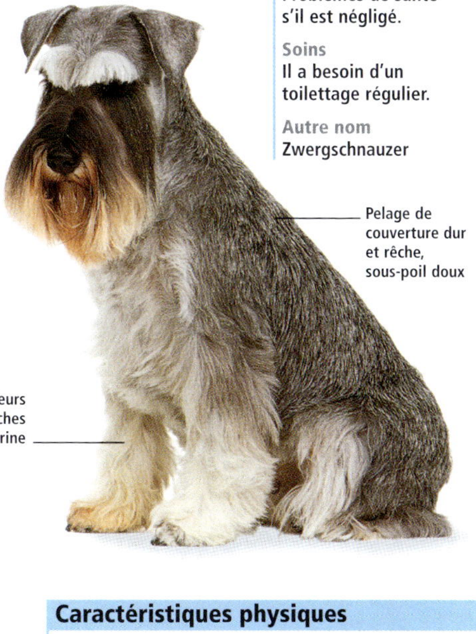

Pelage de couverture dur et rêche, sous-poil doux

Membres antérieurs droits et coudes proches de la poitrine

30 à 36 cm

Poids **6 à 7 kg**

Caractéristiques physiques

Tête	**Rectangulaire, barbe touffue**
Yeux	**Sombres et ovales, surmontés de sourcils broussailleux très marqués**
Oreilles	**Petites, plantées haut sur le crâne**
Corps	**Robuste, court, profonde poitrine**
Robe	**Noir pur, noir et argent ou poivre et sel (mélange de gris clair et foncé)**
Queue	**Attachée haut et traditionnellement écourtée**

Boston-Terrier

- Un compagnon affectueux et plein d'allant
- Vif et sensible
- Un chien de garde vigilant et efficace

Raffiné, réfléchi et plein d'égards, cet authentique chien de Nouvelle-Angleterre est depuis toujours fort apprécié en Amérique du Nord. C'est en effet un compagnon vif, amusant et fidèle qui aime la compagnie des hommes. Les mâles continuent toutefois de défier les chiens empiétant sur leur territoire.

Un peu d'histoire Cette race à l'allure puissante est née au XIXe siècle, issue de croisements entre Bulldog, Bull-Terrier, Boxer et Terrier blanc, aujourd'hui disparu. À l'origine, le Boston-Terrier pesait plus de 20 kg, avant d'évoluer vers une taille plus réduite.

Carte d'identité

Région d'origine
États-Unis

Apparition de la race
XIXe siècle

Espérance de vie
13 ans

Caractère
Joyeux et affectueux, aimant les enfants

Soins
Il n'a pas besoin de faire beaucoup d'exercice. Sa robe à poil ras est d'entretien facile.

Autre nom
Terrier de Boston

Caractéristiques physiques

Tête	Carrée et camuse
Yeux	Grands, ronds, très écartés
Oreilles	Petites, fines et dressés
Corps	Court et bien proportionné, mouvements gracieux
Robe	Poil ras, rouge bringé ou noir bringé, à taches blanches
Queue	Courte et taillée en pointe, attachée bas sur le dos

Jack-Russell-Terrier

- Un compagnon affectueux et joueur
- Un chasseur courageux
- Nerveux et plein d'énergie

Ce Terrier, élaboré à l'origine comme chien de travail, a conservé ses longs membres – lui permettant de se maintenir à la hauteur des chevaux lors des parties de chasse – et sa petite taille – idéale pour chasser les renards sous terre. Le révérend qui créa cette race avait une préférence pour les chiens à poil dur. Aujourd'hui, qu'il soit à poil ras ou à poil dur, le Jack-Russell-Terrier, vif et robuste, est tout aussi apprécié, surtout aux États-Unis. En Grande-Bretagne – berceau de la race – on préfère cependant la version plus petite de ce Terrier.

Un peu d'histoire Le Jack-Russell-Terrier fut créé au XIXe siècle par le révérend John Russell, pasteur dans l'ouest de l'Angleterre et membre fondateur du Kennel Club de Grande-Bretagne.

Carte d'identité

Région d'origine
Grande-Bretagne

Apparition de la race
XIXe siècle

Espérance de vie
13 à 14 ans

Caractère
Chien actif et amusant

Soins
Stimulation mentale et exercices physiques réguliers

Autres noms
Parson Terrier, Terrier du révérend Russell

Poids **4 à 7 kg**

Caractéristiques physiques

Tête	**Proportionnée par rapport au corps**
Yeux	**Sombres, en amande, pleins de vivacité**
Oreilles	**Petites, en « V », retombant vers l'avant**
Corps	**Équilibré, carré, dos droit, poitrine étroite**
Robe	**Dense et drue, poil de couverture imperméable, court sous-poil**
Queue	**Traditionnellement écourtée chez les chiens de travail**

Border-Terrier

- Un compagnon facile à vivre et affectueux
- Loyal et obéissant
- Un chasseur intrépide

Terrier peu sophistiqué et authentique, demeuré presque inchangé depuis ses origines, le Border-Terrier est suffisamment petit pour poursuivre un renard dans la plus étroite des galeries et suffisamment haut sur pattes et endurant pour accompagner les cavaliers. D'un naturel facile, ce chien se dresse sans difficulté et se révèle un merveilleux compagnon.

Un peu d'histoire L'origine exacte de cette race demeure mystérieuse. Toutefois, on sait qu'elle existait aux confins de l'Angleterre et de l'Écosse dès la fin du XVIIIe siècle, sous une forme très proche du Border actuel.

Carte d'identité

Région d'origine
Grande-Bretagne

Apparition de la race
XVIIIe siècle

Espérance de vie
13 à 14 ans

Caractère
Affectueux et sensible, il se plaît en compagnie d'enfants, d'autres animaux familiers dont les chevaux.

Soins
Actif, il a besoin de beaucoup se dépenser.

Poids 5 à 7 kg

Caractéristiques physiques

Tête	Crâne large, museau court, mâchoires puissantes
Yeux	Sombres, exprimant la vivacité
Oreilles	Petites, en forme de « V »
Corps	Corps moyennement long et assez profond, allure équilibrée
Robe	Pelage dense, dur et rude, avec un court sous-poil et une peau épaisse
Queue	Assez courte et effilée

Cairn-Terrier

- Un chien de travail robuste et courageux
- Vif et indépendant
- Relativement affectueux

Récemment supplanté par le West-Highland-White-Terrier et le Yorkshire-Terrier, le Cairn était jusque-là le Terrier le plus populaire en Grande-Bretagne. Au début du XXe siècle, les éleveurs firent en sorte de conserver son pelage hirsute, son corps robuste et ses talents de chasseur. Le Cairn se plaît autant à la ville qu'à la campagne. Bon chien de garde, il se montre plus docile au dressage que nombre de ses congénères. Toutefois, son tempérament reste celui d'un Terrier : les mâles, notamment, peuvent se montrer autoritaires et sont à surveiller de près lorsqu'ils côtoient des enfants pour la première fois. Sa petite taille, sa solide santé et sa docilité en font néanmoins un charmant compagnon.

Un peu d'histoire Le Cairn est peut-être né sur l'île écossaise de Skye où on le dressait déjà, sous le règne de Marie Stuart, à chasser les renards dans leur terrier.

Carte d'identité

Région d'origine
Grande-Bretagne

Apparition de la race
Moyen Âge

Espérance de vie
14 ans

Caractère
Vigoureux, intrépide, il se montre sûr de lui, sans être agressif.

Soins
Il a besoin de se dépenser régulièrement.

Pelage fourni, recouvrant un sous-poil duveteux

Extrémités antérieures plus grandes que les extrémités postérieures

25 à 30 cm

Poids 6 à 7 kg

Caractéristiques physiques

Tête	Large, mâchoires prononcées, truffe noire
Yeux	Noisette foncé, bien écartés, surmontés de sourcils broussailleux
Oreilles	Petites, pointues, dressées
Corps	Puissant et bien proportionné, dos horizontal, de longueur moyenne
Robe	Grise, rouge, crème, froment ou presque noire
Queue	Queue courte et très poilue

Terrier Écossais

- Un compagnon sûr et loyal
- Ayant de l'aplomb et du courage
- Qui fait parfois preuve de sautes d'humeur

Ce chien solide, musclé et calme au point d'en être austère, jouit depuis toujours d'une popularité plus grande en Amérique du Nord que dans son pays d'origine, l'Écosse. Le président Franklin Delano Roosevelt voyageait fréquemment en compagnie de son « Scottie » Fala ; Walt Disney contribua à pérenniser son image, symbole de distinction, dans *La belle et le clochard*. Créé pour poursuivre les petits mammifères dans leurs galeries, le Terrier Écossais est aujourd'hui un chien de compagnie. Réservé, indépendant, voire un peu distant, cet intrépide Terrier se révèle excellent gardien.

Un peu d'histoire L'actuel Terrier Écossais est probablement le descendant de chiens des îles d'Écosse occidentale qui firent l'objet d'un élevage sélectif à Aberdeen, vers le milieu du XIXe siècle.

Carte d'identité

Région d'origine
Écosse

Apparition de la race
XIXe siècle

Espérance de vie
13 à 14 ans

Caractère
Sensible, indépendant et plein d'allant

Soins
Exercice modéré, parfait citadin

Autres noms
Scottish-Terrier, Aberdeen-Terrier

Arrière-train exceptionnellement puissant

Pelage abondant et rêche, sous-poil doux

25 à 28 cm

Poids 9 à 10 kg

Caractéristiques physiques

Tête	Crâne allongé et aplati, large museau
Yeux	Petits, en amande, longs sourcils caractéristiques
Oreilles	Bien dessinées, pointues, peau délicate
Corps	Ramassé et très robuste, solide dos plat, poitrine fortement développée
Robe	Noir, froment, rouge ou noir bringé
Queue	Moyennement longue, large à la base, puis effilée

West-Highland-White-Terrier

- Un compagnon dévoué et bienveillant
- Plein de vivacité et d'assurance
- Un chien très prisé lors des expositions

Issu de la même lignée que le Cairn-Terrier, le West-Highland-White-Terrier a pourtant hérité d'une personnalité fort différente. Le « Westie », tout comme le Terrier Écossais, est devenu mondialement célèbre grâce aux campagnes de promotion d'une grande marque de whisky. Et comme tout chien de couleur blanche – porte-bonheur ou symbole de pureté –, il est fort apprécié en Amérique du Nord, en Europe, ainsi qu'au Japon.
Le West-Highland-White-Terrier est particulièrement sensible aux affections cutanées d'origine allergique et peut montrer un caractère nerveux.

Un peu d'histoire Le Cairn-Terrier donnait parfois naissance à des chiots blancs. Au XIXe siècle, la famille Malcolm – éleveurs écossais – se lança dans leur élevage sélectif afin de créer une race facilement repérable sur la lande écossaise.

Carte d'identité

Région d'origine
Grande-Bretagne

Apparition de la race
XIXe siècle

Espérance de vie
14 ans

Caractère
Fringant et fier, il aime la compagnie des hommes, mais fait aussi un excellent chien de garde.

Soins
Toilettage régulier pour conserver son allure

Caractéristiques physiques

Tête	Crâne large, s'affinant progressivement vers les yeux
Yeux	Légèrement enfoncés, bien écartés, regard acéré, brillant d'intelligence
Oreilles	Petites, droites et bien pointues
Corps	Ramassé, robuste, dos horizontal, puissant arrière-train
Robe	Pelage long et rêche, toujours blanc
Queue	Moyenne, poils courts et durs

Fox-Terrier

- Un chien affectueux et confiant
- Plein d'allant, vif et aimant s'amuser
- Toujours prêt à l'action

Autrefois chien de travail traditionnel, le Fox-Terrier à poil lisse est aujourd'hui un charmant animal de compagnie, qui peut toutefois se montrer entêté et faire preuve de caractère. Avec de la persuasion, ce chien athlétique se laisse cependant parfaitement dresser. Agile et toujours prêt à se dépenser lorsqu'on le lâche en liberté, il est parfaitement adapté à la vie à la campagne. Plus célèbre, son cousin à poil dur n'est guère démonstratif et se révèle lui aussi têtu, voire hargneux. Depuis ses origines, cette race n'a rien perdu de ses caractéristiques, à savoir son goût pour creuser la terre et son empressement à chercher la bagarre avec ses congénères.

Un peu d'histoire Il fut un temps où tous les chiens utilisés pour poursuivre les renards sous terre étaient appelés Fox-Terrier. C'est seulement au XIXe siècle que l'élevage sélectif donna naissance aux races que nous connaissons aujourd'hui.

Carte d'identité

Région d'origine
Grande-Bretagne

Apparition de la race
XVIIIe siècle (à poil ras)
XIXe siècle (à poil dur)

Espérance de vie
13 à 14 ans

Caractère
Joyeux, débordant d'énergie, querelleur avec les autres chiens

Soins
Doit être dressé très jeune avec autorité, afin de contrecarrer ses instincts de chasseur.

Membres antérieurs droits et fins

Le Fox-Terrier a poil dur offre un pelage dense, très résistant.

36 à 39 cm

Poids **7 à 8 kg**

Caractéristiques physiques

Tête	Crâne aplati et étroit, puissantes mâchoires
Yeux	Ronds, sombres, expression joyeuse
Oreilles	Petites, en forme de « V »
Corps	Court, fort, poitrine profonde, arrière-train puissant, légèrement cambré
Robe	À dominante blanche, avec des marques de couleur plus sombre
Queue	Traditionnellement écourtée

Norfolk-Terrier

- Extraverti et curieux
- Un compagnon vif et charmant
- Robuste, intrépide et plein d'énergie

Le Norfolk est un délicieux petit chien, malgré son instinct de prédateur envers le moindre rongeur. Comme presque tous les Terriers, mieux vaut faire preuve de prudence lorsqu'il est mis pour la première fois en présence d'un chat, afin de canaliser ses élans. Robuste et facile à vivre, il fait un excellent compagnon. À l'exception de ses oreilles tombantes, le Norfolk est en tout point identique (aspect, origine, personnalité et fonction) au Norwich-Terrier.

Un peu d'histoire Le Norfolk-Terrier descend du Norwich-Terrier. Depuis l'apparition de ce dernier, au XIXe siècle, certains chiots naissaient avec les oreilles dressées, d'autres avec les oreilles tombantes. Il s'ensuivit une polémique qui aboutit à la reconnaissance, en 1965, du Norfolk-Terrier, aux oreilles tombantes, comme race à part entière.

Carte d'identité

Région d'origine
Grande-Bretagne

Apparition de la race
XIXe siècle

Espérance de vie
14 ans

Caractère
Doté d'une ouïe fine, il n'hésite pas à aboyer au moindre bruit suspect. Il n'aime guère rester seul.

Soins
Il doit se dépenser de façon régulière et requiert un brossage hebdomadaire.

Caractéristiques physiques

Tête	Crâne large, museau cunéiforme, mâchoire bien dessinée
Yeux	Ovales et sombres, au regard vif
Oreilles	Légèrement arrondies, en forme de « V » et retombant sur les joues
Corps	Puissant, ramassé, dos horizontal, membres courts et musclés
Robe	Raide, dure et rêche
Queue	Traditionnellement écourtée

Staffordshire-Bull-Terrier

- Un compagnon aimant et affectueux
- Robuste, courageux et obstiné
- Qui nécessite un maître expérimenté

Voici un chien doté d'une double personnalité, véritable Docteur Jekyll et Mister Hyde. Aucune race n'est plus aimante envers sa famille d'adoption – et bien souvent envers les étrangers, voire les vétérinaires – que cette solide masse d'os et de muscles en mouvement. Animé d'un grand besoin d'affection, ce chien cherche avant tout à se faire accepter par son entourage. Cependant, à la vue d'un autre chien – ou d'un quelconque animal – il peut tout à coup révéler l'autre face de son caractère, emporté soudain par sa soif de détruire l'intrus. L'élevage sélectif a permis de réduire, sans toutefois l'éliminer, ce penchant.

Un peu d'histoire Née à Staffordshire, en Grande-Bretagne, au XIXe siècle, cette race puissante et fidèle est issue de croisements entre des Bulls musclés et féroces et d'agiles Terriers locaux, fins et exubérants.

Carte d'identité

Région d'origine
Grande-Bretagne

Apparition de la race
XIXe siècle

Espérance de vie
11 à 12 ans

Caractère
Digne de confiance, d'un naturel doux et gentil avec les enfants.

Soins
Un chien plein de force et de détermination, qui a besoin d'être dressé avec fermeté. Pratique d'un exercice régulier indispensable pour éviter un surpoids.

Poids 11 à 17 kg

Caractéristiques physiques

Tête	Courte, crâne très large, puissantes mâchoires, grandes dents
Yeux	Arrondis, largement écartés
Oreilles	Petites, bien écartées, à moitié dressées et retombant loin des joues
Corps	Musclé, court et bien dessiné
Robe	Pelage court et lisse, très près du corps
Queue	De longueur moyenne, attachée assez bas sur le dos, port droit

Bull-Terrier

- Fidèle et affectueux envers sa famille d'adoption
- Aimant s'amuser
- Parfois agressif avec les autres chiens

Né à Birmingham, le Bull-Terrier avait pour vocation de devenir le chien de combat par excellence. James Hinks, son créateur, donna la préférence au Bull-Terrier blanc – qui demeure aujourd'hui encore un compagnon très prisé –, ouvrant ainsi la voie à un certain nombre de problèmes de santé, beaucoup moins fréquents chez ceux de couleur. D'humeur égale, le Bull-Terrier se montre doux avec les gens et mord moins souvent que ses congénères. Toutefois, lorsqu'il passe à l'acte, il cause souvent de graves blessures car il ne lâche pas sa proie.

Un peu d'histoire Cette race est née au XIXe siècle d'un croisement de Bulldog et de Terrier blanc (aujourd'hui disparu) pour éblouir les spectateurs des combats de chien et des concours canins.

Carte d'identité

Région d'origine
Grande-Bretagne

Apparition de la race
XIXe siècle

Espérance de vie
11 à 13 ans

Caractère
En dépit de sa rudesse apparente, il est un compagnon affectueux et sensible.

Soins
Exercices réguliers pour entretenir sa musculature.

Autre nom
English-Bull-Terrier

Caractéristiques physiques

Tête	Convexe depuis le sommet du crâne jusqu'au bout de la truffe
Yeux	Petits, sombres, de forme triangulaire, placés en oblique et rapprochés
Oreilles	Petites et fines
Corps	Harmonieux, dos court et puissant
Robe	Courte, plaquée, d'aspect lustré, sous-poil doux en hiver
Queue	Courte et effilée, portée à l'horizontale

Airedale-Terrier

- Un chien de garde et un compagnon affectueux
- Extraverti et sûr de lui
- Un redoutable chasseur

Bien trop grand pour correspondre à la définition du mot « Terrier », qui désigne en principe les chiens capables de poursuivre leur proie jusque dans leur galerie souterraine, l'Airedale en est malgré tout l'incarnation parfaite. Chien de garde par excellence, il a tendance à se bagarrer avec ses congénères. Il a par ailleurs été utilisé comme sentinelle, messager et chien policier en raison de sa robustesse et de sa résistance. S'il savait se montrer moins têtu, ce chien vif et audacieux serait aujourd'hui un chien de travail tout à fait efficace et apprécié.

Un peu d'histoire

Au XIXe siècle, dans le Yorkshire, des éleveurs de Leeds décidèrent de croiser des terriers « Old English » à poil ras et des Otterhounds, donnant ainsi naissance à ce « roi des terriers » aux aptitudes multiples.

Carte d'identité

Région d'origine
Grande-Bretagne

Apparition de la race
XIXe siècle

Espérance de vie
12 ans

Caractère
Intelligent, affectueux, gentil avec les enfants, mais à surveiller malgré tout.

Soins
Poil tombant deux fois par an qui peut nécessiter un toilettage professionnel.

Autre nom
Waterside-Terrier

Tête, oreilles et barbe toujours de couleur fauve

Cuisses longues et puissantes

Membres antérieurs osseux et parfaitement droits

56 à 61 cm

Poids 20 à 23 kg

Caractéristiques physiques

Tête	Bien proportionnée, crâne allongé et plat, puissantes mâchoires recouvertes d'une barbe
Yeux	Petits et sombres, pleins de vivacité
Oreilles	Petites et en forme de « V »
Corps	Court, dos puissant, reins musclés, poitrine profonde sans être large
Robe	Pelage dur et fourni
Queue	Haute et droite

Cocker Américain

- Fidèle, sensible et affectueux
- Un merveilleux compagnon
- À l'aise à la ville comme à la campagne

Voici la race la plus populaire née aux États-Unis: le Cocker Américain, issu du cocker anglais – un chien de travail (voir p. 86). Peu adapté à ce type de fonctions, c'est avant tout un chien de compagnie fort agréable qui a su conserver son instinct de chasseur. Sa beauté et son charme sont fort appréciés sur l'ensemble du continent américain ainsi qu'au Japon. Malheureusement, le Cocker Américain souffre de problèmes de santé divers, dont certaines maladies de peau. Un inconvénient que compense toutefois sa nature aimable et généreuse.

Un peu d'histoire On raconte que le premier Épagneul serait arrivé aux États-Unis en 1620 avec les pèlerins du *Mayflower*. À l'origine, tous les Épagneuls appartenaient à une même catégorie. Le Cocker Américain, élevé pour certaines caractéristiques, fut finalement reconnu comme race à part entière en 1946.

Carte d'identité

Région d'origine
États-Unis

Apparition de la race
XIXe siècle

Espérance de vie
13 à 14 ans

Caractère
Joueur et affectueux, idéal pour les personnes d'un certain âge et gentil avec les enfants

Soins
Brossage régulier pour conserver un pelage soyeux

Autre nom
Cocker Spaniel

Robe soyeuse et très frangée sur les pattes

Poils extrêmement longs sur les oreilles; il est impossible de leur garder un air soigné.

34 à 39 cm

Poids 12 à 15 kg

Caractéristiques physiques

Tête	Crâne arrondi, museau carré prononcé
Yeux	Ronds, exprimant douceur et vivacité
Oreilles	Longues et très frangées
Corps	Ramassé, robuste, dos puissant et descendant
Robe	Pelage lisse ou légèrement ondulé, largement frangé sur les oreilles, la poitrine, l'abdomen et les pattes
Queue	Traditionnellement écourtée

Cocker

- Un compagnon pour toute la famille, gai et exubérant
- Doux et responsable
- Hérédité importante

Excellent chien de travail, le Cocker est également très apprécié comme chien de compagnie dans toute l'Europe et dans les pays du Commonwealth. Malheureusement, il est sujet à de nombreuses maladies héréditaires, notamment les affections oculaires, dermatologiques ou rénales. En outre, certains troubles du comportement – accès de fureur, par exemple – sont relativement fréquents chez les Cockers à robe unie. Avant d'adopter un Cocker, mieux vaut vous renseigner de façon systématique sur ses antécédents familiaux.

Un peu d'histoire Au début du XIXe siècle, les petits Épagneuls furent divisés en deux groupes : les « Starters », qui avaient pour mission de lever le gibier, et les « Cockers », chargés de débusquer et de rapporter les bécasses tombées dans les épais sous-bois. Le Cocker descend de chiens élaborés au Pays de Galles et dans le sud-ouest de l'Angleterre.

Carte d'identité

Région d'origine
Grande-Bretagne

Apparition de la race
XIXe siècle

Espérance de vie
13 à 14 ans

Caractère
Doux, attachant, toujours disposé à apprendre

Soins
Brossage régulier, exercices fréquents

Autre nom
English-Cocker-Spaniel

Poids 12 à 15 kg

Caractéristiques physiques

Tête	Crâne légèrement arqué, museau carré
Yeux	Bruns, brillants et vifs
Oreilles	Basses et tombantes
Corps	Ramassé et musclé, poitrine profonde, dos descendant légèrement en direction de la queue
Robe	Raide ou légèrement ondulée, bien fournie, avec un épais sous-poil
Queue	Traditionnellement coupée

Springer Anglais

- Un compagnon généreux et affectueux
- Aimant s'amuser et cherchant à faire plaisir
- Un chien actif, qui adore se dépenser

Chien de chasse infatigable, puissant et haut sur patte, le Springer Anglais a besoin d'une activité intense – qu'il s'agisse de lever du gibier d'eau ou de rapporter des balles de tennis – sous peine de faire preuve d'un tempérament destructeur. Aujourd'hui, c'est le chien de travail le plus populaire en Grande-Bretagne, mais il est également un excellent compagnon qui conserve bien souvent, même à la ville, des talents de travailleur.

Un peu d'histoire Des spécimens de Springer Anglais – dont descendent peut-être tous les Épagneuls de travail – figurent déjà sur certains tableaux du milieu du XVIIe siècle. Il fallut pourtant attendre la fin du XIXe siècle pour que Springers et Cockers soient considérés comme des races distinctes.

Carte d'identité

Région d'origine
Grande-Bretagne

Apparition de la race
XVIIe siècle

Espérance de vie
12 à 14 ans

Caractère
Facile à vivre, il s'adapte à la ville comme à la campagne.

Soins
Activité physique fréquente et toilettage régulier

Pelage long, raide et soyeux recouvrant un sous-poil fourni, court et doux

48 à 51 cm

Poids 18 à 23 kg

Caractéristiques physiques

Tête	Crâne assez large, museau droit et carré, puissantes mâchoires
Yeux	Sombres, de taille moyenne
Oreilles	Lobées et rapprochées, recouvertes de poils, attachées à la hauteur des yeux
Corps	Ramassé et bien proportionné
Robe	Foie et blanc ou noir et blanc, avec des marques feu
Queue	Traditionnellement coupée

Épagneul Breton

- Un compagnon affectueux, fort apprécié
- Joyeux, vif et actif
- Un excellent chasseur à l'aspect farouche

Vaillant compagnon des chasseurs, l'Épagneul Breton est un excellent chien d'arrêt et rapporteur de gibier. Souvent classé dans la catégorie des Épagneuls, au grand dam de ses admirateurs, il continue de porter cette appellation dans de nombreux pays. Épagneul par la taille, sa fonction fait clairement de lui un Pointer: le seul au monde à avoir la queue courte. D'allure plutôt fruste, l'Épagneul Breton se révèle un compagnon digne de confiance, sûr et obéissant.

Un peu d'histoire L'Épagneul Breton d'origine, tel qu'il figure dans les documents et illustrations du XVIIIe siècle, a pratiquement disparu au début du XXe siècle, date à laquelle un éleveur régional du nom d'Arthur Enaud entreprit de donner un nouveau souffle à cette race.

Carte d'identité

Région d'origine
France

Apparition de la race
XVIIIe siècle

Espérance de vie
12 à 14 ans

Caractère
Un chien affectueux, fidèle et intelligent, qui aime travailler et plaire à son entourage.

Soins
Nécessite un toilettage minimum, mais de fréquentes et longues promenades.

Poids 14 à 18 kg

Caractéristiques physiques

Tête	Ronde et légèrement cunéiforme
Yeux	Ambrés ou marron, au regard vif
Oreilles	Attachées haut et quelque peu arrondies, au-dessus du niveau des yeux
Corps	Compact et robuste, démarche courte, rapide et efficace
Robe	Orange, foie, noir combiné à du blanc ou tricolore
Queue	Naturellement courte

Beagle

- Un animal familier doux et affectueux
- Gai, pacifique et d'humeur égale
- Chien de meute par excellence

Malgré son caractère indépendant et sa forte tendance à vagabonder lorsqu'il est distrait, le Beagle est un compagnon très apprécié pour son naturel affectueux et son absence d'agressivité. Cette race paisible possède en outre une voix harmonieuse et fort élégante. Sa taille et son aspect peuvent varier sensiblement d'un pays à l'autre et certains Kennel Clubs en répertorient désormais différentes variétés.

Un peu d'histoire Le Beagle est probablement le résultat d'un croisement entre le Harrier et d'anciens chiens de meute anglais. Ce petit chien courant, accompagnant les chasseurs de lapin à pied, existe ainsi depuis le XIVe siècle.

Carte d'identité

Région d'origine
Grande-Bretagne

Apparition de la race
XIVe siècle

Espérance de vie
13 ans

Caractère
Vif et résistant, aimant la compagnie des personnes et des animaux

Soins
A besoin d'être dressé et de beaucoup se dépenser.

Autre nom
English-Beagle

Poids 8 à 14 kg

Caractéristiques physiques

Tête	Crâne légèrement bombé, museau large, narines bien ouvertes
Yeux	Grands, marron ou noisette
Oreilles	Longues et pendantes, de texture fine, formant un pli gracieux
Corps	Robuste, dos horizontal et musclé, poitrine large et bien descendue
Robe	Courte, dense et imperméable
Queue	Dressée bien au-dessus du dos

Whippet

- Le compagnon idéal
- Calme, réservé et obéissant
- Robuste et puissant, en dépit des apparences

La morphologie aérodynamique du Whippet est parfaitement adaptée à la course. Sur de courtes distances, il peut atteindre 65 km/h. Malgré sa délicatesse apparente et son goût pour les siestes sur le canapé, il se métamorphose, une fois lâché dans la nature, en fin chasseur au caractère intrépide. C'est un chien doux et affectueux, tant avec les adultes qu'avec les enfants. Sa robe nécessite un minimum d'entretien. Sa peau a toutefois tendance à se déchirer facilement.

Un peu d'histoire Au début du XIXᵉ siècle, la course au lièvre était un sport fort apprécié dans le nord de l'Angleterre. Pour améliorer les pointes de vitesse des Terriers traditionnellement utilisés, on procéda à des croisements avec de petits Greyhounds, donnant ainsi naissance au gracieux Whippet que nous connaissons aujourd'hui.

Carte d'identité

Région d'origine
Grande-Bretagne

Apparition de la race
XIXᵉ siècle

Espérance de vie
14 à 15 ans

Caractère
Doux, sûr de lui et d'humeur égale

Soins
Paisible, il doit cependant courir régulièrement, sur de courtes distances.

Poids 12 à 14 kg

Caractéristiques physiques

Tête	Longue et fine, effilée jusqu'à la truffe
Yeux	Marron, brillants et vifs, au regard paisible et réservé
Oreilles	Petites et repliées, « en rose »
Corps	Poitrine profonde, dos puissant, cou long et nettement arqué
Robe	Courte, serrée et drue, de toutes les couleurs, unies ou non
Queue	Longue et effilée

Border-Collie

- Très affectueux et travailleur
- Vif, plein d'allant et désireux d'apprendre
- Un remarquable chien de berger

Le Border-Collie reste le chien de berger le plus utilisé en Grande-Bretagne et en Irlande. Animal de compagnie très affectueux, il peut révéler un tempérament difficile, surtout en ville. Les spécimens issus de lignées de chien de travail conservent un fort instinct de prédateur qui, canalisé par le dressage, devient un merveilleux talent de gardien. En l'absence d'exercices, il pourra avoir un comportement destructeur : il cherchera, par exemple, à dominer ses congénères, voire les humains, et pourra devenir hargneux.

Un peu d'histoire Les bergers des collines écossaises utilisent des Collies depuis plus de 300 ans, mais cette race n'a reçu son nom actuel qu'en 1915.

Carte d'identité

Région d'origine
Grande-Bretagne

Apparition de la race
XVIIIe siècle

Espérance de vie
12 à 14 ans

Caractère
Obéissant et fidèle, il cherche à plaire à son maître mais peut se montrer très excitable.

Soins
Exercices fréquents et activités dirigées indispensables

Poids **14 à 22 kg**

Caractéristiques physiques

Tête	**Crâne assez large, mâchoire puissante**
Yeux	**Grands et écartés, intelligents et vifs**
Oreilles	**Moyenne, dressées ou semi-dressées**
Corps	**Bien proportionné, d'aspect athlétique, cou fort et musclé**
Robe	**Poil de couverture dense, de texture moyenne, sous-poil court et doux**
Queue	**Portée bas, mais légèrement recourbée à l'extrémité**

Welsh-Corgi-Pembroke

- Un charmant compagnon
- Extraverti et affectueux
- Aimant la vie à la campagne et à la ville

Le solide Welsh-Corgi-Pembroke a l'instinct d'un « talonneur » et fut largement utilisé jusqu'au XIXe siècle dans toute la Grande-Bretagne pour guider le bétail. Suffisamment bas sur pattes pour éviter les coups de sabots, il guidait les bêtes en les mordant au talon. L'énergie et l'efficacité des ancêtres du Pembroke ont fait sa réputation de chien de travail. Vif et tout à fait gentil, il sert aujourd'hui principalement de chien de compagnie. Il est plus populaire que son cousin le Welsh-Corgi-Cardigan, reconnaissable à sa longue queue fournie et à ses grands yeux.

Un peu d'histoire Divers documents anciens attestent l'existence du Welsh-Corgi-Pembroke en Grande-Bretagne dès l'an 920. Il y serait arrivé en compagnie des tisserands flamands amenés en Grande-Bretagne par le roi Henry Ier.

Carte d'identité

Région d'origine
Grande-Bretagne

Apparition de la race
Xe siècle.

Espérance de vie
12 à 14 ans

Caractère
Gai, sûr de lui, obéissant, il peut à l'occasion donner de petits coups de dents.

Soins
Toilettage régulier ; activité physique fréquente pour éviter les problèmes de surpoids

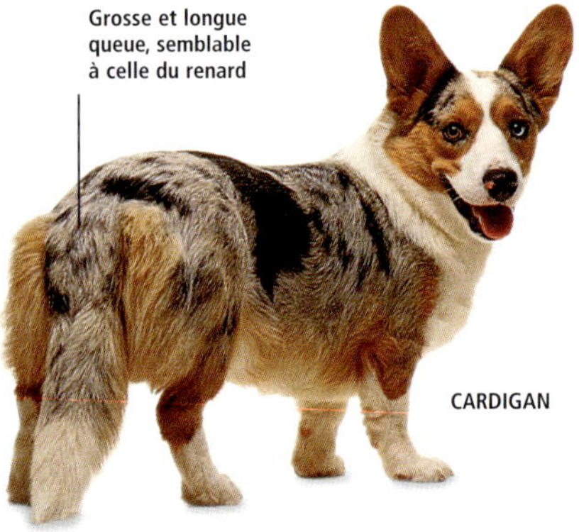

Caractéristiques physiques

Tête	Rappelant celle du renard, exprimant vivacité et intelligence
Yeux	Ovales et de couleur marron
Oreilles	Dressées et légèrement arrondies, plus petites que celle du Cardigan.
Corps	Bas sur pattes et de constitution robuste
Robe	Raide et de longueur moyenne, sur un sous-poil court et serré, imperméable
Queue	En général naturellement courte

Golden-Retriever

- Un compagnon joyeux et fidèle
- Digne de confiance et affectueux
- Obéissant et facile à dresser

Ce beau chien, rapporteur de gibier d'eau, a grand besoin d'affection et ne mord que rarement. Plusieurs lignées ont été créées, correspondant à différentes fonctions. Certains Golden-Retrievers sont des chiens de chasse, d'autres se destinent aux concours d'épreuves, tandis qu'une troisième catégorie désigne les chiens de compagnie ou d'expositions canines. Une quatrième lignée est spécialement dressée pour assister les aveugles et les handicapés. Malheureusement, sa popularité est à l'origine de défauts héréditaires, comme des allergies cutanées, des maladies oculaires, voire une certaine agressivité.

Un peu d'histoire Créés à la fin du XIXe siècle grâce au croisement d'un Retriever à poil plat et d'un Tweed-Water-Spaniel, race aujourd'hui éteinte, les Goldens furent présentés pour la première fois lors d'une exposition canine en 1908.

Carte d'identité

Région d'origine
Grande-Bretagne

Apparition de la race
XIXe siècle

Espérance de vie
12 à 15 ans

Caractère
Placide, responsable et digne de confiance, particulièrement patient avec les enfants

Soins
Exercices quotidiens et toilettage régulier

Autre nom
Retriever Doré

Peau distendue autour d'un cou net et musclé

La couleur de robe varie du crème au doré et s'éclaircit avec l'âge.

51 à 61 cm

Poids 27 à 36 kg

Caractéristiques physiques

Tête	Tête bien équilibrée, crâne large
Yeux	Marron foncé, cerclés de noir, regard doux et affectueux
Oreilles	Pendantes et formant un léger pli
Corps	Bien proportionné, au trot allure fluide et puissante
Robe	Pelage résistant, plat ou ondulé, sur un sous-poil serré et imperméable
Queue	Portée droite ou légèrement incurvée

Labrador

- Un animal de compagnie idéal
- Équilibré et soucieux de plaire à son maître
- Excellent nageur

Le Labrador est un animal affable, sociable, affectueux avec son entourage et qui adore jouer dans l'eau. Certains souffrent malheureusement de problèmes de santé héréditaires, tels que cataracte, arthrite du coude ou de la hanche, voire comportement rétif. Quoi qu'il en soit, le Labrador demeure l'un des chiens les plus fidèles et les plus fiables qui soient.

Un peu d'histoire Le Labrador est né au XIXe siècle dans la région de St. John's, à Terre-Neuve. On l'appelait alors le « petit chien d'eau » pour le différencier du grand Terre-Neuve. Profitant des bateaux faisant commerce de morue salée, il débarqua dans le port anglais de Poole, dans le Dorset. Dès lors, les propriétaires terriens du cru entreprirent un élevage sélectif pour en faire un chien de chasse.

Carte d'identité

Région d'origine
Canada

Apparition de la race
XIXe siècle

Espérance de vie
12 à 14 ans

Caractère
Doux, amusant et dévoué, gentil avec les enfants et les animaux domestiques

Soins
Il aime la baignade occasionnelle.
Exercices réguliers

Poids 25 à 36 kg

Caractéristiques physiques

Tête	Crâne large, mâchoire puissante, belle truffe aux narines bien relevées
Yeux	Moyens, marron ou noisette
Oreilles	Basses, tombantes
Corps	Bien proportionné, constitution robuste, poitrine profonde et puissante
Robe	Pelage court et serré, relativement dur au toucher, sous-poil doux et imperméable
Queue	Couverte de poil dense et épais

Braque Allemand

- Un compagnon fidèle
- Athlétique, actif et travailleur
- À poil dur, à poil long ou à poil ras

Trois races de Braques Allemands ont été créées, ayant chacune des caractéristiques différentes. Le Braque à poil dur est un merveilleux chien de compagnie et un travailleur infatigable. Malheureusement, cette race est prédisposée à l'arthrite de la hanche et du coude. Le Braque à poil long (qui n'est pas reconnu par le Kennel Club américain) demeure essentiellement un chien de travail. Calme et fidèle, il montre d'étonnantes qualités de chien de garde. Quant au Braque à poil ras, il se révèle fort agréable compagnon.

Un peu d'histoire Les nombreuses catégories de Braques Allemands existant aujourd'hui sont toutes issues de l'élevage sélectif intensif pratiqué en Allemagne à la fin du XIXe siècle. À l'époque, les éleveurs allemands croisèrent des spécimens de cette race nationale avec des chiens issus de lignées anglaises et françaises.

Carte d'identité

Région d'origine
Allemagne

Apparition de la race
XIXe siècle

Espérance de vie
12 à 14 ans

Caractère
Vif, d'humeur égale

Soins
Quelle que soit la catégorie, ces chiens très énergiques ont besoin de beaucoup se dépenser.

Autre nom
Kurzhaar

Poids 27 à 32 kg

Caractéristiques physiques

Tête	Bien proportionnée, puissante mâchoire
Yeux	Ovales (à poil long et à poil dur) ou en amande (à poil ras)
Oreilles	Attachées haut et pendantes
Corps	Puissant, allure très déliée
Robe	À poil ras : épaisse, plate et rêche. À poil dur : épaisse et rugueuse, avec barbe. À poil long : longue et près du corps
Queue	Écourtée (sauf Braque à poil long)

Setter Irlandais

- Affectueux et plein d'allant
- Un protecteur fidèle
- Fougueux et débordant d'énergie

Le Setter Irlandais est un chien racé qui a besoin de pratiquer une activité physique intense. Plus vif que la plupart des chiens de compagnie, il recherche activement un compagnon de jeu de son espèce, aimant tout particulièrement courir en cercle autour de ses congénères. Exubérant et extraverti, le Setter Irlandais conserve très longtemps un tempérament de jeune chiot et une joie de vivre qui lui ont valu, à tort, une réputation de chien frivole et surexcité.

Un peu d'histoire Comme son nom l'indique, cette race est née en Irlande, au XVIIIe siècle. Elle descend notamment d'Épagneuls, d'anciens Setters Écossais et de l'ancien Braque Espagnol.

Carte d'identité

Région d'origine
Irlande

Apparition de la race
XVIIIe siècle

Espérance de vie
13 ans

Caractère
Affectueux, espiègle, drôle

Soins
Exercices réguliers, toilettage hebdomadaire. Ayant tendance à s'assagir tardivement, il requiert un dressage prolongé.

Autre nom
Irish Setter

Poids 27 à 32 kg

Caractéristiques physiques

Tête	Longue, mince, avec le crâne ovale
Yeux	Marron à brun, doux et intelligents
Oreilles	Plantées bas, à la peau fine
Corps	Bien proportionné, poitrine profonde, dos vigoureux, descendant légèrement vers la queue
Robe	Longue et lisse, franges sur le ventre
Queue	Frangée, plantée bas et portée horizontalement

Pointer

- Un merveilleux compagnon
- Beau, plein de dignité et sensible
- Doté d'un puissant instinct de chasseur

Doux, obéissant et prenant la vie très au sérieux, les caractéristiques premières du Pointer semblaient aller à l'encontre du tempérament canin. À la vue d'un lièvre, il tombait en arrêt, laissant les Greyhounds qui l'accompagnaient pourchasser et se saisir de l'animal. L'élevage sélectif en a fait un chien d'une obéissance exemplaire, noble et généreux, souvent hypersensible. Ce compagnon idéal fait preuve d'un caractère bienveillant.

Un peu d'histoire Ses origines exactes demeurent méconnues, mais une certitude demeure : le Pointer fut entièrement créé en Grande-Bretagne, où il fut utilisé comme chien de chasse dès le XVIIe siècle. Du sang de l'ancien Setter Espagnol coule probablement dans ses veines.

Carte d'identité

Région d'origine
Grande-Bretagne

Apparition de la race
XVIIe siècle

Espérance de vie
13 à 14 ans

Caractère
D'humeur égale et doux avec les enfants. Travailleur vaillant et efficace.

Soins
Relativement peu adapté à la vie citadine car il a besoin de beaucoup se dépenser.

Autre nom
English Pointer

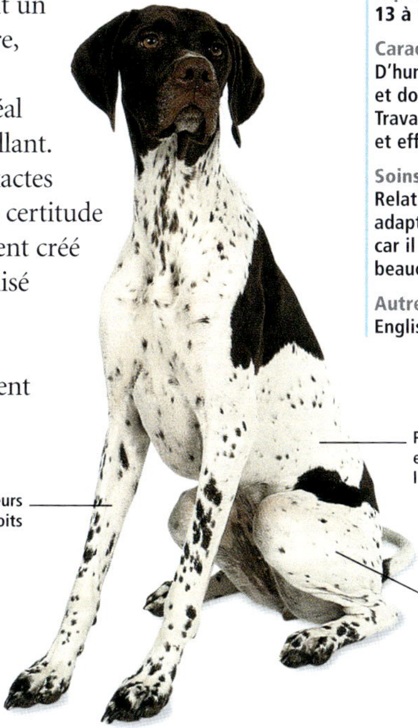

Poids 20 à 34 kg

Caractéristiques physiques

Tête	Crâne assez large, museau prononcé et légèrement arqué, truffe relevée lorsqu'il flaire
Yeux	Arrondis, noisette ou bruns
Oreilles	Plantées haut, retombant souplement
Corps	Aérodynamique, musclé et bien bâti
Robe	Citron, orange, foie ou noire, unie ou mélangée à du blanc
Queue	Droite et portée à l'horizontale

Braque de Weimar

- Affectueux, alerte et audacieux
- Un chien de travail courageux et déterminé
- Arborant une belle robe couleur acier

Ce chien de chasse aux muscles saillants et à l'étonnante robe acier est également de plus en plus apprécié comme chien de compagnie. Son caractère tout à la fois obéissant et intrépide, ses qualités et sa force naturelles en font aussi un excellent chien de garde. Qu'il soit à poil ras – variété la plus répandue – ou à poil long, le Braque de Weimar reste un chien de travail de confiance, excellent lors des concours de chiens de chasse et des travaux d'obéissance. Alliant grâce, vitesse, énergie et endurance, il a toutes les qualités d'une star.

Un peu d'histoire L'origine exacte du Braque de Weimar reste inconnue. Toutefois, il existait des chiens de chasse à la robe grise en Allemagne, au XVIIe siècle. Les spécimens actuels résultent d'un élevage sélectif entrepris au XIXe siècle, dont le nom rend hommage à Charles-Auguste, grand duc de Weimar.

Carte d'identité

Région d'origine
Allemagne

Apparition de la race
XVIIe siècle

Espérance de vie
12 à 13 ans

Caractère
Ce chien doté de force et d'assurance aime les enfants.

Soins
Montrant parfois des tendances dominatrices, il a besoin de fermeté et doit se dépenser régulièrement.

Autre nom
Weimaraner

Caractéristiques physiques

Tête	Allongée, très aristocratique
Yeux	Inhabituels, allant de l'ambre au gris
Oreilles	Plantées haut, marquant un léger pli
Corps	Moyen, dos droit, poitrine descendue et bien développée
Robe	Du gris argenté au gris souris
Queue	Traditionnellement écourtée chez les chiens de travail

Setter Anglais

- Un membre de la famille dévoué et bienveillant
- D'un tempérament doux et extrêmement affectueux
- Un chien de travail alliant force et efficacité

Le Setter Anglais, calme et gracieux, est facile à dresser et extrêmement doux avec les enfants. Cette race pleine d'élégance donne aussi des chiens de travail audacieux, efficaces et endurants. Un petit nombre de Setters souffrent d'une fragilité héréditaire entraînant une détérioration de la rétine pouvant aller jusqu'à la cécité. La variété de couleur blanche est également davantage sujette à des allergies de peau. **Un peu d'histoire** Les Setters descendent d'Épagneuls dotés d'aptitudes pour la chasse. C'est au début du XIXe siècle qu'Edward Laverack, éleveur britannique, élabora les Setters anglais que nous connaissons aujourd'hui.

Carte d'identité

Région d'origine
Grande-Bretagne

Apparition de la race
XIXe siècle

Espérance de vie
14 ans

Caractère
Très doux, facile à vivre et joyeux

Soins
Extrêmement actif, il a besoin de beaucoup d'exercice.

Poids **25 à 30 kg**

Caractéristiques physiques

Tête	**Longue et mince, museau carré**
Yeux	**Ovales, noisette ou marron foncé, vifs**
Oreilles	**Moyennement longues, veloutées aux extrémités**
Corps	**De longueur moyenne, allure élégante, démarche déliée et gracieuse**
Robe	**Blanc moucheté citron, orange, foie ou noir. Peut aussi être tricolore.**
Queue	**Queue droite et frangée, effilée et pointue**

Chesapeake-Bay-Retriever

- Vif et joyeux
- Un travailleur vaillant et acharné
- Aimant passionnément l'eau

Que ce soit le long des côtes de la baie de Chesapeake aux États-Unis, au Canada, en Scandinavie ou en Grande-Bretagne, ce travailleur est apprécié pour son remarquable talent de rapporteur de gibier. Plus résistant que le Labrador, il affiche également un caractère plus affirmé, se montrant toutefois doux avec les enfants et avenant envers les étrangers.
Ce compagnon loyal et affectueux aime la vie à la campagne.

Un peu d'histoire Un capitaine de l'armée britannique aurait donné en 1807 deux chiots Terre-Neuve à un Américain du nom de George Law. Ils auraient été croisés avec des chiens courants locaux pour donner naissance au Chesapeake-Bay-Retriever. Pourtant, de par sa morphologie et sa fonction, cette race se rapproche énormément du Retriever à poil bouclé. Du sang de chien d'eau anglais ou irlandais, ou bien encore d'Otterhound, pourrait bien couler dans ses veines.

Carte d'identité

Région d'origine
États-Unis

Apparition de la race
XIXe siècle

Espérance de vie
12 à 13 ans

Caractère
Vif et robuste, il fait un bon chien de garde.

Soins
Ses poils tombent une fois par an. Il a besoin, tous les jours, d'une activité physique intense.

Caractéristiques physiques

Tête	Crâne arrondi, puissante mâchoire, museau pointu
Yeux	Écartés, clairs, regard pénétrant
Oreilles	Petites et plantées assez haut
Corps	Bien équilibré, cuisses musclées, poitrine large et descendue
Robe	Poils de couverture imperméables, épais, rugueux, sous-poil dense et laineux
Queue	Moyenne, légèrement frangée

Braque Hongrois

- Doux et affectueux
- Un chien puissant, empreint de distinction
- Débordant d'énergie

Cet élégant Braque fut élaboré en Hongrie comme chien d'arrêt et rapporteur de gibier. Il est toutefois devenu, depuis une vingtaine d'années, un chien de compagnie fort prisé. Au Canada, des Braques Hongrois à poil dur accompagnent souvent les chasseurs. Doté d'un excellent odorat, il piste efficacement le gibier, qu'il rapporte avec autant d'enthousiasme que les balles de tennis égarées.

Un peu d'histoire Son nom apparaît pour la première fois en 1510 pour désigner le résultat d'un croisement entre un chien courant hongrois (aujourd'hui disparu) et le Chien Jaune des Turcs. C'est dans les années 1850 que le chien de chasse actuel, à poil ras, fut officiellement reconnu.

Carte d'identité

Région d'origine
Hongrie

Apparition de la race
Moyen Âge

Espérance de vie
13 à 14 ans

Caractère
Obéissant, digne de confiance et de santé robuste. Facile à dresser.

Soins
Exercices quotidiens

Autre nom
Vizsla

Poids 22 à 30 kg

Caractéristiques physiques

Tête	**Délicate, fine et musclée, long museau légèrement effilé terminé en carré**
Yeux	**De taille moyenne, vifs et expressifs**
Oreilles	**Fines et soyeuses, extrémités arrondies**
Corps	**Puissant et bien proportionné**
Robe	**Serrée, raide et courte, près du corps et sans sous-poil**
Queue	**Traditionnellement écourtée chez les chiens de travail**

Basset-Hound

- Un tendre compagnon
- Décontracté et sociable
- Doté d'un redoutable flair

Têtu à l'occasion, mais le plus souvent doux et facile à vivre, ce Basset fut autrefois un chien de chasse d'exception. Excellent pour suivre la piste du gibier, il se montre sage et de bonne composition. Aujourd'hui, son corps plus long, plus lourd et légèrement plus bas sur pattes que celui de ses congénères chasseurs fait les délices des caricaturistes et des annonceurs publicitaires, qui ont ainsi créé le personnage de bande dessinée Fred Basset.

Un peu d'histoire Le Basset-Hound pourrait descendre de Saint-Huberts Nains. Né en France à la fin du XVIe siècle, il est aujourd'hui surtout populaire en Grande-Bretagne et aux États-Unis.

Carte d'identité

Région d'origine
France

Apparition de la race
XVIe siècle

Espérance de vie
12 ans

Caractère
Joyeux et affectueux. Doux avec les enfants.

Soins
Il lui convient de faire de l'exercice pour éviter les problèmes de poids.

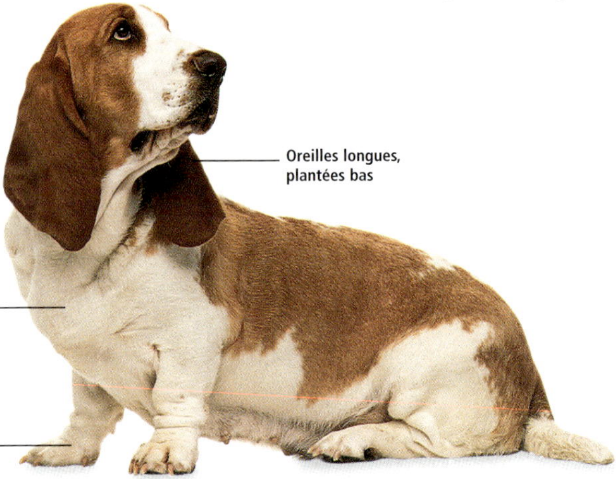

Poids 18 à 27 kg

Caractéristiques physiques

Tête	Crâne bombé couvert d'une peau distendue
Yeux	Légèrement enfoncés, regard triste
Oreilles	Fines et veloutées, formant des plis
Corps	Long, poitrine profonde, dos horizontal, membres antérieurs courts et puissants
Robe	Pelage dur, court et lisse, peau lâche et élastique
Queue	Épaisse, formant une légère courbe

Rhodesian-Ridgeback

- Un chien de garde vif et volontaire
- Loyal et affectueux
- Qui a la beauté et la force athlétique du chasseur

Contrairement à ce que pourraient laisser croire la légende et son surnom de « chasseur de lions africains », ce chien musclé ne fit jamais la chasse au lion, se contentant d'être un bon chien de chasse, traquant le gros gibier et aboyant pour attirer l'attention des chasseurs. Sa taille imposante et sa force brutale lui permettaient de se défendre s'il était attaqué. Loyal et affectueux, le Ridgeback est aujourd'hui essentiellement un chien de garde ou de compagnie.

Un peu d'histoire

Au XVIIIe siècle, des colons européens installés en Afrique australe croisèrent leurs Mastiffs Hollandais et Allemands avec des Ridgebacks indigènes pour créer la race actuelle.

Carte d'identité

Région d'origine
Afrique Australe

Apparition de la race
XIXe siècle

Espérance de vie
12 ans

Caractère
Fier, digne, distant envers les inconnus

Soins
Propre, facile d'entretien, il a besoin d'exercices réguliers.

Autre nom
African Lion Hound

Caractéristiques physiques

Tête	Large et aplatie, sans rides
Yeux	Arrondis, brillants, voire pétillants
Oreilles	Larges à la base puis s'affinant pour former un arrondi, en encadrant la tête
Corps	Puissant et bien équilibré
Robe	Une crête caractéristique, poussant dans le sens inverse du reste du pelage, suit l'arête du dos.
Queue	Effilée et formant une légère courbure

Greyhound

- Vif, athlétique et d'humeur égale
- Un compagnon distingué et affectueux
- Le chien le plus rapide

Capable de dépasser les 64 km/h, l'élégant Greyhound est le plus impressionnant de tous les chiens courants. Il se sert de sa vue et de sa capacité d'accélération pour happer sa proie, qu'il s'agisse d'un animal vivant ou d'un simple lièvre mécanique sur une piste de course. Mais il se révèle également un chien de compagnie calme et délicieux, bien que les anciens chiens de course aient une tendance à poursuivre tout ce qui bouge.

Un peu d'histoire Une sculpture vieille de 4900 ans, retrouvée sur une tombe égyptienne, atteste l'ancienneté de cette race mais c'est toutefois en Grande-Bretagne que le Greyhound fut élaboré sous sa forme actuelle.

Carte d'identité

Région d'origine
Égypte et Grande-Bretagne

Apparition de la race
Antiquité

Espérance de vie
10 à 12 ans

Caractère
Alerte, obéissant, il a tendance à pourchasser les animaux.

Soins
Activité physique régulière et alimentation copieuse

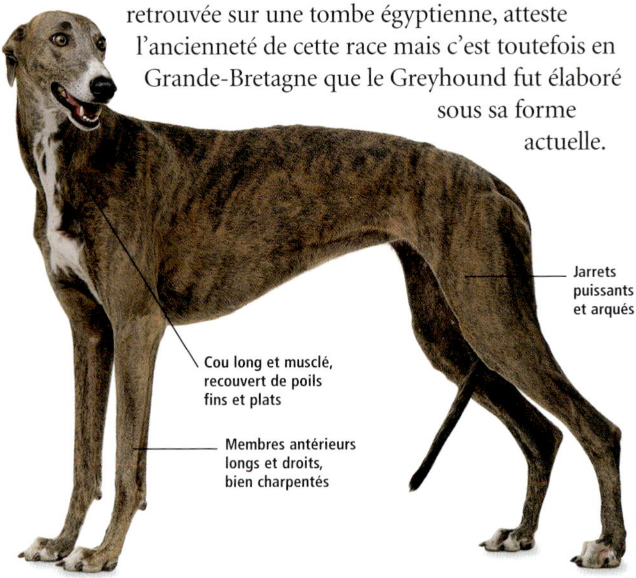

Caractéristiques physiques

Tête	**Longue, étroite, puissante mâchoire, crâne aplati**
Yeux	**Ovales et brillants, en amande**
Oreilles	**Petites, en « rose », à la peau fine**
Corps	**Dos long, large et carré, membres postérieurs puissamment musclés**
Robe	**Courte, lisse et rude, couleurs variées**
Queue	**Longue, portée bas et légèrement incurvée**

Collie barbu

- Un chien de compagnie qui adore les enfants
- Plein d'assurance et d'affection
- L'une des plus anciennes races de Grande-Bretagne

L'exubérance est ce qui caractérise ce chien plein de vivacité et d'entrain. Le « Beardie » convient aux personnes ne manquant ni de temps ni d'énergie. Bien qu'ayant pratiquement disparu comme chien de travail dans les années 1930, il a toujours conservé quelques fervents admirateurs parmi les bergers de Peebleshire, en Écosse. C'est grâce à G. O. Williamson, qui ne possédait alors que deux chiens, que cette race retrouva un nouveau souffle au sortir de la Seconde Guerre mondiale.

Un peu d'histoire Le Collie barbu descend probablement du Komondor, même si, à en croire la légende, il aurait été introduit en Écosse au Moyen Âge, par des marchands polonais.

Carte d'identité

Région d'origine
Écosse

Apparition de la race
Moyen Âge

Espérance de vie
12 à 13 ans

Caractère
Équilibré, énergique, joyeux et très sociable avec les humains et les animaux

Soins
Sa longue robe doit être brossée régulièrement pour ne pas former de nœuds.

Autre nom
Bearded Collie, Beardie

Son pelage hirsute et rugueux couvre un épais sous-poil duveteux.

Extrémités ovales dotées de robustes coussinets

51 à 56 cm

Poids 18 à 27 kg

Caractéristiques physiques

Tête	Crâne large et aplati, museau puissant et bien développé
Yeux	Grands, expressifs et bien écartés
Oreilles	De taille moyenne, attachées haut et abondamment poilues
Corps	Long et fin, solide dos horizontal
Robe	Le pelage, plus long sur les joues et le menton, forme une barbe
Queue	Longue et nettement frangée

Bobtail

- Un adorable gros chien
- D'humeur égale et digne de confiance
- Actif et extrêmement résistant

Dès le début du XVIIIe siècle, le Bobtail excellait à conduire les bêtes au marché. Sa queue était écourtée pour éviter de payer une taxe sur les chiens de luxe. De nos jours, le Bobtail est un compagnon et un chien de garde fidèle. Un dressage précoce est conseillé, principalement pour canaliser ses énormes besoins affectifs.

Un peu d'histoire Le Bobtail descend probablement des chiens de berger du continent européen, tel le Briard. Son élevage sélectif a débuté dans les années 1880.

Carte d'identité

Région d'origine
Grande-Bretagne

Apparition de la race
XIXe siècle

Espérance de vie
12 à 13 ans

Caractère
Sachant s'adapter, calme et sûr de lui

Soins
Activité physique intense, fréquents brossages pour démêler les poils, voire épointage

Autre nom
Old-English-Sheepdog

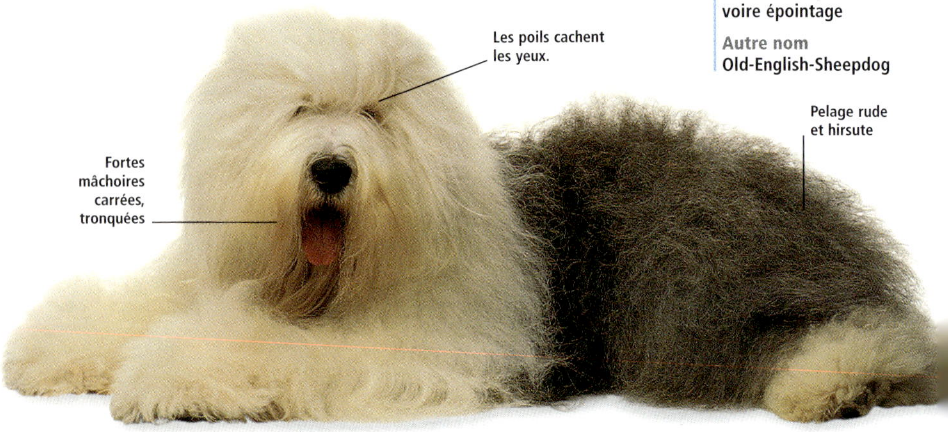

Poids 29 à 30 kg

Caractéristiques physiques

Tête	Crâne ample, abondamment recouvert de poils, truffe noire aux larges narines
Yeux	Sombres et bien écartés
Oreilles	Petites, retombant à plat
Corps	Puissant, ramassé et carré, démarche caractéristique
Robe	Pelage rêche très fourni recouvrant un sous-poil imperméable
Queue	Traditionnellement écourtée

Berger d'Écosse à poil long

- Loyal et digne de confiance
- Un chien de garde plein de vivacité
- Un chic nécessitant beaucoup d'entretien

L'élégant Berger d'Écosse à poil long attira l'attention des éleveurs – avant même celle du public –, lorsque la reine Victoria en fit son chien de compagnie. Néanmoins, c'est grâce à Hollywood et au personnage de Lassie, dans les années 1940, que sa popularité atteint des sommets sans précédent. Éveillé et amusant, c'est un chien qui se laisse facilement dresser. L'élevage sélectif en vue des expositions canines a eu tendance à éclipser son talent premier de gardien de troupeau.

Un peu d'histoire Longtemps utilisé par les bergers des régions du nord de l'Écosse, ce n'est qu'en 1915 que le Berger d'Écosse à poil long reçut officiellement ce nom.

Carte d'identité

Région d'origine
Grande-Bretagne

Apparition de la race
XXe siècle

Espérance de vie
12 à 14 ans

Caractère
Plein de dignité, affectueux et protecteur avec les enfants

Soins
Brossage quotidien pour éviter les nœuds

Autre nom
Rough-Collie, Colley

Poids 23 à 34 kg

Caractéristiques physiques

Tête	Crâne aplati, museau lisse bien arrondi, puissante mâchoire
Yeux	En amande, légèrement obliques
Oreilles	Petites et plantées assez haut sur la tête
Corps	Long, poitrine profonde, dos robuste, membres antérieurs musclés et frangés
Robe	Pelage abondant, sauf sur la tête et les pattes, sous-poil doux et laineux
Queue	Longue et touffue, portée bas

Australian-Shepherd

- Un compagnon fidèle, travailleur appliqué
- Éveillé et facile à vivre
- Doté d'un fort instinct de chien de berger et de garde

Pratiquement inconnu hors des États-Unis, ce chien gagne aujourd'hui en popularité grâce à son caractère obéissant, volontaire, et à son élégance toute naturelle. Élevé dans un premier temps comme chien de berger s'accommodant des conditions climatiques changeantes de la Californie, l'Australian-Shepherd s'adapte désormais à merveille à sa nouvelle condition d'animal de compagnie et de chien de sauvetage. Son caractère se rapproche de ceux du Golden-Retriever et du Labrador : il est affectueux et joueur, mais conserve son instinct premier de chien de travail.

Un peu d'histoire Cette race, qui a vu le jour au XIXe siècle en Californie, compte parmi ses ancêtres des chiens de bergers de Nouvelle-Zélande et d'Australie.

Carte d'identité

Région d'origine
États-Unis / Australie

Apparition de la race
XIXe siècle

Espérance de vie
12 à 13 ans

Caractère
Actif, d'humeur égale, il se montre parfois craintif face à des inconnus.

Soins
Activité physique modérée mais régulière

Crâne et museau sont à peu près de même longueur.

Le pelage laineux forme une collerette sur le cou et la poitrine.

Extrémités larges et robustes, lui donnant un bon appui

46 à 58 cm

Poids 16 à 32 kg

Caractéristiques physiques

Tête	Forte et bien dessinée
Yeux	Couleur bleue, marron ou ambrée, mouchetés ou marbrés
Oreilles	Triangulaires et portées haut sur la tête
Corps	Robuste et bien équilibré, déplacements agiles et déliés
Robe	De longueur moyenne, imperméable
Queue	Naturellement courte, amputée aux États-Unis

Samoyède

- Un ami pour la vie
- Vif, actif et aimant beaucoup s'amuser
- Un chien à la beauté saisissante, qui semble sourire

Cette race d'une blancheur immaculée a conservé nombre de traits rappelant sa vocation première : chasseur et gardien de troupeaux de rennes. Chien facile à vivre s'il en est, le Samoyède apprécie au plus haut point la compagnie de l'homme, se montrant très doux avec les enfants. Excellent chien de garde, il ne manifeste pourtant aucune agressivité. Comme la plupart des races de Spitz, il est difficile à dresser et doit être pris en main très jeune.

Un peu d'histoire Robuste, doté d'une grande capacité d'adaptation, le Samoyède accompagna pendant des siècles la tribu du même nom à travers les régions les plus septentrionales d'Asie. C'est en 1889 seulement qu'il fut introduit en Occident. Depuis, les éleveurs se sont évertués à parfaire encore son somptueux pelage.

Carte d'identité

Région d'origine
Russie

Apparition de la race
Antiquité

Espérance de vie
12 ans

Caractère
Responsable et affectueux envers tout le monde

Soins
Sa lourde robe nécessite un brossage régulier ; les poils tombent par poignées.

Autre nom
Samoyedskaya

Pelage très épais, imperméable

Extrémités robustes, plutôt plates

46 à 56 cm

Poids 23 à 30 kg

Caractéristiques physiques

Tête	Puissante et cunéiforme
Yeux	En amande, bien écartés
Oreilles	Épaisses, au bout arrondi et abondamment poilues à l'intérieur
Corps	Large, très musclé, poitrine profonde
Robe	Pelage long et rêche formant une collerette autour de la tête, sous-poil court et laineux
Queue	Très poilue et ramenée sur le dos

Caniche (Moyen)

- Élégant, loyal et drôle
- Un compagnon affectueux et digne de confiance
- Peut se montrer méfiant envers les inconnus

Le Caniche Moyen n'est pas un simple accessoire de mode mais un chien éveillé, vif et empreint de dignité. Il est peu sujet aux affections cutanées car il ne perd pas ses poils, ce qui en fait le chien idéal pour les personnes allergiques. Rarement enclin aux crises de surexcitation qui saisissent ses congénères plus petits, le Caniche Moyen reste un travailleur dans l'âme. Son nom proviendrait de l'ancien français canichon qui désignait sa fonction première de chien rapporteur de canards.

Un peu d'histoire Si l'en croit certains dessins signés, notamment, d'Albrecht Dürer, le Caniche serait né en Allemagne au Moyen Âge, en tant que rapporteur de gibier d'eau. Le toilettage si particulier dont il fait toujours l'objet visait à améliorer son déplacement dans l'eau pendant le travail.

Carte d'identité

Région d'origine
Allemagne

Apparition de la race
Moyen Âge

Espérance de vie
11 à 13 ans

Caractère
Vif et de caractère facile, montrant des aptitudes pour le dressage

Soins
Brossage fréquent

Autre nom
Barbone

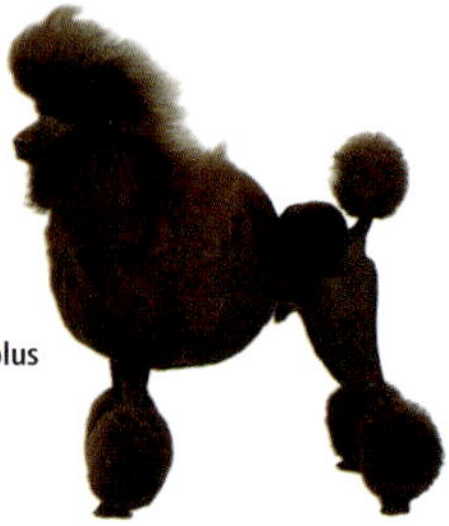

Caractéristiques physiques

Tête	Bien proportionnée, élégante, long museau droit
Yeux	Bruns, légèrement obliques, regard intelligent
Oreilles	Longues, larges et pendantes
Corps	Robuste, épaules musclées, poitrine profonde et dos court
Robe	Pelage long, rude, rêche
Queue	Traditionnellement écourtée

Dalmatien

- Un ami fidèle
- Extraverti et débordant d'énergie
- Qui a besoin de compagnie

Aujourd'hui cantonné dans le rôle de chien de compagnie, le Dalmatien fut pendant des siècles un superbe travailleur : chien de meute, rapporteur de gibier à plume, gardien de moutons ou chasseur d'animaux nuisibles. Jusqu'à l'apparition de l'automobile, il était également chien de cocher, trottant à côté des attelages et dégageant la route dans les quartiers fréquentés. Ce chien exubérant et doté d'une belle assurance souffre parfois de cristaux d'urates affectant son appareil urinaire.

Un peu d'histoire Des frises grecques représentent des chiens de chasse tout à fait semblables à des Dalmatiens. Si la Dalmatie, sur la côte adriatique, est considérée comme le berceau de cette race, divers éléments tendraient à prouver qu'elle aurait, en vérité, vu le jour en Inde, puis introduite en Grèce par des marchands.

Carte d'identité

Région d'origine
Balkans/Inde

Apparition de la race
Antiquité

Espérance de vie
12 ans

Caractère
Vif et peu craintif. Certains mâles se montrent agressifs envers les autres mâles.

Soins
Exercices réguliers et brossage quotidien pour limiter la chute des poils

Caractéristiques physiques

Tête	Crâne carré et lisse, long museau
Yeux	Arrondis et brillants, assez écartés
Oreilles	Se terminant en arrondi
Corps	Musclé, aux lignes pures, poitrine bien descendue, allure aisée et déliée
Robe	Pelage court, serré et luisant
Queue	Puissante, effilée, légèrement incurvée vers le haut

Shar-Peï

- Sérieux et digne
- Entièrement dévoué à sa famille d'adoption
- Ayant un aspect ridé caractéristique

Aucune autre race ne ressemble au Shar-Peï. Les critères chinois sont d'ailleurs éloquents: oreilles en forme de coquillage, nez semblable à un papillon, tête en forme de melon, face de grand-mère, cou de buffle, croupe de cheval et pattes de dragon. Le premier Shar-Peï exporté de Hong Kong vers les États-Unis souffrait de graves problèmes oculaires nécessitant de multiples opérations. L'élevage sélectif a permis d'atténuer cette fragilité, mais il n'a pas su réduire les risques très élevés d'affection cutanée.

Un peu d'histoire Le Shar-Peï, qui vécut très longtemps dans la province méridionale de Canton, descendrait de Mastiffs et de chiens de type Spitz et serait étroitement apparenté au Chow-Chow. L'interdiction des chiens sur le continent chinois entraîna sa quasi-disparition, mais il fut finalement sauvé par Matgo Law, éleveur de Hong Kong.

Carte d'identité

Région d'origine
Chine

Apparition de la race
Antiquité

Espérance de vie
11 à 12 ans

Caractère
Calme et affectueux avec sa famille d'adoption, méfiant envers les inconnus et les animaux

Soins
Toilettage régulier

Autres noms
Shar-Peï chinois, Chien de Combat Chinois

Caractéristiques physiques

Tête	Volumineuse par rapport au corps, museau large et arrondi
Yeux	Sombres, en amande, lui donnant l'air de froncer les sourcils
Oreilles	Petites et pendant près des joues
Corps	Ramassé, poitrine profonde, épaules inclinées et musclées
Robe	Poil raide, rêche et hérissé
Queue	Épaisse et ronde, relevée sur le dos

Chow-Chow

- Un chien de garde fier et loyal
- Puissant et indépendant
- À mettre entre des mains expérimentées

Naturellement distant et têtu, le Chow-Chow était autrefois un mets de choix en Mongolie et en Mandchourie. Sa fourrure servait à confectionner des vêtements. Il fut baptisé ainsi au XIXe siècle par des marins anglais qui utilisaient ce terme pour désigner une cargaison hétéroclite. Malgré ses airs de gros ours en peluche, il n'est guère câlin, voue à son maître un amour exclusif et a tendance à mordiller ou à mordre, comme un Terrier.

Un peu d'histoire Le Chow-Chow est une race très ancienne dont les origines restent mystérieuses, même si ses ascendances Spitz ne font aucun doute. Au début du XVIIIe siècle, les historiens mentionnent un chien à langue noire dont la viande est consommée en Orient. Son introduction en Grande-Bretagne remonte à 1780.

Carte d'identité

Région d'origine
Chine

Apparition de la race
Antiquité

Espérance de vie
11 à 12 ans

Caractère
Calme, digne, distant, possessif et méfiant envers les inconnus

Soins
Toilettage régulier en profondeur

Caractéristiques physiques

Tête	Crâne large et aplati, museau carré, langue bleu-noir
Yeux	Petits et sombres, paupières étroites parfois à l'origine de problèmes de santé
Oreilles	Petites, épaisses, légèrement arrondies
Corps	Ramassé et puissant, bien constitué
Robe	Rêche ou lisse, poils fournis autour de la tête et du cou
Queue	Plantée haut et ramenée sur le dos

Boxer

- Fidèle, courageux et affectueux
- Un chien aux traits expressifs
- Puissant et nerveux

Turbulent et joueur, le Boxer se montre doux comme un agneau avec les enfants. À de nombreux points de vue, c'est le chien domestique idéal. Toutefois, son comportement de jeune chien fou, la rapidité de ses réactions et son gabarit relativement imposant sont parfois à l'origine d'accidents regrettables. Impressionnant et musclé, il fait un excellent chien de garde.

Un peu d'histoire Le Boxer compte parmi les grandes réussites de l'élevage très sélectif pratiqué en Allemagne il y a plus d'un siècle dans le but de créer des races. Il descend principalement du Bullenbeisser, autrefois utilisé pour la chasse au gros gibier. Le Boxer actuel est issu d'un croisement de Danziger et de Brabanter-Bullenbeisser avec d'autres races bavaroises et étrangères.

Carte d'identité

Région d'origine
Allemagne

Apparition de la race
XIXe siècle

Espérance de vie
12 ans

Caractère
Très joueur avec les gens qu'il connaît, méfiant envers les étrangers

Soins
Dressage indispensable pour dompter son caractère turbulent

Poids 25 à 32 kg

Caractéristiques physiques

Tête	Sans rides prononcées, sommet du crâne légèrement arqué, truffe retroussée
Yeux	Brun intense exprimant vivacité et intelligence
Oreilles	Fines et bien écartées
Corps	Vigoureux, musculature bien équilibrée
Robe	Pelage court et luisant, près du corps, fauve ou bringé
Queue	Traditionnellement écourtée

Husky Sibérien

- Digne, de bonne volonté, docile
- Très élégant et doté d'une grande résistance
- Original par son aspect et sa couleur de robe

Plus petit et léger que la plupart des chiens de traîneau, le Husky Sibérien, agile et athlétique, excelle à tirer des charges moyennes sur de grandes distances. À l'instar de ses congénères de type Spitz, il aboie rarement mais prend part à des hurlements collectifs qui évoquent ceux des loups. Cette race, empreinte de dignité et de douceur, n'a pas le caractère possessif d'un chien de garde. Infatigable, il se révèle un compagnon des plus agréables.

Un peu d'histoire Utilisé comme animal de trait par les Inuits nomades, le Husky Sibérien fut découvert par des marchands de fourrures, au XIXe siècle, et introduit en Amérique du Nord en 1909.

Carte d'identité

Région d'origine
Sibérie

Apparition de la race
Antiquité

Espérance de vie
11 à 13 ans

Caractère
Doux, impatient, robuste et affectueux même avec les étrangers

Soins
Il a besoin d'un maître vigilant et en bonne condition physique car sa curiosité le porte à vagabonder.

Lorsqu'il est en alerte, sa queue remonte au-dessus du dos, en position arquée.

L'expression est vive, voire espiègle.

Extrémités compactes et très poilues, aux coussinets épais

51 à 60 cm

Poids 16 à 27 kg

Caractéristiques physiques

Tête	De taille moyenne, bien proportionnée
Yeux	En amande, bleus, bruns, noisette ou vairons
Oreilles	Attachées haut et de forme triangulaire
Corps	Bien charpenté et très équilibré
Robe	Double pelage, poil de couverture lisse, pouvant être noir, blanc ou d'une couleur intermédiaire
Queue	Épaisse et hirsute

Dobermann

- Un chien de garde et de compagnie fidèle
- Fort, intelligent et obéissant
- Parfois nerveux, chez certains éleveurs peu professionnels

L'élégant Dobermann illustre parfaitement les résultats obtenus par les programmes d'élevages sélectifs entrepris en Allemagne il y a un peu plus d'un siècle. Aujourd'hui, ce chien vif et débrouillard est utilisé comme chien de compagnie et de travail. Certains éleveurs peu scrupuleux proposent parfois des animaux craintifs ayant tendance à mordre.

Un peu d'histoire Cette race, créée à la fin du XIXe siècle par Louis Dobermann, percepteur d'impôts, est issue de croisements de Rottweiler, de Pinscher, de Braque de Weimar, de Greyhound et de Terrier Manchester.

Carte d'identité

Région d'origine
Allemagne

Apparition de la race
XIXe siècle

Espérance de vie
12 ans

Caractère
Audacieux, énergique et loyal

Soins
Il est essentiel de le dresser très tôt et de lui faire pratiquer souvent de l'exercice.

Autre nom
Doberman-Pinscher

Poids 30 à 40 kg

Caractéristiques physiques

Tête	Longue, se détachant nettement du cou, peau du crâne tendue
Yeux	Sombres, en amande, relativement peu enfoncés, exprimant la vivacité
Oreilles	Petites et plantées haut sur la tête
Corps	Musclé, puissant, de forme carrée, dos court mais ferme
Robe	Pelage court et épais, près du corps
Queue	Traditionnellement écourtée

Wolfhound

- Affectueux, digne de confiance et sociable
- Une présence et une puissance qui s'imposent
- Le chien le plus grand

Affectueux et loyal, cet énorme chien aime la compagnie des humains. En dépit de son gabarit impressionnant, il affiche un caractère paisible et s'entend parfaitement avec les enfants. Seul ombre au tableau : il a besoin de beaucoup d'espace et n'est guère adapté à la vie citadine.

Un peu d'histoire Déjà présente en Irlande il y a près de 2 000 ans, cette noble race fut sur le point de disparaître au milieu du XIXe siècle, avant de retrouver un nouveau souffle grâce aux efforts du capitaine britannique G. A. Graham. Ce chien majestueux était utilisé par les Celtes pour la chasse au loup.

Carte d'identité

Région d'origine
Europe

Apparition de la race
Antiquité

Espérance de vie
11 ans

Caractère
Puissant, sensible et doux

Soins
Activité physique très intense et féroce appétit qui augmente d'autant son coût d'entretien.

Poids **40 à 54 kg**

Caractéristiques physiques

Tête	**Longue avec légère dépression entre les yeux, museau légèrement pointu**
Yeux	**Sombres, de forme ovale**
Oreilles	**Petites et délicatement veloutées**
Corps	**Gracieux, long cou arqué, épaules musclées**
Robe	**Pelage rude et rêche**
Queue	**Longue, légèrement incurvée, couverte de poils**

Saint-Hubert

- Un chien doux et affectueux
- Soucieux de plaire
- Difficile à dresser

Le Saint-Hubert aime chasser plutôt que tuer. Excellent pisteur, il servait autrefois à suivre les animaux, les criminels, les esclaves en fuite ou les enfants perdus. Aujourd'hui, ce chien lourdaud, affable, doté d'une voix sonore, est à la fois chasseur et chien de compagnie.

Un peu d'histoire Pendant des siècles, les moines de l'abbaye de Saint-Hubert, en Belgique, élevèrent de superbes chiens de chasse. À la même époque, des chiens presque identiques furent élevés en Grande-Bretagne. Ces deux races avaient une origine commune : elles accompagnaient les croisés de retour d'Orient.

Carte d'identité

Région d'origine
Belgique

Apparition de la race
Moyen Âge

Espérance de vie
10 à 12 ans

Caractère
Gentil, sensible, affectueux avec les hommes et les autres chiens

Soins
Fort et énergique, il a besoin de beaucoup d'exercices.

Autre nom
Bloodhound

Poids 36 à 50 kg

Caractéristiques physiques

Tête	Longue et étroite
Yeux	Très enfoncés, paupière inférieure ayant tendance à bâiller
Oreilles	Fines et souples, attachées bas
Corps	Dos robuste, épaules puissantes et cou musclé
Robe	Pelage court assez dru, plus doux sur la tête et les oreilles
Queue	Longue, épaisse, incurvée sur le dos

Berger Allemand

- Un chien de travail polyvalent et infatigable
- Loyal et sûr
- Ses antécédents revêtent une importance capitale

Le Berger Allemand issu d'un élevage sérieux est un excellent chien : calme, digne de confiance et obéissant. Malheureusement, certaines sélections effectuées sans discernement ont engendré des problèmes d'ordre physique et comportemental. En conséquence, les qualités de ces chiens varient considérablement d'un individu à l'autre. Certains connaissent des problèmes d'arthrite, des maladies oculaires ou des troubles gastro-intestinaux, d'autres se montrent nerveux, excessivement craintifs, timides ou agressifs envers leurs congénères.

Un peu d'histoire Le Berger Allemand actuel est né d'un vaste programme d'élevage sélectif lancé à la fin du XIXe siècle par Max von Stephanitz. Lorsqu'éclata la Première Guerre mondiale, cette race, déjà fort populaire en Allemagne, devint célèbre dans de nombreux pays.

Carte d'identité

Région d'origine
Allemagne

Apparition de la race
XIXe siècle

Espérance de vie
12 à 13 ans

Caractère
Fidèle, équilibré et responsable

Soins
Il a besoin de faire de l'exercice très régulièrement et se montre réceptif au dressage.

Autre nom
Deutscher Schäferhund

55 à 66 cm

Poids 34 à 43 kg

Caractéristiques physiques

Tête	Bien proportionnée, museau puissant, babines fermes
Yeux	Légèrement obliques, en amande, et non saillants
Oreilles	Plantées haut et dressées
Corps	Puissant et musclé, cou de longueur moyenne
Robe	Pelage raide et dur, épais sous-poil
Queue	Touffue et pendant jusqu'au jarret

Pyrénéen

- Un élégant compagnon, doux et affectueux
- Loyal et protecteur
- Pouvant se montrer timide, voire distant

Les premiers Pyrénéens utilisés comme chiens domestiques montrèrent un caractère affirmé, voire belliqueux. Au cours de ces 30 dernières années, les éleveurs ont su atténuer ces caractéristiques pour en souligner d'autres : sa patience, sa noblesse et son courage. Ce chien fort élégant, à l'origine gardien de troupeaux de brebis, continue d'adopter une attitude défensive lorsque l'on pénètre sur son territoire. Son grand gabarit ne le prédispose guère à un environnement urbain.

Un peu d'histoire Comptant parmi les grandes races de Mastiffs existant à travers l'Europe, ce superbe chien est sans doute apparenté au Maremme Italien, au Kuvasz Hongrois, au Kuvac Slovaque et au Karabash Turc. Avant d'être « découvert » au début du XXe siècle, il vivait essentiellement en Andorre.

Carte d'identité

Région d'origine
Europe

Apparition de la race
Antiquité

Espérance de vie
9 à 11 ans

Caractère
Tolérant et attentionné, mais pouvant se montrer têtu et dissuasif lorsqu'il défend son territoire.

Soins
Brossage régulier

Autres noms
Chien de Montagne des Pyrénées, Patou

Le pelage forme une collerette autour du cou et des épaules.

Franges laineuses sur les membres antérieurs

65 à 81 cm

Poids 41 à 60 kg

Caractéristiques physiques

Tête	Taille moyenne, légèrement arrondie au sommet du crâne, truffe et babines noires
Yeux	Obliques, de couleur ambrée
Oreilles	Petites et pendantes, encadrant la tête
Corps	Bien équilibré, dos large et horizontal, cage thoracique légèrement arrondie
Robe	Longs poils blancs, sous-poil laineux
Queue	Formant un beau panache et portée bas ou sur le dos

Akita Inu

- Grand, fort et loyal
- Un chien de garde vif et efficace
- Requiert un maître expérimenté

Ce chien au port majestueux en impose par sa présence. Par nature, l'Akita est peu démonstratif, voire distant, ce qui ne facilite pas toujours le dressage ni la prise en main. Les mâles, notamment, se montrent agressifs envers les autres chiens. Toutefois, bien dressés, ils se révèlent excellents compagnons, tout en restant sur leur réserve avec les étrangers. Vif, audacieux, l'Akita est également un chien de garde que rien n'effraie.

Un peu d'histoire Ce chien puissant – qui appartient à la race japonaise la plus grande – fut créé il y a 400 ans environ pour la chasse au gros gibier et les combats de chiens. Dans les années 1930, seuls subsistaient quelques exemplaires et cette race fort élégante, sur le point de disparaître, fut finalement sauvée par la Société pour la préservation des races japonaises.

Carte d'identité

Région d'origine
Japon

Apparition de la race
XVIIe siècle

Espérance de vie
10 à 12 ans

Caractère
Très digne, distant, parfois difficile à tenir en main

Soins
Exercices très fréquents

Autre nom
Akita

60 à 71 cm

Poids 34 à 50 kg

Caractéristiques physiques

Tête	Grande mais bien proportionnée par rapport au corps, museau fort et large
Yeux	Bruns, en amande
Oreilles	Petites par rapport à la tête et bien dressées
Corps	Poitrine large et profonde, dos horizontal
Robe	Pelage rude et rêche, sous-poil fourni et doux
Queue	Attachée haut, s'enroulant sur le dos

Rottweiler

- Intrépide, un chien de garde né
- Agréable avec sa famille d'adoption
- Parfois agressif envers les autres chiens

Avec son corps et ses mâchoires tout en puissance, le Rottweiler est un formidable protecteur. Aujourd'hui, ce chien superbe, descendant d'anciens chasseurs de sanglier, jouit d'une grande popularité de par le monde comme chien de garde et de compagnie. Il a parfois tendance à montrer sa mauvaise humeur, mais les éleveurs, particulièrement en Scandinavie, ont réussi à atténuer ce trait de caractère. Toujours prêt à apprendre, ce solide chien fera, à force de temps et de dressage, un compagnon calme, courageux et fidèle.

Un peu d'histoire À l'origine, le Rottweiler fut créé au XIXe siècle à Rottweil, en Allemagne, comme chien de garde et meneur de troupeaux.

Carte d'identité

Région d'origine
Allemagne

Apparition de la race
XIXe siècle

Espérance de vie
11 à 12 ans

Caractère
Naturellement porté à protéger son foyer et sa famille d'adoption

Soins
Un dressage et un exercice régulier sont indispensables.

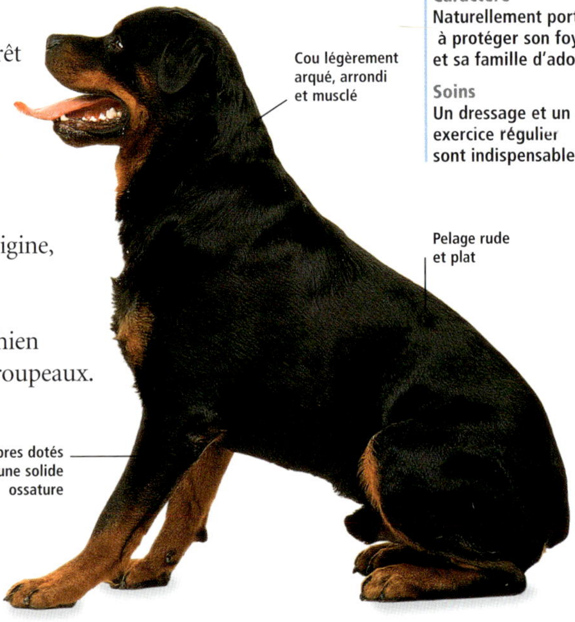

Poids 41 à 50 kg

Caractéristiques physiques

Tête	Crâne large, front moyennement arqué, grosse truffe aux narines bien ouvertes
Yeux	Bruns et relativement peu enfoncés, regard plein d'assurance
Oreilles	Attachées haut et bien écartées
Corps	Robuste, ramassé et puissant
Robe	Dense pelage noir avec des marques fauves chatoyantes
Queue	Traditionnellement écourtée

Bull-Mastiff

- Un compagnon fidèle et affectueux
- Fougueux, agile et fort
- Ayant besoin d'une main aimante mais ferme

En théorie, le Bull-Mastiff a tout pour être le chien de garde idéal. Sa force, sa vitesse et son endurance furent développées pour lui permettre d'attraper les intrus sans les mettre en pièces. Beau et puissant, ce chien est désormais présent sur tous les continents, sans pour autant que sa popularité n'égale celle de son équivalent allemand : le Rottweiler. Sans doute faut-il y voir une conséquence de son caractère parfois têtu, rétif au dressage et surprotecteur envers sa famille d'adoption.
Un peu d'histoire Les animaux utilisés pour créer le Bull-Mastiff furent pour 60 % des Mastiffs Anglais et pour 40 % des Bulldogs. Né en Grande-Bretagne au XIXe siècle, il avait une vocation de chien de garde-chasse capable de pourchasser et d'immobiliser les braconniers sur les grands domaines.

Carte d'identité

Région d'origine
Grande-Bretagne

Apparition de la race
XIXe siècle

Espérance de vie
10 à 12 ans

Caractère
Sûr de soi, loyal et vif, parfois méfiant envers les inconnus

Soins
Il a un gros appétit et a besoin de faire de l'exercice très régulièrement.

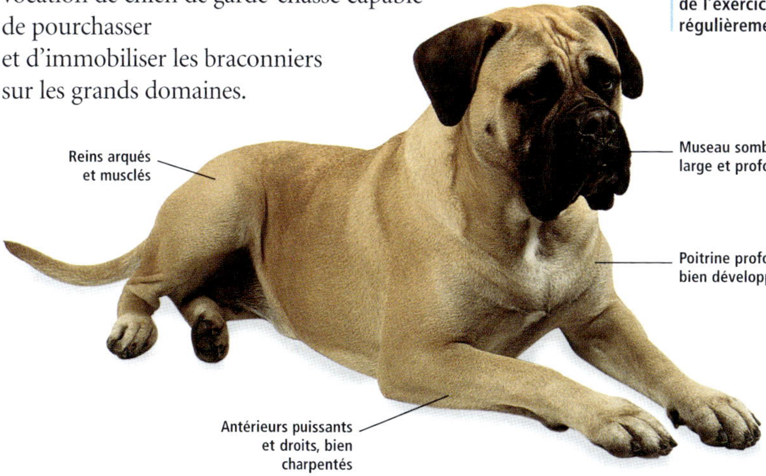

Poids 45 à 59 kg

Caractéristiques physiques

Tête	Grande et carrée, museau court plissé lorsqu'il est en alerte.
Yeux	Sombres, séparés par un sillon
Oreilles	Petites, en forme de « V », attachées haut et bien séparées
Corps	Ramassé et équilibré, dos court légèrement arqué, cou musclé
Robe	Courte, serrée et imperméable
Queue	Puissante, effilée, attachée haut

Saint-Bernard

- Un doux géant
- Courageux et digne de confiance
- Peu adapté à la ville

Peu importe que le Saint-Bernard ait ou non sauvé des alpinistes ensevelis sous la neige : cette image est à jamais établie. C'est dans les années 1660 que les moines de l'hospice du Grand-Saint-Bernard se mirent à élever cette race pleine de gentillesse – utilisée comme chien de trait – dont ils vantaient les aptitudes en la matière auprès d'acheteurs potentiels.

Un peu d'histoire Descendant des Mastiffs des Alpes introduits en Suisse lors du passage des armées romaines, le Saint-Bernard était à l'origine un chien agressif au pelage court. Sur le point de disparaître, cette race retrouva un nouveau souffle, probablement grâce à des croisements avec des Terre-Neuve et des Dogues Allemands. Dès 1865, le Saint-Bernard fut connu sous son nom actuel.

Carte d'identité

Région d'origine
Suisse

Apparition de la race
Moyen Âge

Espérance de vie
11 ans

Caractère
Nonchalant, affectueux

Soins
Beaucoup d'espace et exercices réguliers

Autre nom
St-Bernardshund

Caractéristiques physiques

Tête	**Massive, museau court, front plissé, nez large**
Yeux	**Brun foncé, regard tendre**
Oreilles	**Tombantes, triangulaires et douces**
Corps	**Bien proportionné, large dos, droit et musclé, puissantes épaules**
Robe	**Dense et douce (à poil court) ou épaisse et raide (à poil long)**
Queue	**Forte et large, bout recourbé**

Malamute d'Alaska

- Un compagnon affectueux et fidèle
- Très digne, mais joueur lorsqu'il est sollicité
- Un chien de travail doté de force et de vivacité

En dépit de sa ressemblance avec le loup, le Malamute d'Alaska est un chien puissant, remarquablement résistant et affectueux. Lorsque Jack London évoquait dans ses romans la force incroyable des chiens dans le grand Nord, il devait sans doute décrire le Malamute. Très apprécié au Canada et aux États-Unis comme chien de compagnie, il a besoin de beaucoup d'activité et excelle dans les courses de traîneaux.

Un peu d'histoire Baptisé « Malhmut » du nom d'une tribu vivant sur la côte arctique de l'Alaska occidental, ce chien était utilisé comme animal de trait bien avant que les Européens ne débarquent en Amérique.

Carte d'identité

Région d'origine
États-Unis

Apparition de la race
Antiquité

Espérance de vie
12 ans

Caractère
Affectueux, même avec les étrangers, mais pouvant être agressif envers les autres chiens

Soins
Véritable chien de meute, il a besoin d'un dressage précoce.

Poids 34 à 43 kg

Caractéristiques physiques

Tête	Grosse, puissante, large entre les oreilles mais se rétrécissant au niveau des yeux
Yeux	Bruns, en amande
Oreilles	Triangulaires, dressées, petites par rapport à la tête
Corps	Fort et musclé, dos horizontal, poitrine profonde
Robe	Épais et rude, sous-poil dense
Queue	En panache, attachée assez haut

Dogue Allemand

- Un chien timide mais digne de confiance
- Un merveilleux compagnon
- Il a besoin d'attention et de compagnie

Très digne mais néanmoins affectueux, ce Dogue a pour origine des chiens introduits en Europe par les Alains, tribu scythe originaire d'Asie Centrale. Ces Mastiffs de combats furent sans doute croisés avec des Greyhounds, donnant naissance à cette race actuelle si caractéristique de chiens imposants et empreints d'élégance. Son impressionnant gabarit est à l'origine de certains problèmes de santé. Ainsi, on relève un nombre de cas d'arthrite du coude ou de la hanche et de tumeurs osseuses supérieur à la moyenne.

Un peu d'histoire Les origines du Dogue Allemand remontent à l'impressionnant Alaunt mentionné au XIIIe siècle.

Carte d'identité

Région d'origine
Allemagne

Apparition de la race
Moyen Âge

Espérance de vie
9 à 10 ans

Caractère
Vif, affectueux, extraverti

Soins
Obéissant et d'entretien facile. il doit faire beaucoup d'exercice et montre un très gros appétit.

Autre nom
Danois

Poids 45 à 54 kg

Caractéristiques physiques

Tête	Crâne allongé, rectangulaire, museau large, lèvres épaisses et fermes
Yeux	De couleur sombre, plutôt enfoncés
Oreilles	Triangulaires, attachées haut et repliées vers l'avant
Corps	Puissant, harmonieusement musclé, dos long et fort, cou bien arqué
Robe	Épaisse, courte et lisse
Queue	Longue et effilée

Terre-Neuve

- Un compagnon courageux et dévoué
- Doux et docile
- Aimant follement l'eau

Les Terre-Neuve étaient utilisés à l'origine dans les pêcheries de morue canadiennes pour ramener les filets et tirer les bateaux. Aujourd'hui, ils assistent les équipes françaises de sauvetage en mer. Et si ce chien bienveillant et joyeux – parmi les chiens les plus affectueux – devait avoir un défaut, ce serait son irrésistible penchant à sauver quiconque se trouve dans l'eau, qu'il ait besoin ou non de son aide.

Un peu d'histoire Descendant du Greater-St-John's-Dog, aujourd'hui disparu, ce noble géant existe selon le standard actuel depuis plus de 100 ans. Dans son lignage, il compte sans doute des chiens nord-américains, vikings ou ibériques.

Carte d'identité

Région d'origine
Canada

Apparition de la race
XVIIIe siècle

Espérance de vie
9 à 11 ans

Caractère
Très calme et d'humeur égale

Soins
Brossage hebdomadaire. Il aime la vie en plein air et a besoin de beaucoup d'exercice.

Poids **45 à 68 kg**

Caractéristiques physiques

Tête	**Large et massive, museau court, carré et bien découpé**
Yeux	**Petits, sombres et très enfoncés**
Oreilles	**Relativement petites**
Corps	**Dos large et horizontal, poitrine profonde, les reins fortement musclés**
Robe	**Pelage plat, serré, un peu rêche et huileux**
Queue	**Assez épaisse, pend au repos**

Les chiens sans race définie

- De merveilleux compagnons
- Moins sujets aux maladies
- Différents selon les régions

Les chiens sans race n'ont pas le cachet des chiens avec pedigree, mais qu'on les appelle clebs, corniauds ou bâtards, ils se révèlent tout aussi affectueux et protecteurs que leurs congénères plus coûteux. De plus, ils ont moins tendance à souffrir de problèmes de santé héréditaires tels que la cécité ou les maladies cardiaques.

De nombreuses personnes affichent une préférence pour les chiens de race, convaincues que l'élevage sélectif permet d'obtenir des animaux aux caractéristiques parfaitement prévisibles. C'est en partie vrai seulement, car le tempérament et la personnalité d'un chien sont façonnés par son environnement immédiat et son éducation tout autant que par son capital génétique. Les chiots de race indéterminée élevés dans un environnement stable et mis en présence de situations diverses deviennent des adultes tout aussi responsables et sûrs que les chiots de race pure. Tous les bâtards, souvent non désirés et abandonnés par leurs maîtres, n'ont malheureusement pas cette chance.

Donnons-leur une chance

Les chiens bâtards ont une image de vagabonds. Il n'en est rien. Leur envie de courir à droite et à gauche n'est pas plus forte que chez les chiens de race. La seule raison en est l'irresponsabilité de leurs maîtres. Les chiens sans race sont moins

Les bâtards, moins coûteux à entretenir que certains chiens de race pure, font de merveilleux compagnons.

Chiens abandonnés

Les refuges accueillent une majorité de bâtards. Ils souffrent parfois de troubles du comportement liés à l'anxiété, aboyant lorsqu'ils sont seuls, montrant des penchants destructeurs ou une tendance à mordre s'ils sont effrayés. Toutefois, à force de persévérance et de constance, même les plus durement touchés peuvent devenir des compagnons joueurs et affectueux.

chers à l'achat ce qui, curieusement, va parfois à l'encontre de leur bien-être, car les maîtres ayant investi dans un chien ont davantage tendance à prendre soin de leur capital. En conséquence, les chiens chers ont plus de chances de bénéficier d'une bonne prise en charge vétérinaire. L'idée selon laquelle les bâtards sont souffreteux et malades s'explique, une fois encore, par la seule négligence de leur maître.

Les chiens errants

Il ne faut pas confondre bâtards et chiens errants. Ces derniers s'accouplent, mettent bas et vivent dans la nature, se nourrissant des déchets des habitations.

Rares dans le nord de l'Europe et en Amérique du Nord, les chiens errants sont monnaie courante en Amérique centrale, en Amérique du Sud, dans certaines régions des Balkans et d'Europe orientale, en Turquie, au Moyen-Orient, en Afrique ou bien encore en Asie. Leur aspect et leur comportement varient d'une région à l'autre, mais pour la plupart, leur robe tend vers le fauve et leur pelage, double et serré dans des régions froides, devient plus lisse et court dans les régions tropicales. En outre, ils se reproduisent souvent entre chiens de même type et si leur élevage devenait contrôlé, comme ce fut le cas pour le Chien de Canaan, en Israël, ils recevraient sans doute une appellation officielle.

Comment faire le bon choix ?

La meilleure façon d'adopter un chien sans pedigree est de choisir un chiot issu d'une portée dont on connaît la mère, voire le père, et leur comportement. Vous pourrez ainsi vous faire une idée assez précise de son tempérament, de sa taille une fois adulte, de son type et de sa couleur de robe. De plus, en adoptant un jeune chiot, vous éliminez toute incertitude concernant son éducation, facteur déterminant pour son comportement futur.

Les refuges canins de bonne réputation demandent une somme raisonnable et se renseignent sur la future famille d'adoption.

CHAPITRE 3

Le comportement

Le comportement des chiens et celui des hommes présentent de nombreuses similitudes. Sans doute est-ce l'une des raisons pour lesquelles nous vivons si bien ensemble. Comme nous, les chiens sont des animaux sociables qui recherchent le contact de leurs congénères et, tout au long de leur vie, se montrent curieux du monde environnant. Toutefois – et la nuance est de taille – les chiens ne sont pas des hommes dissimulés sous un épais pelage ! Car c'est au loup – leur ancêtre – qu'ils doivent l'ensemble de leurs comportements. La façon dont le chien pense, mange, chasse, marque son territoire, fait sa toilette, s'accouple, met bas et prend soin de ses petits trouve ses racines dans la meute de loups. Par son contact précoce avec les humains, le chien nous accepte comme membres de sa meute, nouant ainsi avec nous une relation profonde, durable et sincère. Une relation qui pourrait bien être de l'amour.

Des différences naturelles

- Des traits de caractère qui rappellent ceux du loup
- Un comportement modifié par l'élevage sélectif
- Des différences entre mâles et femelles

Depuis des milliers d'années, nos ancêtres ont sélectionné de façon artificielle les chiens présentant des dispositions naturelles utiles aux hommes. Les animaux aboyant avec force à l'approche d'étrangers étaient précieux pour donner l'alarme dans le campement. Ceux dotés d'une rapidité à la course et d'une vue perçante étaient croisés avec d'autres races de bons chasseurs. Les chiens affichant force et tempérament protecteur servaient de gardiens. Cette sélection d'aptitudes naturelles contribua à la diversité des races de chiens que nous connaissons aujourd'hui.

Les chiens dénués de poils, comme ce jeune Chien Nu Mexicain miniature, furent élevés pour la grande chaleur qu'ils dégagent.

Une intervention récente

Au cours du dernier millénaire, et plus particulièrement des derniers siècles, l'homme est intervenu très largement dans l'évolution de l'espèce canine. Nous avons en effet exercé une influence majeure sur sa taille, sa morphologie, son pelage et son tempérament. Cependant, si nous avons modifié son apparence, accentué ou diminué certains traits de son comportement, nous n'avons rien changé au fait que le chien reste un loup – d'une façon certes élégante, parfois curieuse ou déguisée – et que pour le comprendre, nous devons étudier le comportement de cet animal de meute qui fut son ancêtre.

Un réconfort naturel

L'origine exacte des premiers chiens domestiques demeure mystérieuse. Les anthropologues soulignent que le désir de réconforter et de nourrir de petits animaux couverts de poils revêt, chez l'homme, un caractère universel. Le chien lui apporte

Attention au chien !

Les chiens étaient couramment utilisés par les Romains comme gardiens des foyers. On en trouve de nombreuses représentations en mosaïque, dont certaines portent l'inscription *Cave canem*: « Attention au chien ! ».

en échange confort et sécurité. Dès cette première cohabitation avec l'homme, le chien a probablement fait l'objet d'un élevage sélectif qui accentuait son affection et sa fidélité envers la personne qui prenait soin de lui. Mais ce n'est qu'au XXe siècle que ces traits sont devenus essentiels pour les éleveurs.

Un comportement sexué

Il existe des différences naturelles entre mâles et femelles d'une même race. Les chiens mâles sont actifs et combatifs, laissant volontiers des marques odorantes et se battent facilement pour un territoire ou une femelle. La castration réduit ce type de comportements et le niveau général d'activité.

En règle générale les femelles sont joueuses, amicales et affectueuses. Elles apprennent plus vite à obéir et à être propres. À l'inverse des mâles, la stérilisation ne modifie guère leur comportement vis-à-vis de l'entourage.

Des différences de couleur et de comportement

De récentes recherches ont mis en évidence, chez l'espèce canine, une relation entre la couleur de la robe et le tempérament. Selon une enquête réalisée auprès d'éleveurs professionnels dont les chiens présentent des robes unies de couleurs très diverses, tels que Labradors, Caniches ou Cockers, les chiens de couleur chocolat ou noire se montrent plus réceptifs au dressage, plus fiables et plus doux avec les enfants que les chiens à robe blonde, jaune ou abricot.

Des études scientifiques portant sur un autre membre de la famille des canidés – le renard – vont dans le même sens. Les renards de Russie ayant certaines couleurs de robe semblent moins craintifs et moins agressifs. On a ainsi établi un lien entre ces couleurs et les fonctions hormonales de l'organisme, notamment pour les hormones associées au mécanisme de lutte ou de fuite (*voir p. 31*). Un lien de même nature pourrait expliquer, chez le chien, les différences de comportement selon la couleur de robe.

Les mâles sont plus grands et ont une allure plus masculine que les femelles.

L'esprit de meute

- Les chiens s'intègrent bien à la meute des humains
- Nous incarnons le chef de meute
- Les chiens dominants contestent parfois la hiérarchie

L'homme et le chien ont en commun de nombreux comportements sociaux. L'un comme l'autre, nous faisons preuve d'un instinct grégaire, nous sommes curieux de nos congénères et des autres animaux, nous partageons certains codes sociaux et faisons appel au même langage corporel pour exprimer nos sentiments. Toutes ces similitudes permettent au chien de reconnaître la famille humaine comme sa meute.

Des signaux identiques

Comme les chiens, nous tremblons lorsque nous sommes confrontés à une force supérieure et montrons les dents en signe d'agressivité.

Nous aimons nous détendre en compagnie d'autres hommes – tout particulièrement de notre famille étendue. D'instinct, nous protégeons notre famille et notre maison et avons naturellement le sens du territoire que nous défendons avec acharnement contre les intrus de notre espèce. Omnivores, nous avons l'envie de goûter à tout, ou presque, et de nous en nourrir. Autre similitude importante avec le chien, bien que rarement mentionnée: nous conservons toute notre vie une curiosité enfantine vis-à-vis du monde qui nous entoure. Même à l'âge adulte, que nous soyons hommes ou chiens, nous aimons jouer dans le seul but de nous divertir.

L'esprit de meute

Chez les loups, le comportement au

Chez les Huskies, le chien dominant grimpe pour saluer celui qu'il considère comme le véritable chef de meute.

La sécurité de la meute

Tous les membres de la meute sont responsables de la sécurité de leur territoire. Le chien aboie, parfois de façon agressive, pour alerter les autres membres, mais aussi tout simplement pour les prévenir que quelqu'un ou quelque chose approche du territoire commun.

sein de la meute est bien défini. Un chef – le plus souvent un mâle – contrôle la majeure partie des activités du groupe. Certains membres dominants défient, à l'occasion, son autorité. S'il est moins clairement défini, le comportement de meute du chien domestique demeure présent. Il obéit à la personne qu'il a acceptée comme chef et défend la maison comme le territoire de la meute.

Devenir membre de la meute humaine

Jusqu'au sevrage, le chiot connaît l'activité naturelle de la meute. Il apprend à se comporter avec ses frères et sœurs. Sa mère est à ses yeux le chef puisqu'elle détient le contrôle de la nourriture, de la chaleur et du bien-être. Lorsqu'il quitte la portée – entre 7 et 12 semaines – pour rejoindre les humains, le chiot transfère naturellement sa mentalité d'animal de meute sur notre espèce, radicalement différente. Pour le chien, l'homme est acceptable en tant que membre de la meute et chef naturel puisque, tout comme sa mère, c'est de lui que dépendent la nourriture, la chaleur et la sécurité.

Suivre le chef de meute

En grandissant, le comportement du jeune chien évolue en fonction des expériences de sa courte vie, mais il est également influencé dès le début de la puberté, par les hormones sexuelles. L'instinct de meute pousse le chien adulte à trouver une place qui lui convienne au sein de la famille humaine.

L'organisation de la meute n'est pas toujours statique. Un chien jeune et robuste peut défier la hiérarchie pour se rapprocher du cercle du pouvoir. Le chien au caractère dominant – en particulier les mâles – peut bousculer les positions établies au sein de la meute humaine pendant la période allant de la maturité sexuelle à la maturité émotionnelle (entre 8 et 24 mois). Il peut ainsi refuser d'obéir ou mettre au défi intentionnellement le membre de la meute qu'il juge le plus faible. Il est capable de menacer, voire de mordre un enfant pour lui disputer un jouet, de désobéir à un ordre donné par la mère de l'enfant. En revanche il obtempérera lorsque le même ordre sera donné par la voix plus grave – et, semble-t-il, plus catégorique – du père.

Les membres de la meute suivent spontanément le « chien de tête » : voilà pourquoi nous réussissons à dresser nos chiens.

La génétique canine

- Une hérédité déterminée par les gènes
- Les gènes marquent les traits physiques et comportementaux
- L'élevage sélectif utilise la sélection génétique

Les caractéristiques, tant physiques que comportementales, d'un chien sont façonnées par une interaction complexe de différents facteurs – alimentaires, sociaux, etc. –, mais le « schéma de base » est déterminé par les gènes qui dictent aux cellules leur fonctionnement et leur mode de développement. Les gènes sont contenus dans les chromosomes présents dans presque toutes les cellules de l'organisme. Chaque cellule possède une série identique de chromosomes. Selon les tissus, différents gènes seront sollicités. L'activité (ou l'inactivité) de certains types de gènes détermine la vocation d'une cellule, qui deviendra par exemple une cellule nerveuse ou une cellule cutanée.

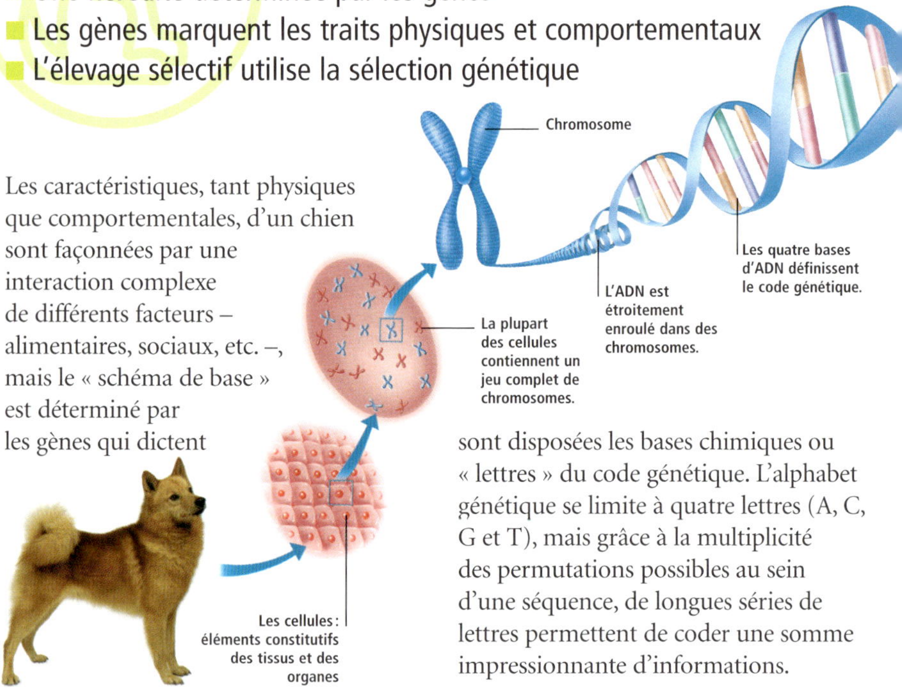

Le code canin

Les gènes sont constitués d'ADN (acide désoxyribonucléique), une longue molécule hélicoïdale. Sur toute la longueur de cette molécule, sont disposées les bases chimiques ou « lettres » du code génétique. L'alphabet génétique se limite à quatre lettres (A, C, G et T), mais grâce à la multiplicité des permutations possibles au sein d'une séquence, de longues séries de lettres permettent de coder une somme impressionnante d'informations.

Les caractéristiques physiques, comme la forme des oreilles, sont définies par les gènes. Les gènes du Norwich-Terrier donnent des oreilles dressées, contrairement à ceux du Norfolk-Terrier, qui a les oreilles tombantes.

Le code génétique représente en quelque sorte le schéma directeur de l'organisme. Il détermine les protéines qui constitueront cet organisme. Le chien compte dans une seule cellule 78 chromosomes contenant l'ADN. Le corps d'un chien est constitué de millions de cellules qui, pour la plupart, renferment la série complète de gènes formant le code génétique.

Les gènes et les protéines

Un gène donne l'ordre à la cellule de fabriquer une protéine particulière : enzyme digestive, neurotransmetteur ou protéine servant, par exemple, à fabriquer les cheveux. Certains gènes ont une spécificité simple, comme le rythme de croissance des cheveux, d'autres ont des effets sur l'ensemble de l'organisme. Beaucoup de caractéristiques complexes, comme les traits comportementaux, dépendent de l'interaction des gènes.

Les influences comportementales

L'élevage sélectif du chien a permis de souligner ou d'atténuer toute une palette de comportements. Les races élaborées pour garder les moutons, par exemple, comme le Border-Collie, se déplacent avec discrétion, s'approchant des brebis en silence, tout comme le ferait un loup cherchant à attraper une proie. À ceci près que le loup se mettrait ensuite à la pourchasser pour la tuer. Or le chien de berger a aujourd'hui une prédisposition génétique pour détecter les moindres mouvements du gibier et le traquer, sans le tuer.

Les difficultés apparaissent lorsque ce trait de comportement se manifeste en dehors du contexte dans lequel il a été développé. La faculté génétique du Border-Collie à se concentrer sur le moindre mouvement peut être stimulée par les circonstances les plus anecdotiques : une fourmi passant à proximité ou un brin d'herbe bougeant légèrement.

Ce phénomène conduit parfois certains Collies domestiqués à faire preuve d'un comportement névrotique ou obsessionnel compulsif pouvant nécessiter un traitement vétérinaire. Nous sommes responsables de ces problèmes : après avoir pratiqué un élevage sélectif visant à accentuer certains comportements, nous avons extrait les chiens de l'environnement pour lequel ils étaient adaptés et les avons installés dans nos foyers.

L'effet fondateur

Il existe différentes versions d'un gène donné. Celui déterminant la taille des pattes, par exemple, peut exister selon trois variantes : petites, moyennes et grosses. Au sein d'une vaste population, ces gènes sont constamment remaniés lors de la reproduction et la taille des pattes se maintient dans une moyenne. Cependant, si un petit groupe se sépare du reste de la population, il est probable que les gènes des membres ne soient pas représentatifs. Lorsque ces individus se reproduiront, ces gènes produiront des caractéristiques nouvelles ou accentuées, inconnues de la population d'origine. Ce phénomène, appelé « effet fondateur », a été mis en évidence à de nombreuses reprises lors de l'introduction de chiens, par des voyageurs, dans de nouvelles régions du monde, comme l'Australie, par exemple.

Le Bouvier Australien conserve une couleur de robe héritée de ses ancêtres Collies.

L'accouplement

- La femelle aime peu les partenaires inconnus
- La parade nuptiale reste superficielle
- Les partenaires demeurent « collés » après l'accouplement

La parade nuptiale est brève, marquée par une succession de comportements stéréotypés. Avant de s'accoupler, la femelle invite souvent le mâle à jouer.

Pendant l'accouplement, la femelle demeure passive tandis que le mâle l'enserre avec ses antérieurs et donne des coups de reins.

Chez le chien, le rituel de l'accouplement reste marqué par un comportement d'animal de meute. Lorsque la femelle a atteint la maturité sexuelle, on dénombre deux périodes d'activité par an. Au sein de la meute, le choix du partenaire est dicté par l'organisation sociale, le mâle dominant permettant rarement aux autres mâles de s'accoupler. Quant aux femelles, elles préfèrent choisir parmi les mâles qu'elles connaissent. Elle ovule et s'accouple plusieurs fois avec ses partenaires. La probabilité de grossesse est très élevée.

De nos jours, l'accouplement s'inscrit souvent dans des circonstances contre-nature. Le propriétaire présente sa femelle à un mâle qu'elle ne connaît pas et attend d'elle qu'elle s'accouple de bonne grâce, ce qu'elle n'est pas toujours disposée à faire.

Les mâles : toujours prêts !

Le chien mâle est un opportuniste. Sexuellement actif tout au long de l'année, il est attiré par l'odeur de toute femelle en chaleurs.

Chez la femelle, les choses sont plus complexes. D'un point de vue hormonal, elle reste inactive pendant la majeure partie de l'année puis, sous l'influence de la production d'hormone œstrogène – deux fois par an –, se montre attirée par l'odeur du mâle et psychologiquement prête à s'accoupler. Les œstrogènes stimulent les ovaires qui libèrent les œufs. Ces derniers descendent par les trompes de Fallope vers l'utérus, et attendent d'être fécondés par le sperme du mâle.

L'accouplement

Lorsque le mâle a choisi sa partenaire, la parade nuptiale est brève. La femelle l'invite souvent à jouer, faisant parfois une révérence caractéristique ou allant jusqu'à mimer l'accouplement. Elle renifle le pénis, se laisse sentir ou lécher la vulve, se retournant si elle n'est pas encore prête. Une fois ces jeux de séduction terminés, le coït a lieu. L'accouplement est des plus rapides : la femelle se tient fermement debout, tandis que le mâle la monte, la tenant serrée entre ses membres antérieurs, et donne des coups de reins avant d'éjaculer, souvent moins d'une minute plus tard. Pendant la copulation, deux bulbes érectiles situés à la base du pénis enflent, empêchant la séparation des partenaires. Après l'accouplement, le mâle et la femelle restent ainsi « collés » pendant une courte période. Pour pouvoir se protéger durant ce laps de temps potentiellement dangereux, le mâle se retourne ; les partenaires restent dos à dos, et peuvent ainsi se défendre, si nécessaire.

Un accouplement responsable

1. N'envisagez l'accouplement que si vous êtes certain de trouver un foyer pour chacun des chiots de la portée.
2. Ne laissez pas votre chien avoir des petits pour la simple raison qu'il s'agit d'un acte naturel. Il est moins naturel de le laisser s'accoupler une fois, puis d'attendre de lui qu'il n'en ait plus jamais envie.
3. Promenez toujours votre chienne en laisse lorsqu'elle est en chaleur.
4. Ne laissez pas une femelle immature ou porteuse d'une maladie héréditaire se reproduire.
5. N'attendez pas de votre chienne qu'elle prenne totalement en charge l'éducation de ses petits. Il est de votre responsabilité de vous assurer qu'ils sont assez socialisés lorsqu'ils quittent votre foyer.

Après l'accouplement, mâle et femelle restent « collés » pendant une demi-heure environ.

La gestation

- Les premiers signes extérieurs de grossesse restent discrets
- La grossesse nerveuse est un phénomène normal
- Le développement émotionnel commence avant la naissance

Chez la chienne, la gestation dure environ deux mois. Quatre semaines après la conception, les mamelons commencent à gonfler et à rosir légèrement. Vers cinq semaines, le vétérinaire peut détecter de petits renflements, gros comme une balle de golf, dans l'abdomen et compter le nombre de fœtus. Peu après, le ventre de la chienne commence à s'arrondir.

Vraie ou fausse grossesse

Après la libération des ovules, les espaces restés vacants des ovaires produisent de la progestérone, hormone de grossesse, qui déclenche un certain nombre de comportements, comme le besoin instinctif de materner et la production de lait. De tous les animaux domestiques, le chien est le seul à connaître une période de grossesse hormonale de deux mois, qu'il y ait ou non fécondation. En conséquence, même si votre chienne présente tous les symptômes – physiques et comportementaux – d'une grossesse après un œstrus, il peut simplement s'agir d'une grossesse hormonale ou nerveuse. La femelle connaît alors toute une série de changements sensoriels et de variations d'humeur. Il n'est pas rare de la voir emporter dans sa tanière des jouets ou des vêtements doux, qu'elle protège énergiquement.

Diagnostiquer une grossesse

Chez certains animaux, la présence de progestérone dans les urines atteste la grossesse. Chez la chienne, l'analyse d'urine est inutile car il y a systématiquement la trace de cette hormone après l'ovulation. Certaines analyses de sang, plus sophistiquées,

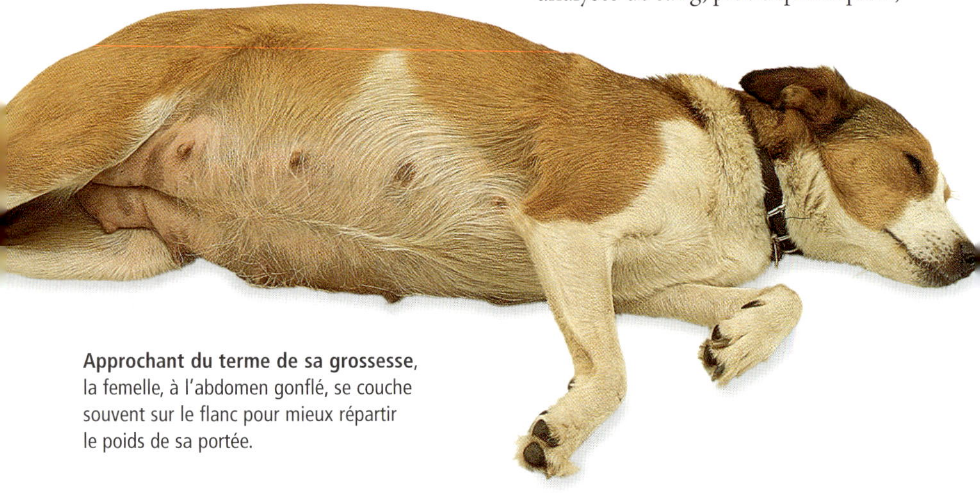

Approchant du terme de sa grossesse, la femelle, à l'abdomen gonflé, se couche souvent sur le flanc pour mieux répartir le poids de sa portée.

Comportement pendant la gestation

Poussée par son besoin de maternité, cette chienne a adopté une portée de chatons orphelins dont elle fait la toilette comme pour ses propres petits. Ce comportement résulte de son expérience de mère, mais aussi de l'action de la progestérone, hormone de la grossesse.

ont été mises au point, mais le diagnostic le plus sûr d'une grossesse reste la palpation par le vétérinaire ou l'examen par ultrasons.

Les risques pendant la grossesse

Le plus fort risque de fausse couche se situe dans les trois premières semaines. Médicaments et infections sont dangereux pour le développement des fœtus. À la naissance, les chiots sont protégés contre les maladies auxquelles leur mère a été exposée. Si celle-ci est vaccinée contre la maladie de Carré, par exemple, elle transmettra à ses petits les anticorps qu'elle a développés contre cette maladie avec le premier lait maternel ou colostrum. Il est conseillé de vacciner les chiennes avant la grossesse afin d'améliorer l'immunisation passive de leurs petits.

La vie intra-utérine

Les développements physiologique et émotionnel des chiens commencent dans la matrice. Le Dr. T. Berry Brazelton de l'université de Harvard, a montré à quel point les enfants étaient influencés, pendant leur vie utérine, par le mode de vie de leur mère. Il en va de même du développement des chiots par tout ce que mange ou ressent leur mère durant sa grossesse.

Une influence supplémentaire s'exerce dans le cas des chiens : la place qu'ils occupent dans la matrice. L'utérus des chiennes compte deux cornes utérines distinctes, le long desquelles les fœtus se développent en rang. Les chiots situés au milieu de chaque trompe sont généralement mieux nourris que ceux des extrémités.

Le voisinage du chiot pendant la gestation n'est pas sans conséquence. Chez le fœtus mâle, le développement des testicules s'accompagne de poussées de testostérone remontant vers le cerveau, contribuant à la mise en place des connexions qui définiront les caractéristiques sexuelles du futur mâle (tempérament instinctivement dominant, par exemple). Les fœtus femelles qui se développent entre deux fœtus mâles peuvent être exposés à de petites quantités de testostérone qui les prédisposeront à une légère masculinisation cérébrale et, en conséquence, à une personnalité davantage marquée par la domination et l'agressivité.

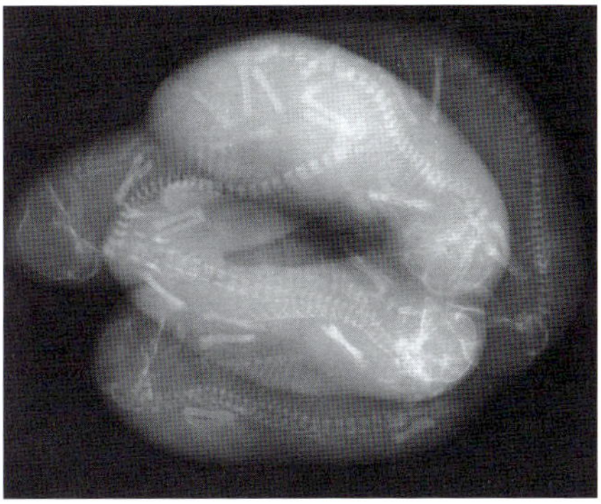

Une radiographie de la matrice d'une chienne en gestation laisse apparaître, en fin de grossesse, les multiples squelettes des fœtus en développement.

La naissance

- Les complications sont rares
- Laissez votre chienne tranquille
- Surveillez ce qu'elle fait

Les naissances se succèdent, espacées de quelques minutes à deux heures.

Vingt-quatre heures environ avant le début du travail, la chienne cesse de s'alimenter. Elle passe davantage de temps dans la « tanière » qu'elle s'est choisie, en général un endroit isolé et couvert. Certaines chiennes ayant accès à l'extérieur creusent un trou dans la terre. À l'intérieur, elles s'installent volontiers dans un placard ouvert ou sous un lit. Elles se montrent souvent irritables, voire hargneuses et de plus en plus agitées à l'approche de la mise bas. Dès le début des contractions, la première poche des eaux se rompt, formant une flaque. Les contractions deviennent alors plus fortes et plus rythmées.

La mère lèche la tête de son petit puis coupe le cordon avec ses dents.

La mise bas

Le premier chiot naît dans les deux heures qui suivent. La plupart du temps, la tête se présente la première, mais les naissances par le siège n'ont rien d'exceptionnel. La femelle reste généralement couchée sur le flanc, les petits naissant directement sur le sol. Toutefois, certaines préfèrent être debout, obligeant leurs petits à une courte chute.

Les contractions se font plus fortes pour permettre à la tête et aux épaules du chiot de s'engager dans le col de l'utérus. Après quoi, le reste du corps suit sans difficulté et le chien apparaît, enveloppé d'une fine membrane. La mère lèche alors la tête, puis le corps de son petit. La friction de sa langue suffit à inciter le nouveau-né à prendre sa première respiration. En outre, en le léchant, elle le sèche, réduisant ainsi le risque d'hypothermie. Après chaque naissance, la mère expulse le placenta qui permettait au petit de s'alimenter dans la matrice par le biais de son nombril. Elle le mange, puis coupe le cordon à 3 cm environ. Dans les trente minutes, le travail reprend, suivi de l'expulsion d'un nouveau chiot enveloppé de son placenta.

À ce stade, la mère ne songe guère à nourrir sa portée, se préparant aux contractions suivantes. Les chiots en bonne santé se pressent contre elle, attirés par sa chaleur. En règle générale, les races de grande taille donnent naissance à des portées nombreuses, le nombre de chiots restant plus limité chez les petits chiens. Ce n'est qu'après la dernière naissance que la chienne se repose, sur le flanc, et donne à téter à sa progéniture. Pour ce faire, elle présente ses mamelles, soigneusement nettoyées pendant l'ultime phase de la grossesse.

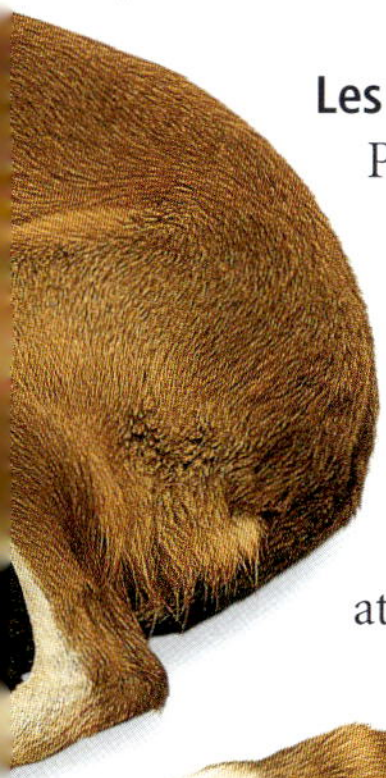

Les premières heures

Pendant les 24 heures qui suivent, la mère ne quitte pas ses petits. Attentive à leurs pleurs, qui signifient bien souvent qu'ils ont faim, elle leur offre sans attendre ses mamelles, lèche leur région ano-génitale pour les inciter à uriner et à déféquer, puis ingurgite leurs déjections afin de dissimuler leur présence et d'assurer leur sécurité. Si un petit s'éloigne mais ne pleure pas, elle l'ignore. Bien souvent, sur une portée de sept chiots, l'un d'entre eux naît avec un handicap, visible ou non, et meurt dans les deux jours. La mère se consacre entièrement aux chiots en bonne santé, leur assurant chaleur, nourriture et protection.

Chercher le lait

Les nouveau-nés s'aident des récepteurs thermiques situés dans leur nez pour localiser le point le plus chaud de l'abdomen de leur mère. Le contact entre la tête du petit et sa mère déclenche un réflexe de fouissage. Pour trouver la mamelle, il se guide au toucher et à l'odorat, attiré par le sucre présent dans le lait.

Complications

L'intervention de l'homme a parfois compliqué les choses. Certaines races – comme le Bulldog, qui en est l'illustration parfaite – donnent désormais naissance à des petits dont la tête est trop grosse pour passer le col de l'utérus. D'autres, comme le Yorkshire, ont des portées si nombreuses que les césariennes sont fréquentes. Quant aux Dalmatiens, les chiennes ont parfois tant de petits qu'elles n'ont pas assez de lait pour les nourrir. D'autres races connaissent des difficultés pour allaiter. La plupart de ces problèmes peuvent néanmoins être réglés en consultant sans délai un vétérinaire.

Les petits, une fois séchés, cherchent la chaleur et les tétines de leur mère.

Une dépendance totale

- La mère apporte sécurité et discipline
- Les petits apprennent par mimétisme
- L'indépendance est précoce

Pendant deux semaines, les chiots dépendent totalement de leur mère. À trois semaines, ils essaient tant bien que mal de se tenir debout et développent leurs sens et leur capacité de réaction. Débute alors une période de transition pendant laquelle ils s'affranchissent progressivement de leur dépendance totale de la mère. Le monde s'ouvre à eux: les petits grognent, aboient, se mettent à frétiller de la queue et à prêter attention à leur environnement. Leur mécanisme de contrôle de la température s'est suffisamment amélioré pour leur permettre d'abandonner la chaleur de leur mère. Vers sept semaines, les chiots marchent, courent et sautent.

La dépendance alimentaire

Le chiot se nourrit exclusivement de lait pendant les trois premières semaines.

Une chienne discipline instinctivement ses petits, les réprimandant d'un grognement, voire d'un coup de dents contrôlé s'ils se montrent trop agités.

Au cours des trois suivantes, la mère peut agrémenter son lait d'aliments régurgités, voire de sa propre nourriture. Elle laissera ses petits téter – plus par confort et par sécurité que pour se nourrir. Ainsi, un chiot apeuré reviendra en courant vers sa mère pour téter, trouvant réconfort et apaisement. Si l'un des petits se comporte de façon trop grégaire, elle le disciplinera.

Pour un chiot, les premières explorations laissent entrevoir un monde passionnant.

Un comportement de meute

Le petit apprend à se comporter au sein de la meute en observant et en imitant sa mère. Dans la portée, les chiots apprennent à coopérer. Ce premier apprentissage leur permet aussi d'acquérir la capacité, une fois adultes, de chasser collectivement ou de protéger un territoire commun. Ces aptitudes seront la clé d'une adaptation réussie au mode de vie d'une espèce différente : les hommes.

Les premières influences

Le cerveau du chiot se développe à une vitesse spectaculaire dans les trois mois qui suivent la naissance. Son développement cérébral et hormonal est alors largement influençable. Une stimulation cérébrale précoce accélère la croissance corporelle et réduit l'émotivité, pouvant même améliorer la résistance à certaines maladies. Peut-on parler d'« intelligence » ? Le cerveau d'un jeune chien est très adaptable et nombre de petits font preuve de remarquables aptitudes pour l'apprentissage et le dressage. Mais nous parlons souvent à tort d'intelligence du chien, sans comprendre vraiment ce que nous entendons par là. Ainsi, on a coutume de dire que l'apprentissage précoce stimule son intelligence. S'agit-il de sa capacité à résoudre un problème, de son empressement à nous écouter ou de ses performances sur le terrain ? Ses aptitudes de gardien ou de pisteur sont-elles signe d'intelligence ? En réalité, il manque au chien certaines facettes de ce que nous appelons « intelligence » chez l'homme. Comparé aux primates, le chien dispose d'une capacité limitée d'analyse et de résolution des problèmes. Si un chien apprend à ouvrir une poignée de porte, c'est avant tout par accident. Leurs aptitudes innées varient, tout comme leur capacité d'écoute et d'apprentissage. Nous confondons souvent capacités innées, aptitude au dressage et obéissance avec intelligence.

Le rôle du père

Le père joue un rôle limité pendant la première période de vie de ses petits. Si certains mâles les lèchent ou leur font la toilette, il est rare qu'ils régurgitent des aliments comme le fait parfois la mère. Ils se consacrent plutôt à l'éducation, mordillant les petits qui se montrent trop exubérants.

La socialisation précoce

- Le cerveau du chiot parvient très vite à maturité
- N'hésitez pas à multiplier les contacts
- La personnalité ne tarde pas à s'affirmer

La vie sociale d'un chiot commence vers trois semaines, lorsqu'il se met à communiquer avec son entourage. C'est cette disposition du chiot à apprendre de nous toutes sortes de chose qui en fait un si bon compagnon. S'il côtoie quotidiennement des humains avant l'âge de six semaines, il apprendra à ne pas en avoir peur. Pendant les six semaines qui suivront, son cerveau sera totalement ouvert aux expériences en tous genres : plus il sent, voit, goûte, entend et touche, mieux il saura faire face à différentes situations et s'adapter à sa vie future.

Meilleurs que les hommes

Comparée à la nôtre, la capacité d'apprentissage du chien est phénoménale. Ce que nous mettons des années à apprendre, un chiot l'assimile en quelques semaines, comme l'adresse physique, l'importance des relations, ou la différence entre ce qui est bien et ce qui est mal. Dans la nature, la rapidité d'apprentissage est une condition de survie. La différence entre le chien et la plupart des animaux, est sa rapide cohabitation harmonieuse avec l'homme.

La première visite chez le vétérinaire sera déterminante.

Pour un bon apprentissage

1. Ne laissez pas une femelle se reproduire si elle n'est pas capable, émotionnellement, d'élever des petits, car les enseignements reçus de la mère sont déterminants pour leur bon développement.

2. Donnez à la mère une alimentation équilibrée pendant la période où elle nourrit ses petits : elle restera en bonne santé et aura assez de lait.

3. Ne laissez pas les jeunes chiots dans l'isolement : touchez-les fréquemment et exposez-les avec précaution à toutes sortes de situations.

4. Un chiot doit être mis suffisamment tôt en présence d'autres animaux.

Les premiers apprentissages

Un chiot apprend en regardant sa mère et ses frères et sœurs, en expérimentant et en se trompant et – facteur essentiel d'une bonne relation avec l'homme – grâce au dressage.

Par chance, le chien a gardé du loup une période de socialisation prolongée, correspondant à ses 12 premières semaines de vie. Pendant cette période, s'il est mis en présence d'individus d'autres espèces, il établit des liens qui feront d'eux des membres de son groupe et non des prédateurs ou des proies. C'est au cours de ces semaines que le chien, de bon gré et sans effort, s'attache à nous. Puis la période de socialisation prend fin car, par la suite, les autres animaux, y compris les hommes, peuvent devenir une menace potentielle. Un chien qui n'aurait pas eu de contact avec l'homme pendant les trois premiers mois de sa vie aura toutes les chances d'en être effrayé une fois adulte.

C'est au cours de cette phase sensible des premiers apprentissages que le chiot va pour la première fois chez le vétérinaire. Si la visite se passe mal, le chiot conservera la peur du vétérinaire. En revanche, s'il y voit une occasion de sentir de nouvelles odeurs intéressantes, de rencontrer d'autres chiens en bonne santé et détendus, et de se voir offrir une délicieuse gâterie par le vétérinaire, le chiot verra cet événement comme un amusement ou, dans le pire des cas, une chose banale. C'est ainsi qu'un chien peut être conditionné très tôt à accepter les visites chez le vétérinaire.

Des récompenses convaincantes

L'apprentissage est d'autant plus facile que le chiot reçoit une récompense en échange. La nourriture en est une, fort convaincante, tout comme le contact physique. Après avoir mangé, une chienne vivant en liberté rentre dans sa tanière et laisse ses chiots lui lécher le museau. Répondant à leurs cris, elle régurgite son repas. Avec nous, les chiens se comportent à l'identique, essayant de nous lécher le visage pour nous saluer, dans l'espoir d'une récompense.

Il existe d'autres récompenses plus subtiles, fort appréciées et source d'apprentissage, comme la possibilité de jouer ou de mâchonner. Il en va de même des sons : les chiots comprennent rapidement le caractère positif des sons doux et le caractère négatif d'une voix forte, ce qui nous permet de communiquer avec eux.

Les premières rencontres façonneront ses relations avec les autres animaux.

Un nouvel environnement

- Les chiens ne sont pas des humains
- Votre chien vous traitera toujours comme un chien
- Soyez réalistes quant à ses potentialités

Lorsqu'un chien se joint à votre famille et devient partie intégrante de votre vie, il ne s'attend pas à ce que vous le traitiez comme un humain, mais que vous agissiez comme le ferait un chien. La non-compréhension de son mode de pensée pourrait être à l'origine de problèmes de dressage et de comportement.

Le chien appartient à une espèce sociable et grégaire. Ce chapitre traite des interactions avec sa mère, les autres chiots de la portée, puis vous, votre famille et vos autres animaux domestiques.

Certains comportements de notre chien peuvent sembler identiques aux nôtres tout en revêtant une autre signification.

Des observateurs hors pair

Nous représentons l'élément essentiel du nouvel environnement du chiot. Il observe de façon étonnante son entourage comme il l'aurait fait dans une meute. La communication vocale revêt son importance: un ton brusque employé par le maître équivaut à un grognement d'un autre chien de la meute. Mais c'est notre langage corporel que les chiens observent le plus attentivement.

Nous utilisons des mots pour exprimer nos pensées et nos sentiments, oubliant que nous envoyons également des signaux par l'attitude de notre corps. Nos épaules s'affaissent et nous baissons la tête lorsque nous sommes tristes, tandis que nous avons le pas léger lorsque la gaieté et l'enthousiasme sont au rendez-vous. Et si la provocation nous pousse à bout : nous montrons les dents. Nous partageons avec l'espèce canine un même langage corporel. Chacun de nos gestes est sujet à interprétation et contribue au développement mental de notre chien.

Des chiens intelligents

Sauf exception, tous les propriétaires de chiens vantent l'intelligence de leur compagnon. Cela ne fait aucun doute : votre chien est intelligent. Il anticipe vos actions car il déchiffre à merveille vos attitudes. Il sait vous rappeler l'heure de son repas car son horloge biologique est d'une redoutable précision. Ainsi, je connais un Cocker qui, tous les jours à 18 heures, apporte sa gamelle à son maître et ne se trompe que lors du passage à l'heure d'été !

Messages subliminaux

Les chiens réagissent aussi au moindre changement de routine, percevant l'imminence d'un départ en vacances, par exemple, avant même d'avoir vu les valises. Nous n'avons pas conscience de ces subtiles perturbations, mais elles échappent rarement à l'attention de notre chien.

Des attentes injustifiées

Certes, les chiens sont intelligents. Mais il ne faudrait pas confondre cette intelligence avec l'intelligence cérébrale de l'homme. Le processus de pensée – ou cognition – du chien n'est pas identique au nôtre : son évolution a suivi un cours bien différent.

Comparés aux singes, les chiens sont étonnamment mauvais lors des tests au cours desquels ils doivent contourner des obstacles pour atteindre leur nourriture. En fait, ils ignorent la pensée symbolique : pour eux, la peur, c'est la peur, le plaisir, le plaisir, un point c'est tout. En conséquence, la prochaine fois que vous ferez peser sur votre chien une menace conditionnelle du type : « Si tu sautes encore une fois sur la table de la cuisine, tu vas avoir des ennuis ! », ne soyez pas étonné si vos paroles restent lettre morte. En traitant les chiens comme des humains, nous leur envoyons des signaux confus, voire incompréhensibles, et nous sommes déçus de constater que leur comportement ne répond pas à nos attentes… irréalistes.

Mode de pensée : la clé du dressage

Pour réussir à communiquer avec votre chien, vous devez penser comme un chien. À ses yeux, vous êtes le chef de sa nouvelle meute. Il attend que vous vous comportiez en chef, lui apportant sécurité, nourriture et protection. En échange, il travaillera avec vous et prêtera attention à ce que vous dites. Son dressage et son comportement dépendront de votre capacité à bien faire passer vos messages sur un mode canin.

La nourriture constitue la récompense suprême : à utiliser avec discernement pendant le dressage.

Le rapport à la nourriture

- Manger est une compétition
- Fouiller dans les détritus : un penchant naturel à ne pas encourager
- Régurgiter est une chose normale

C'est parce que le chien est un animal de meute qu'il mange… comme un chien. Au sein de la portée, puis de la meute, le premier arrivé sera toujours le premier – et le mieux – servi.

Se gaver et ne jamais partager

Tandis que l'évolution a fait de nous des animaux qui grignotent au fil de la journée, le chien demeure un loup dans l'âme, avec un système digestif prévu pour absorber une grande quantité de nourriture lorsque se présente une proie et se restreindre le reste du temps. À l'état sauvage, les animaux dominants sont les premiers de la meute à manger, se gavant à l'envie, puis cédant la place aux dominants de rang inférieur. Après seulement, les autres membres sont autorisés à manger les restes. Nos chiens de compagnie ont conservé cet instinct : ceux pleins d'assurance mangent leur pâtée avec ardeur, tandis que les moins audacieux le font en silence, lorsque personne ne les regarde.

Le chapardage

L'élevage trop sélectif a accentué chez le chien la tendance au chapardage, héritée du loup. Il est en quête de charognes et d'aliments pouvant avoir une valeur nutritive, telles les racines, les baies, les longues herbes ou même les crottes de certains herbivores, comme le lapin,

Le chien est chapardeur par nature. S'il trouve quelque chose à manger, il l'avale aussi vite que possible.

La compétition commence très tôt. Un chiot qui s'approprie la meilleure nourriture a toutes les chances de devenir un chien dominant

le mouton, le cerf ou le cheval. Malgré notre dégoût, ces crottes constituent bel et bien un apport nutritif pour le chien. Certains recherchent d'ailleurs les excréments d'animaux omnivores, comme le porc, et d'autres, plus rares, vont jusqu'à manger les déjections des chats, voire les leurs ou celles d'autres chiens. Mieux vaut apprendre à votre chien à ne pas chaparder ces mets douteux car ils peuvent aggraver le risque d'infection intestinale bactérienne.

Les os et les brindilles

Enfouir des os est un comportement issu de l'héritage génétique. Nombre de carnivores sauvages, dont les loups et les renards, enterrent des aliments lorsqu'il y a pléthore, revenant vers leur cachette en cas de disette. Chez le chien, qui oublie bien souvent ses trésors, il s'agit davantage d'un comportement symbolique. Toutefois, certains reviennent chercher leur butin pour le manger, en général une ou deux semaines plus tard. Ceux qui ne disposent pas d'un jardin s'emparent parfois d'un os ou d'un petit jouet dur qu'ils essaient d'enfouir sous un tapis, souvent dans l'angle d'une pièce.

À défaut, les chiens mâchonnent des brindilles pour satisfaire cette nécessité biologique de déchiqueter des objets. Ils les emportent comme s'il s'agissait d'un os, les tiennent avec leurs antérieurs et les mâchonnent avec leurs dents carnassières. Attention toutefois : os et brindilles sont potentiellement dangereux car ils peuvent causer des blessures de la bouche ou de la gorge.

La régurgitation

Les chiens découvrent en goûtant. Au printemps, l'herbe semble si succulente qu'ils n'y résistent pas. L'emballage plastique du fromage sent bon ? Avalé ! Les restes de la carcasse de poulet dans la poubelle ont l'air appétissants ? Volatilisés ! Tous ces aliments peuvent être source de problèmes, mais heureusement, le chien a acquis un réflexe vomitif très développé grâce à sa mère qui régurgite naturellement ses repas lorsqu'elle commence à diversifier l'alimentation de ses petits. Ces vomissements font partie des règles du savoir-vivre canin : manger tout ce que l'on trouve et si l'on a des regrets, le recracher.

Beaucoup de chiens adorent mâchonner un bout de bois, qu'ils protègent comme un os.

Marquer son territoire

- Les chiens laissent des marques odorantes porteuses d'informations
- Les odeurs corporelles sont aussi source de renseignements
- Certains chiens accompagnent ces marques odorantes de signes visuels

Grâce à son urine et à ses déjections, un chien laisse des marques odorantes sur tout son territoire. Ces dépôts contiennent des substances chimiques – les phéromones – précisant avant tout sa qualité de mâle ou de femelle et diverses informations qui échappent à notre compréhension.

Une affaire d'importance

Après avoir vidé ses intestins, une contraction permet au chien d'expulser de ses deux poches anales – petits réservoirs en forme de grain de raisin situés de part et d'autre de l'anus – deux gouttes d'une substance très odorante, chargée de phéromones, qu'il dépose sur ses déjections. Une analyse de ces sécrétions permet de mettre en évidence un minimum de douze substances différentes, qui constituent un « vocabulaire » olfactif fort riche.

Les phéromones des urines sont porteuses d'informations sur l'activité reproductive de la femelle et la position d'autorité du mâle. Ces derniers cherchent à transmettre le plus d'informations possibles. Toutefois, plus l'environnement est « propre », moins ils ressentent le besoin de marquer ce territoire. Les chiens citadins, qui partagent le territoire des parcs avec de nombreux animaux, urinent plus fréquemment que ceux vivant à la campagne. Il n'est pas rare qu'un mâle dépose

Ces deux chiens se reniflent afin d'obtenir différentes informations.

Glande odorante dorsale

Les canidés tels que loups et coyotes ont, à la base de la queue, des glandes qui leur permettent de déposer leur odeur lorsqu'ils remuent la queue. Chez le chien, ces glandes sont des vestiges de l'évolution et ne se développent que chez certains individus. Ce sont de petites zones huileuses ou recouvertes d'une croûte situées sur la face dorsale de la queue.

son urine pour couvrir l'odeur des précédents visiteurs. Les femelles se contentent de laisser de fréquentes marques odorantes en période de chaleurs mais reniflent beaucoup les odeurs des autres chiens. Il arrive que certaines femelles laissent des marques en hauteur : elles lèvent alors légèrement la patte pour uriner.

Des marques visuelles

À l'occasion, mâles et femelles ajoutent à ces marques odorantes des marques visuelles, en grattant le sol ou en faisant voler la terre autour de leur urine ou de leurs déjections. Ces signes indiquant l'emplacement de la marque odorante, sont également imprégnés de sécrétions des glandes sudoripares, situées au bout des pattes.

L'odeur corporelle

Toutes les déjections et autres sécrétions canines sont porteuses d'odeurs chargées de transmettre diverses informations. Les chiens se reniflent afin de décoder les nombreux renseignements transmis par la salive, le cérumen, les sécrétions

Attention tabou !

De nombreux chiens aiment se faire caresser sur la poitrine et la tête. Ils n'apprécient guère, en revanche, d'être touchés autour de la queue et de l'anus ; certains animaux dominants pouvant même se montrer agressifs.

de la poche anale, du vagin ou du pénis et des glandes situées autour de l'anus et à l'extrémité de la queue. Les sécrétions auriculaires, vaginales ou péniennes, notamment, peuvent contenir des substances indiquant l'état d'activité sexuelle. Outre les substances libérées par les poches anales pour marquer les déjections, les glandes périanales, entourant l'anus, émettent des phéromones sexuelles.

La communication par le toucher

Les chiens utilisent également le toucher pour exprimer leurs besoins de façon élaborée. Il va de soi que nombre de chiens se sentent en sécurité lorsqu'ils sont en contact physique avec leur maître. En revanche les chiens peu socialisés craignent d'être touchés. Ceux qui ont grandi depuis toujours à proximité des hommes éprouvent tout au long de leur vie une grande satisfaction à leur contact : source de réconfort.

Les marques odorantes renseignent ce Cocker sur l'identité du dépositaire : mâle ou femelle ?

De l'importance du jeu

- Le jeu consolide l'ordre social
- Il développe les aptitudes de chasseur
- Le mode de jeu varie selon le sexe et le statut

Le jeu fait son apparition au sein de la portée trois semaines environ après la naissance. Grâce à lui, le chiot appréhende les relations sociales, développe ses facultés de communication et pratique toutes les activités physiques et mentales nécessaires à un prédateur qui, jadis, devait chasser pour se nourrir.

Cette attitude typique est une invitation au jeu.

Apprendre à se contrôler

À travers le jeu, les petits développent toute une série d'aptitudes physiques: dextérité, coordination ou préhension des objets avec les membres antérieurs. Ils apprennent l'efficacité d'un coup d'épaule et la supériorité de la vitesse. Le jeu leur permet d'expérimenter et de mettre en pratique des mouvements et des actions, en toute sécurité. Ils découvrent aussi l'autorité du « chef de meute » et la façon de contrôler leurs morsures. Si un petit mord sa mère trop fortement, elle le mord en retour. S'il s'en prend trop violemment à un autre chiot et le blesse, celui-ci crie de douleur et cesse de jouer. Une leçon exemplaire, essentielle pour canaliser l'exubérance de la jeunesse lorsque nous dressons des chiens.

La lutte, jeu divertissant mais aussi apprentissage du comportement coopératif.

Les relations sociales

Le jeu contribue à l'instauration d'une hiérarchie sociale au sein de la portée. Par la bagarre, les chiots se testent mutuellement, retenant généralement leur morsure mais cherchant aussi à voir jusqu'où ils peuvent faire usage de la force. La notion de coopération se développe: deux chiots peuvent ainsi unir leurs forces pour en harceler un troisième ou bien décider de mâchonner le même jouet.

Ils apprennent, lors d'un jeu, à connaître et à s'adapter aux différentes personnalités qu'ils côtoient. Ainsi, pour continuer à jouer, un chiot naturellement dominant pourra apprendre à feindre la soumission ou à tomber accidentellement, permettant au chiot ayant moins d'assurance de le dominer physiquement. Plutôt que de servir à l'instauration d'une hiérarchie sociale fondée sur le simple rapport domination-soumission, le jeu permet d'apprendre à façonner les relations.

Le jeu: une affaire sérieuse

En jouant, le chiot découvre la façon d'exprimer la tolérance, l'attitude amicale, l'absence d'agressivité et la volonté de coopérer: autant de facteurs qui favoriseront sa future relation avec l'homme. Il comprend également l'intérêt de recourir à la menace. Poursuites, guet-apens et attaques soudaines peuvent constituer un divertissement partagé. Observez cependant le langage corporel d'un chiot dominant et vous constaterez que le jeu peut aussi constituer une menace effective. Le dominant place sa patte sur le dos du chiot dominé, le fixe droit dans les yeux, sa collerette se hérisse, il retrousse les babines, grogne et montre les dents. Il y a dans ce comportement une intensité très différente de celle existant dans le jeu, beaucoup plus ostentatoire, entrepris par simple distraction.

Des premières leçons pour la vie

Par ces activités ludiques, les chiots mettent en place des comportements renvoyant à la sexualité, à la prédation ou à l'agression qu'ils conserveront toute leur vie. Au sein de la meute, ce type de jeux contribue au développement de chiens dotés d'une solide assurance, appelés à devenir chefs, et d'autres plus dépendants, satisfaits de ne pas avoir à assumer les décisions importantes. Lorsqu'un chiot manifeste un comportement potentiellement dominant, évitez de trop le chahuter: vous pourriez exacerber son agressivité et favoriser l'apparition de comportements problématiques.

Le jeu sous étroite surveillance

Les jeux peu encadrés peuvent être à l'origine de problèmes sociaux. Intervenez à bon escient: canalisez l'ardeur de votre chiot vers des activités créatives. Arrangez-vous pour qu'il rencontre d'autres chiots, dans un cadre surveillé. Les jeunes privés d'activités ludiques avec leurs semblables dans les mois qui suivent la séparation de la portée oublient les bonnes manières acquises, et peuvent développer des troubles du comportement (*voir p. 188-193*). Des sorties organisées réunissant plusieurs chiots sont l'occasion idéale de leur apprendre, par le jeu, à pratiquer une activité physique dans des lieux publics, comme les parcs, et à jouer amicalement avec d'autres chiens.

Le jeu encadré est riche d'enseignements pour la vie en société.

La toilette

- Une nécessité et un rituel quotidiens
- Les chiens : experts en soins de la peau et du pelage
- Le parfum a son importance

Après le repas, un chien s'installe parfois tranquillement sur le canapé et frotte rituellement sa tête, d'un côté puis de l'autre, contre le tissu moelleux. D'autres mâchonnent leurs griffes ou se nettoient les oreilles avec leurs ergots, qu'ils lèchent ensuite. Ces techniques sont le fruit d'un autoapprentissage inspiré de méthodes naturelles. Les chiens pratiquent quatre techniques de base pour faire leur toilette et prendre soin de leur peau : ils se lèchent et se mordillent, se grattent et se frottent, se roulent et se secouent.

Se lécher et se mordiller

Dès son plus jeune âge, le chien se lèche intuitivement pour faire sa toilette. Vous remarquerez qu'il semble alors pris d'une douce rêverie. Il se lèche de façon lente et rythmée, si détendu que sa langue s'arrête parfois à mi chemin, comme engluée. Le mordillement est plus actif.

Un chien mouillé se secoue énergiquement, essorant son pelage jusqu'à la moindre goutte d'eau.

Les incisives permettent un massage énergique de la peau, effectué de façon linéaire, vers l'arrière puis vers l'avant, sur les pattes et le corps. Il stimule ainsi la peau tout en la nettoyant des débris et autres parasites superficiels comme les puces et les tiques.

Se gratter et se frotter

La seule façon véritablement efficace de se gratter est d'utiliser les pattes arrière. Certains chiens prennent

Un étrange parfum

Les chiens aiment s'enduire le corps d'odeurs naturelles, comme celle du poisson mort ou des excréments d'autres animaux. Ce comportement, qui peut nous paraître désagréable, est hérité de son ancêtre le loup qui, peut-être, masquait ainsi sa propre odeur, améliorant ses chances de capturer une proie.

l'habitude de le faire avec leurs pattes avant: en réalité, ils se frottent plus qu'ils ne se grattent. D'autres se servent de leurs ergots pour se gratter l'intérieur des oreilles. Mais la technique classique consiste à se frotter énergiquement les épaules, le haut du dos et les membres antérieurs avec les ergots des membres postérieurs. Le chien sort alors les griffes pour rendre son geste plus efficace.

Se rouler

De fait, tous les mammifères quadrupèdes se roulent par terre pour masser certaines parties de leur corps hors de portée de leurs dents ou de leurs pattes. Ici, la technique varie d'un chien à l'autre. Certains font de véritables roulades, baissant la tête, puis se retournant sur le dos pour ensuite se cambrer vers la droite, puis vers la gauche. D'autres s'accroupissent, roulent sur le dos en se cambrant d'un côté puis de l'autre pour bien frotter leur peau, puis continuent à se rouler, réalisant une rotation. D'autres encore se cambrent sur le dos, étirent leurs pattes pour faire travailler leurs muscles.

Certains chiens aiment prendre des bains de poussière en se roulant sur un sol sec et sablonneux, tandis que d'autres préféreront le faire après la pluie ou avant que ne s'évapore la rosée du matin. Toutes ces méthodes leur permettent de conserver une peau saine et étonnamment propre. Se rouler pour se nettoyer est une chose. Se rouler pour s'enduire la peau de parfum canin en est une autre (*voir ci-contre*).

Se secouer

Les chiens s'ébrouent pour se réveiller, remettre de l'ordre dans leur pelage, améliorer la circulation des muscles au repos et peut-être même chasser les idées noires. La plupart se secouent après s'être roulés par terre ou lorsqu'ils sont mouillés. Le mouvement classique commence par la tête puis s'amplifie, telle une vague, au fur à mesure qu'il gagne le reste du corps, finissant par l'extrémité de la queue. Cette technique requiert une coordination musculaire instinctive fort sophistiquée.

Ramper sur son arrière-train

Un chien nettoie sa région anale en se léchant ou en rampant sur son arrière-train. Cette dernière technique peut également être le signe de la présence de ténias ou d'une irritation de la poche anale (*voir p. 258*).

Le chien lèche son pelage pour le garder propre, se servant de ses dents pour en retirer les saletés et les parasites qui seraient restés coincés.

Bien vieillir

- Les petits chiens vivent plus longtemps
- L'âge apporte inévitablement des changements
- L'apparition de certains problèmes liés à l'âge peut être retardée

Le rythme de vieillissement d'un chien est déterminé par une horloge biologique programmée génétiquement dès sa conception. Son mécanisme est situé dans l'hypothalamus – zone du cerveau contrôlant le système hormonal (*voir p. 30*). À mesure que le chien vieillit, son cerveau produit de moins en moins de substance chimique appelée dopamine. En d'autres termes, plus la production de dopamine reste stable, plus le chien vit longtemps. Pour des raisons encore inconnues, il semble que les races de petite taille conservent un meilleur taux de dopamine avec l'âge et disposent généralement d'une meilleure espérance de vie.

Les symptômes du vieillissement

Les signes du vieillissement s'apparentent à ceux que connaît l'homme. Vers l'âge de 16 ans, 20 % des chiens s'oublient et font parfois leurs besoins dans la maison, sans signe avant-coureur ou presque et sans raison médicale ou comportementale apparente. Un quart des chiens de cet âge souffrent d'une altération des cycles veille-sommeil, dormant davantage le jour et moins la nuit, période de plus grande agitation.

Phénomène curieux : alors que les femelles castrées se montrent plus agressives avec l'âge, les mâles deviennent plus doux.

Retarder le vieillissement

Quelques changements mineurs peuvent rendre la vie de votre chien vieillissant plus agréable. Promenez-le fréquemment sur de courtes distances. Brossez-le régulièrement pour activer la circulation. Donnez-lui à manger plus souvent, en plus petite quantité. Sortez-le après chaque repas, juste avant d'aller vous coucher et dès votre lever. Veillez à ce qu'il garde un poids normal. Assurez-lui confort et chaleur afin qu'il puisse dormir et se reposer.

Plus sensible et plus fine, la peau d'un chien âgé doit être brossée avec douceur.

À 16 ans, 60 % des chiens se montrent moins actifs envers leur famille d'adoption : ils saluent plus rarement, suivent moins leur maître et sollicitent moins son attention. Il est intéressant de noter qu'un vieillissement naturel précoce implique un phénomène inverse : le chien suit alors davantage son maître, ne le perdant jamais de vue.

Le chien vieillissant perd généralement en mobilité et semble moins réceptif aux ordres. Il préfère parfois se montrer agressif, voire mordre, plutôt que de battre en retraite.

Plus de 70 % des chiens âgés de 16 ans sont désorientés, allant, par exemple, du mauvais côté de la porte lorsqu'ils demandent à sortir. Certains développent une maladie proche de la maladie d'Alzheimer avec perte de la mémoire à court terme, changements de comportement et lenteur cérébrale généralisée.

La stimulation mentale

Une stimulation régulière de la mémoire aide à retarder le vieillissement naturel du cerveau. Multipliez les activités créatives, en faisant par exemple rouler un jouet d'où s'échappe de la nourriture. Entretenez sa dextérité en le faisant travailler avec ses pattes de devant. Les massages sont également très bénéfiques car ils améliorent la circulation du sang dans tout le corps, y compris le cerveau.

Vieillissement et maladie : deux notions différentes

Le vieillissement entraîne inévitablement une perte de vitalité. Sans stimulation mentale, le chien âgé fait preuve d'un comportement léthargique. Son appétit n'est plus le même. Autant de changements similaires à ceux que l'on observe chez un chien souffrant. Il est donc important de ne pas confondre vieillissement naturel et maladie. Ne partez pas systématiquement du principe que les changements observés chez votre chien sont le lot de l'âge. S'il est âgé, il est préférable de l'amener deux fois par an chez le vétérinaire.

La perte d'appétit constitue un signe normal de vieillissement. Mais elle peut aussi être symptomatique d'une maladie.

Est-ce de l'amour ?

- Entre l'homme et le chien : une relation d'exception
- L'homme est bon pour le chien
- Le chien est bon pour l'homme

D'un point de vue biologique, la cohabitation avec l'homme constitue une grande réussite pour l'espèce canine. Sans nous, le chien ne serait pas présent sur l'ensemble des continents et des grandes îles. Sans nous, il ne serait pas devenu le premier grand carnivore, en termes de population. À titre individuel, nous lui garantissons un foyer sûr, un apport alimentaire constant et savoureux et prenons soins de sa santé – parfois grâce à des traitements médicaux extrêmement sophistiqués. Nous lui apportons également un soutien émotionnel : une jambe contre laquelle se frotter, quelqu'un contre qui se blottir et une main pour se faire chatouiller la joue ou caresser le dos.

Un amour intéressé

La plupart des propriétaires de chien affirment aimer leur compagnon. Mais l'amour que les chiens nous portent n'est-il pas intéressé, basé sur la simple satisfaction de leurs besoins essentiels ? Ayant soigné plus de 10 000 chiens, de leur plus jeune âge jusqu'à leur mort, je

Tout comme les hommes, les chiens aiment le contact, la compagnie, l'activité physique et mentale. Ces traits communs nous portent à croire que nous comprenons leur mode de pensée.

suis persuadé qu'il y a bien plus que ça et que la relation qu'un chien instaure avec sa famille d'adoption est pratiquement aussi intense qu'une relation biologique.

Les liens émotionnels

Il est certain que l'entourage d'un chien n'est pas sans influence sur ses émotions. Dans le cadre d'une étude menée sur des Cockers et leurs maîtres par l'université de Cambridge, en Angleterre, on a pu établir que les personnes timides, indisciplinées et montrant une instabilité émotionnelle supérieure à la moyenne avaient davantage de chances de posséder un chien très agressif que les personnes se situant dans la moyenne. D'autres travaux révélaient que les personnes à fortes tendances névrotiques avaient des chiens réclamant beaucoup d'attention, montrant un comportement destructeur lorsqu'on les laissait seuls ou sollicitant sexuellement les humains ou les coussins.

Les chiens prennent soin de nous

À première vue, dans la relation homme-chien, c'est à nous que revient le rôle protecteur. Or les chiens nous apportent aussi beaucoup sur le plan physiologique et émotionnel. Constance Perin, anthropologue américaine, fut la première à théoriser à partir de curieuses observations, comme la baisse de pression artérielle lorsque nous caressons notre chien. Selon elle, le réconfort physique que nous éprouvons renvoie à celui ressenti par le nourrisson au contact de sa mère. Ainsi, les caresses prodiguées à notre chien stimuleraient les mêmes réactions chimiques dans notre organisme que le contact physique entre le bébé et sa mère.

La proximité d'un chien est physiquement rassurante et réduit le niveau de stress.

Est-ce bien de l'amour ?

C'est indéniable : nous vivons en étroite communication avec nos chiens, et cette relation nous enrichit sur le plan émotionnel. Mais nous aiment-ils vraiment ? La science ne peut répondre à cette question et il nous est impossible de sonder le cerveau de notre chien. Il n'est donc pas de réponse objective. Toutefois, à mes yeux, il n'existe qu'une seule réponse satisfaisante : bien sûr qu'ils nous aiment !

Un effet bénéfique sur notre santé

Le docteur Warwick Anderson de l'université de Monash, en Australie, a découvert que les propriétaires de chien étaient moins prédisposés aux maladies cardiaques que les autres. Selon une autre étude, menée par le docteur James Serpell, de l'université de Pennsylvanie, les personnes ayant un chien souffrent plus rarement de problèmes de santé mineurs, tels que maux de gorge, douleurs lombaires ou troubles du sommeil, ce qui laisse à penser que les chiens ont un effet physiologiquement bénéfique sur leurs maîtres. Au milieu des années 1980, l'Organisation Mondiale de la Santé (OMS) déclarait d'ailleurs que les animaux de compagnie bien soignés étaient source de nombreux bienfaits pour leurs maîtres et pour la société et ne constituaient un danger pour personne.

CHAPITRE 4

Vivre avec son chien

Les premiers jours passés avec votre chien poseront les jalons de votre relation à venir. Les erreurs commises à ce stade pourraient se révéler préjudiciables pour vous comme pour lui. Choisissez avec soin votre chien, en tenant compte de votre cadre, mais aussi de votre mode de vie, puis faites vos premiers pas, dans la perspective d'une relation durable. Renseignez-vous sur l'équipement nécessaire, les jouets à lui donner, son alimentation et – avant tout – les rudiments de son éducation. Surtout, ne nourrissez pas d'ambitions démesurées. Et si vous rencontrez des difficultés de dressage, sachez que dans la plupart des cas, le problème tient, non pas au tempérament du chien, mais à la légèreté du maître.

Bien choisir son chien

- Un travail de réflexion s'impose
- Laissez parler votre bon sens
- Pensez à l'avenir

Votre adorable petit chiot deviendra vite un chien adulte et, sa vie durant, il aura besoin de vous. Vous serez responsable de sa santé et de son bien-être affectif. Un chien adulte requiert une bonne dose d'activité physique et une stimulation mentale constante.

Le coût d'un chien

Avant d'acheter un chien, n'hésitez pas à faire quelques calculs prévisionnels, surtout si vous songez à adopter un animal de grande taille ou nécessitant des soins supplémentaires, comme un toilettage professionnel. Estimez son coût mensuel sur la base des dépenses courantes telles que nourriture, équipement, toilettage et soins annuels (vaccinations, prévention des parasites, etc.). N'oubliez pas les frais de chenil, qui atteignent vite des sommes élevées si vous partez souvent en déplacement ou en vacances. Prévoyez quelques factures ponctuelles de vétérinaire et le prix d'une assurance éventuelle (*voir p. 209*).

Un chien peut être source de problèmes

Il est important de mesurer les éventuels problèmes que peut occasionner un chien. Les allergies sont monnaie courante et il est désolant de devoir se séparer d'un compagnon du fait de l'hypersensibilité d'un membre de la famille. Il peut également transmettre nombre de parasites et de germes,

Si vous souhaitez adopter un futur champion, choisissez des parents ayant un pedigree et un palmarès. Mais cela ne suffit pas toujours.

Les chiens et la loi

La législation en matière de chiens varie selon les pays, tour à tour pragmatique, fâcheuse, voire carrément injuste. Dans certains pays, des dispositions strictes stipulent le nombre de chiens autorisés par foyer, et même leur sexe. Ailleurs, certaines races sont illégales ou contraintes de porter une muselière. Certaines copropriétés disposent également d'un règlement spécifique, plus ou moins restrictif. Renseignez-vous sur la législation nationale ou locale avant de faire votre choix.

dangereux notamment en cas de déficit immunitaire (personnes séropositives au VIH, en chimiothérapie, etc.). Enfin, un chien peut mordre vos proches ou des inconnus, ce risque n'étant pas toujours couvert par les assurances spécialisées.

Un chien a besoin d'espace

D'une façon générale, les grands chiens nécessitent davantage d'espace. Mais le cliché selon lequel les chiens de petite taille s'accommodent mieux de la vie citadine ne se vérifie pas toujours. Certains ont de l'énergie à revendre et requièrent un environnement spacieux, tandis que d'énormes chiens, le Saint-Bernard par exemple, se contentent d'un modeste jardin. Pensez aussi aux odeurs. Si vous habitez un petit appartement et que vous décidez d'adopter un très gros chien, votre logement pourrait sentir très rapidement le chenil.

Chien ou chienne ?

Il n'existe aucune règle en la matière, il s'agit avant tout d'un choix personnel. Rappelons toutefois quelques différences de comportement. Les chiennes, généralement plus faciles à dresser, apprennent plus vite la propreté, mais demandent, pour la plupart, davantage d'affection. Les mâles, souvent plus agressifs envers les autres chiens, peuvent aussi se montrer plus dominants et plus actifs. En revanche, aucune différence n'est à relever s'agissant de la propension à aboyer, du caractère joueur ou de l'excitabilité. Le plus souvent, la stérilisation élimine les désagréments d'ordre sexuel sans inhiber l'attrait exercé par l'autre sexe.

Choisir un chien de race vous permet d'avoir une idée précise de sa taille, de son allure et de son tempérament à l'âge adulte.

Jeune ou adulte ?

La décision d'adopter un chiot ou un chien adulte est difficile à prendre. Les chiots présentent des avantages certains. Ils peuvent être façonnés à votre mode de vie. Votre chien présentera moins de problèmes de comportement si vous l'adoptez vers 8 semaines et l'élevez dans votre environnement. Pour autant, les chiens adultes ne sont pas sans atouts : ils connaissent les règles de propreté et d'obéissance. En général, leur adoption et leur stérilisation sont gratuites. Les chiens adultes qui se voient offrir cette chance sont capables de développer un attachement indéfectible pour leur nouveau maître.

Chien de race ou bâtard ?

Avec un chien de race vous pouvez vous faire une idée de sa taille et de son tempérament. En revanche il pourra être sujet à certaines maladies héréditaires, ceci n'étant toutefois pas une règle.

Questionner l'éleveur

Si vous envisagez d'adopter dans un élevage, voici les questions à poser :

1. Puis-je voir la mère ? (Cela devrait être possible.)
2. Puis-je voir le père ? (Normalement non car les éleveurs utilisent des mâles venant de l'extérieur.)
3. Où vivent les chiots ? (Il vaut mieux qu'ils soient élevés dans une maison que dans un chenil.)
4. Ont-ils été examinés par un vétérinaire ? (Les bons éleveurs font examiner les parents avant l'accouplement et les chiots avant la vente.)
5. Quand seront-ils prêts ? (Une adoption à 6 semaines est trop précoce, à 12 semaines, trop tardive, l'idéal se situant autour de 8 semaines.)

Les bâtards (croisés ou sans race définie) ont pour eux leur vigueur, qui vient souligner leur bonne santé, fruit du mélange de différents patrimoines génétiques. En revanche, s'il s'agit d'un chiot, il sera plus difficile de prévoir sa taille et son caractère une fois adulte. Toutefois, si vous le dressez dès son plus jeune âge pour qu'il s'adapte à votre mode de vie, il fera à coup sûr un merveilleux compagnon.

Où se procurer un chien ?

Les chiens de race ne doivent être achetés que chez les éleveurs de renom. Certains sont des amateurs passionnés, d'autres affichent ouvertement des visées commerciales. Chez les uns comme chez les autres, vous trouverez de bons chiots. Les rosettes décernées lors de concours et l'absence de nervosité chez les chiens constituent d'excellents

Les chiens de race sont recherchés pour leur allure, mais les bâtards sont moins sujets aux maladies héréditaires.

indices. Un bon éleveur se montrera curieux : s'il est véritablement soucieux du bien-être de ses chiens, il voudra en savoir autant sur vous que vous sur eux.

De préférence, n'achetez pas votre chiot dans une animalerie. Il en existe d'excellentes, mais ce n'est pas toujours le cas et il est extrêmement rare que des éleveurs leur confient des chiots.

Les petites annonces

Montrez-vous très prudent avec les petites annonces publiées dans la presse. Certaines sont le fait d'éleveurs professionnels, mais d'autres vous conduiront chez des particuliers servant d'intermédiaires à des individus peu scrupuleux qui exploitent des chiennes en leur faisant faire des petits à la chaîne dans le seul but d'en tirer profit. Toutefois, fort de quelques règles de prudence, vous pourrez trouver un excellent chien par petite annonce.

Le voisinage et les vétérinaires

Dans la mesure du possible, adoptez un chiot né chez un ami ou un voisin aimant les chiens. Bien socialisés, les petits auront grandi dans un environnement connu, exempt de maladies et autres parasites. Les petites annonces affichées dans les cliniques vétérinaires constituent aussi un bon choix car le personnel connaît à coup sûr les parents et leurs maîtres.

Adopter un chien abandonné

Les chiens abandonnés peuvent être de merveilleux compagnons. Il est cependant nécessaire de multiplier les visites au refuge et d'interroger le personnel avant de s'engager. Emmenez le chien de votre choix en promenade et présentez-le à votre famille. Certains signes d'insécurité (tremblements, aboiements et peur de quitter le chenil) n'ont rien d'exceptionnel, surtout si le chien y séjourne depuis plusieurs semaines. Il peut se montrer parfaitement indifférent à sa famille adoptive, mais aussi agressif, cherchant à mordre par peur. Il lui faudra parfois des mois de patient apprentissage pour surmonter ces difficultés.

Questionner le centre d'accueil

Si vous envisagez d'adopter un chien abandonné, voici les questions à poser :

1. Le chien a-t-il été amené ou abandonné ? (Certains ont un long passé de vagabondage.)
2. S'il a été amené, pourquoi ? (Il n'est pas rare que les gens se débarrassent de leur chien en raison de problèmes de comportement non décelables avant une véritable cohabitation.)
3. Le centre a-t-il procédé à des tests de comportement ? (Certains centres analysent le comportement du chien et dressent un rapport.)
4. Pourrez-vous m'aider en cas de difficulté ? (Les centres de qualité assurent un conseil permanent lors de troubles du comportement.)

Des milliers de chiens attendent un foyer d'adoption. Les refuges recueillent en majorité des jeunes mâles.

Le matériel

- Préparez l'arrivée de votre compagnon
- Privilégiez le côté pratique
- N'oubliez pas : les chiots grandissent vite !

Un chien a besoin de quelques accessoires essentiels, tels que panier, gamelles, collier, plaque d'identification et laisse. Leur choix ne doit pas être uniquement une question de prix ou de style. Ils doivent être confortables, faciles à utiliser et résistants.

Les gamelles

Choisissez des gamelles solides et stables, qui ne risquent pas de se déplacer à travers la cuisine au fur et à mesure que votre chien mange. Il en existe d'excellentes, en faïence ou en métal, dotées de supports antidérapants en caoutchouc. Conservez les boîtes entamées trois jours au réfrigérateur, recouvertes d'un film plastique. Les chiens ne sont pas d'une propreté exemplaire, lorsqu'ils mangent. Pour vous simplifier la tâche, placez un set de table en plastique sous la gamelle.

Le collier et la laisse

Dès le premier jour, votre compagnon doit porter un collier avec une plaque d'identification. Lorsque vous passez pour la première fois un collier à un chiot, il n'est pas rare qu'il se mette à se gratter. Quelques jours suffisent pour qu'il s'y habitue. Attention à la taille : vous devez pouvoir passer deux doigts entre le collier et son cou.

Il existe différents colliers, adaptés à chaque type de chien. Les colliers en nylon, à simple boucle, sont confortables et bon marché. Les colliers larges et plats, en cuir, conviennent aux races à long cou, comme le Whippet. Les colliers en cuir rond sont pour les chiens à pelage

Conçus pour durer

Les chiens sont de redoutables destructeurs. N'hésitez pas à investir dans du matériel de qualité, capable de résister à tout.

LAISSE À ENROULEUR

GAMELLE EN FAÏENCE

COLLIER SEMI-ÉTRANGLEUR

TUBE D'IDENTITÉ

Des vêtements pour chiens

Les chiens de petite taille ou de race délicate, sans sous-poil, peuvent avoir besoin d'être protégés de la pluie ou du froid. Un manteau doit être imperméable à l'extérieur et doux à l'intérieur. Si, dans votre région, les hivers sont particulièrement rudes, vous pouvez également acheter des bottes isolantes. Sous les climats particulièrement chauds et ensoleillés, les chiens à peau claire nécessitent parfois une protection solaire. Demandez conseil à votre vétérinaire.

Avec l'âge, certains chiens ont parfois besoin d'un manteau chaud pour l'hiver.

Un couchage confortable

Le panier de votre chien doit être hygiénique, lavable, protecteur et confortable.

1. Les corbeilles en plastique sont faciles à laver et résistent aux mauvais traitements infligés par l'animal. Le fond doit être recouvert d'un matelas lavable, parfaitement ajusté.

Impossible à mâchonner, le plastique dure plus longtemps que l'osier

2. Les coussins garnis de polystyrène expansé offrent un excellent couchage, généralement recouvert d'une housse facilement lavable. Lorsque le coussin lui-même sent trop mauvais, vous pouvez le laver et le sécher, tel quel, en machine.

Les coussins garnis de polystyrène, qui conservent la chaleur, sont tout indiqués pour les races de petite taille.

épais. Les colliers semi-étrangleurs – plus inoffensifs que les colliers étrangleurs – permettent le contrôle des grands chiens débordant d'énergie sans les blesser.

La laisse doit être suffisamment solide pour supporter la tension qu'exerce le chien lorsqu'il tire. Les jeunes chiots mâchonnent souvent leur laisse pendant la promenade. Choisissez-la en cuir ou en nylon, très résistants. Les laisses à enrouleur mesurent jusqu'à 10 mètres et permettent à votre chien de faire davantage d'exercice sans vous contraindre à en faire autant.

Les barrières pour bébés

Si vous souhaitez interdire l'accès d'une partie de la maison à votre chiot, mettez des barrières de protection pour bébés.

Le harnais

Certains chiens ont une morphologie qui se prête mal au port du collier et nécessite un harnais. C'est le cas des Bulldogs ou des Carlins qui ont le cou aussi large que la tête, laissant la possibilité au collier de glisser, ou des Yorkshires, à la trachée fragile.

La plaque d'identification

Il s'agit généralement d'une simple plaque gravée, fixée sur le collier et mentionnant le nom du chien et le téléphone de son maître. Il existe également des tubes dans lesquels on glisse un papier fournissant des renseignements plus détaillés. Toutefois, les systèmes les plus efficaces restent le tatouage et, plus performant encore, l'identification électronique grâce à un minuscule transpondeur implanté sous la peau du cou par le vétérinaire et déchiffrée à l'aide d'un lecteur. Cette méthode est désormais reconnue sur le plan international.

L'apprentissage de la cage

- La cage représente la tanière de votre chien
- Elle facilite l'apprentissage de la propreté
- Choisissez-la en fonction de la taille qu'aura votre chien adulte

Une cage n'est pas une prison. Pour le chien, il s'agit d'une tanière : un espace bien à lui où il se sent en sécurité et qu'il veut garder propre. Il est bon d'apprendre à un chiot à manger, jouer et dormir dans sa cage. Ainsi, il la retrouvera avec plaisir et se sentira rassuré lorsque vous le laisserez seul ou lors d'un voyage en voiture. En d'autres termes, l'apprentissage de la cage permet de résoudre en amont bien des problèmes de comportement.

Préparer la cage

Achetez la cage avant l'arrivée du chien. Choisissez-la suffisamment grande pour qu'il puisse y prendre ses aises une fois adulte, mais pas trop pour qu'il n'ait pas la possibilité d'y faire ses besoins puis de jouer ou dormir un peu plus loin. Si vous adoptez un minuscule chiot, réduisez la taille de la cage à l'aide d'un grand carton. Enfin, aménagez-la confortablement, placez-y quelques jouets, puis faites entrer le chiot (*voir ci-contre*).

Quelques conseils éducatifs

Une fois que le chien s'est habitué à jouer dans la cage, apprenez-lui à y rentrer en disant « Cage ! », tout en le gratifiant d'une petite récompense. Après quelques essais, refermez la porte quelques minutes, pendant que votre chien s'amuse à l'intérieur. Habituez-le progressivement à y rester enfermé, mais n'y laissez jamais un chiot plus de deux heures.

Si votre chiot aboie lorsqu'il est dans sa cage, ne le grondez pas. Parlez-lui ou regardez dans sa direction sans trop lui prêter d'attention toutefois car il croira alors être parvenu à ses fins par ses aboiements. Une fois calmé, faites-le sortir et jouez avec lui.

Certaines cages se transforment en parc à jouer où les chiots peuvent jouer, seuls ou avec d'autres chiens, sans mettre la maison sens dessus dessous.

La niche

Être tout le temps à l'extérieur n'est guère conseillé pour les chiens de compagnie. Cela entrave la socialisation, ralentit l'apprentissage et peut être source d'ennui. Si vous n'avez pas le choix, combinez vie à l'intérieur et vie à l'extérieur. Les premiers mois, cantonnez votre chien dans la cuisine et familiarisez-le avec la cage. Simultanément, habituez-le à sa niche extérieure, qui doit être abritée des courants d'air, sèche, avec un couchage hygiénique et lavable, et suffisamment grande pour qu'il puisse s'allonger confortablement. Veillez à passer suffisamment de temps dehors avec lui.

N'enfreignez cette règle que si vous pensez qu'il a envie de faire ses besoins. Ne vous servez jamais de la cage comme d'une punition : elle doit rester un endroit où il se sent bien.

Lorsque la cage devient tanière

Instinctivement, le chien se sent en sécurité dans sa tanière, tout comme il aime rester sous la table de la cuisine, derrière le canapé ou sous les lits. De plus, la cage facilite grandement l'apprentissage de la propreté, car le chien n'aime pas faire ses besoins dans sa tanière. Autre avantage : une fois familiarisé avec la cage, il vous sera plus facile de l'emmener en voiture. Il voyagera détendu, se sentant en sécurité, et sera protégé en cas d'accident.

La cage : premier contact

Préparez la cage avant l'arrivée de votre chien. Installez-la dans une pièce où règne une certaine activité, comme la cuisine.

1 Tapissez le sol de papier journal recouvert d'un tapis douillet, ajoutez une gamelle d'eau, un jouet, puis laissez la porte ouverte.

Incitez le chien à entrer dans la cage de son plein gré par de la nourriture et un jouet.

2 Pour attirer le chiot dans sa nouvelle tanière, placez à l'intérieur un savoureux en-cas tout en prononçant le mot « Cage ! ». Il trouvera alors la récompense et considérera la cage comme un endroit agréable. Laissez la porte ouverte pour qu'il puisse aller et venir.

3 Une fois que votre compagnon sera familiarisé avec sa cage, il l'utilisera sans que vous ayez à le lui ordonner.

La première journée

- Dès le premier jour, fixez-vous une ligne de conduite
- Évitez toute excitation et instaurez des habitudes
- Surveillez la prise de contact avec d'autres animaux

Un chien a besoin de temps pour explorer son nouveau foyer. Laissez-le faire tranquillement, sans le bousculer. Surveillez votre famille, y compris les adultes : pas de cris ni de bousculade autour de lui. Ne lui donnez pas de nourriture entre les repas. Il est indispensable de respecter la même logique si vous ne voulez pas perdre le bénéfice de la discipline acquise.

La rencontre avec les autres chiens

La première rencontre avec les autres chiens de la famille doit se dérouler en terrain neutre, après une bonne séance d'exercice pour le chien de la maison. Laissez-les se renifler et n'intervenez pas, sauf en cas d'agressivité. De retour à la maison, faites disparaître tout os, jouet ou autre objet pouvant éveiller la jalousie. Les chiens adultes n'apprécient guère l'exubérance des jeunes chiots : ils peuvent gronder ou mordre. Si vous pensez que votre compagnon risque d'attaquer, éloignez le chiot.

La rencontre avec le chat

La plupart du temps, la rencontre se passe bien. En général, le chiot bat en retraite et apprend à respecter son compagnon félin. Si le chiot fait mine de le pourchasser, essayez de détourner son attention. S'il recommence, mettez-le dans sa cage. Ne laissez pas les deux animaux ensemble, sans surveillance, avant d'avoir résolu le problème.

Qui dort où ?

Nombre de propriétaires de chiens jugent préférable de faire dormir le chiot, dès le premier jour, dans ce qui deviendra son lieu de couchage habituel, généralement la cuisine ou une remise. Si tel est votre souhait, vous devrez vous

Contrairement aux idées reçues, la relation entre un chat et un chien est souvent très amicale.

Attention aux mauvaises habitudes !

Installez un chiot sur le canapé et il pensera que c'est sa place. Laissez-le monter sur votre lit et il trouvera l'endroit fort agréable pour dormir. Donnez-lui à manger lorsque vous êtes à table et il reviendra quémander. Ne croyez surtout pas qu'il sera facile de redresser le cap après quelques petits écarts : les chiens ont plus d'un tour dans leur sac !

montrer stoïque et ignorer ses pleurs car si vous lui répondez, il saura qu'il peut parvenir à ses fins.

Personnellement, je préfère un couchage provisoire – un carton à bords hauts ou même la cage –, installé dans la chambre, où le chiot peut voir, entendre et sentir une présence rassurante.

La première nuit

Faites en sorte que votre chiot soit fatigué et ait envie de dormir. Donnez-lui un repas tiède, à base de lait, sortez-le faire ses besoins, puis installez-le dans son panier provisoire. Restez calme et indifférent à ses pleurs.

S'il cherche à sortir de sa caisse pendant la nuit, c'est sans doute qu'il a besoin de se soulager. Sortez-le, puis félicitez-le et donnez-lui une petite récompense. Ensuite, sans le bousculer, ramenez-le dans son panier. Mettez des boules Quies pendant quelques minutes, car il voudra certainement jouer. Soyez ferme : il comprendra que gémir n'est pas

De l'importance du nom

Les chiens répondent mieux aux noms monosyllabiques, tels que Rex, Flag, Pulp, Yak, etc. Choisissez un nom qui ne ressemble à aucun mot usuel et que vous pourrez crier sans embarras !

la solution. En une semaine, votre chiot sera prêt à aller se coucher de lui-même dans son panier.

Le règlement intérieur

La cohérence est primordiale. Instaurez un règlement intérieur que vous afficherez à la vue de tous. Il doit stipuler ce que votre chien a ou n'a pas le droit de faire et les responsabilités de chacun au sein de la famille. Par exemple :

- La responsabilité du chien revient essentiellement à…
- Le chien est cantonné à…
- Le chien dort uniquement dans…
- Le chien ne reçoit de récompense que s'il obéit à un ordre.
- Pour attirer son attention, son nom doit toujours être cité en premier.
- Ne pas faire de projet sans tenir compte du chien.
- Les portes donnant sur l'extérieur doivent toujours être fermées.
- Chacun doit consacrer un peu de son temps à son éducation.

La chaleur d'une bouillotte rassure le chiot lors de sa première nuit loin de sa mère.

L'apprentissage de la propreté

- Soyez cohérent
- Fixez-vous des objectifs réalisables
- Sachez récompenser votre chien

Instinctivement, un chien ne souille pas sa tanière. Vous devez tirer parti de ce comportement et lui apprendre que sa tanière s'étend à l'ensemble de la maison. L'apprentissage de la propreté doit se faire sans heurt.

L'apprentissage à l'extérieur

L'idéal est de disposer d'un jardin, ou d'un parc à proximité. Un chien ressent naturellement l'envie de faire ses besoins au réveil, après avoir mangé, joué ou fait de l'exercice. Si vous voyez votre compagnon tourner en rond en reniflant le sol, cela veut dire que vous devez le sortir immédiatement.

Une fois dehors, vous devez rester calme, silencieux et ne pas l'inciter à jouer. Lorsqu'il se met à faire ses besoins, dites-lui quelques mots rassurants pour lui apprendre la propreté. Prononcez systématiquement les mêmes mots: avec le temps, il associera leur intonation à l'idée de faire ses besoins. Lorsqu'il a fini, félicitez-le, et si le temps le permet, prolongez la promenade. N'oubliez pas de ramasser ses déjections sous peine d'amende dans certaines villes.

Si rien ne s'est passé dans les cinq minutes, rentrez, en surveillant de près le comportement de votre chien, et soyez prêt à ressortir sans tarder.

L'apprentissage en appartement

Pour ceux qui ne disposent pas d'un accès direct à l'extérieur, les principes

Apprendre la propreté à l'intérieur

L'utilisation d'une cage (*voir p. 170-171*) facilite l'apprentissage de la propreté en instaurant des habitudes simples. Votre chien est soit dans sa cage, soit dehors pour faire ses besoins, soit en train de se promener tranquillement après s'être soulagé.

1 Le papier journal constitue un moyen pratique d'éduquer un chiot dans un appartement. Mais vous ne devez pas oublier de lui apprendre à faire également ses besoins en plein air. Dès que le chiot fait mine de s'accroupir, emportez-le rapidement vers l'emplacement prévu pour ses besoins et posez-le sur son journal ou sa litière.

2 Félicitez le chiot lorsqu'il a uriné sur le journal et conservez un petit morceau de papier souillé que vous poserez ensuite sur les feuilles propres, afin qu'il sente son odeur et soit incité à revenir faire ses besoins.

L'éducation d'un chien adulte

Suivez les mêmes principes si vous devez apprendre la propreté à un chien adulte. Seule différence : il lui faudra préalablement se défaire des habitudes acquises.

restent les mêmes. Choisissez un endroit de votre appartement où le chien pourra faire ses besoins : il doit être facile à nettoyer et loin de toute source de distraction. Étendez sur le sol un plastique épais, recouvert de papier journal, ou installez un bac à litière vendu dans le commerce. Comme précédemment, lorsque vous pensez que le chiot (ou le chien adulte) a besoin de se soulager, conduisez-le vers sa litière, puis lorsqu'il a fait ses besoins, félicitez-le chaudement et laissez-le se promener dans une autre partie de la maison. Jour après jour, réduisez la taille du papier journal et sortez votre chien aussi souvent que possible pour lui apprendre qu'il peut également se soulager à l'extérieur.

Des accidents inévitables

Lorsque vous surprenez votre chien en train de se soulager ailleurs dans la maison, attirez son attention en l'appelant par son nom et incitez-le à rejoindre l'endroit réservé à cet effet. Encouragez-le à vous suivre spontanément. La première excitation passée, il finira ce qu'il était en train de faire. Après quoi, cantonnez-le dans une autre pièce pendant que vous nettoyez. Ne le punissez pas. Pour un chien, les punitions à retardement demeurent incompréhensibles et peuvent avoir des effets négatifs.

Détachants et désodorisants

Votre vétérinaire peut vous conseiller des désodorisants à base d'enzymes pour nettoyer les taches sur les moquettes et les tissus d'ameublement. Vous pouvez aussi en fabriquer vous-même avec de l'eau chaude additionnée de lessive en poudre aux enzymes. L'alcool neutralise également les odeurs, mais évitez les produits contenant de l'ammoniaque – substance naturellement produite par l'organisme –, qui attirent les chiens plus qu'ils ne les repoussent. En cas d'accident sur un tapis, de l'eau additionnée de vinaigre blanc élimine efficacement les taches et n'oubliez pas de désodoriser également le sol, en dessous.

Uriner : un signe de soumission

Les chiens urinent parfois pour exprimer leur soumission. Ne vous méprenez pas : il ne s'agit pas d'un accident en cours d'apprentissage, mais plutôt d'une façon naturelle, pour un chien de rang inférieur, d'apaiser un chien dominant. Si votre chien fait pipi lorsqu'il vous voit, incitez-le à vous suivre et à se soulager à l'endroit prévu.

La plupart des chiots cessent d'uriner en signe de soumission lorsqu'ils prennent de l'âge et de l'assurance.

Les jouets

- Les jouets ont un rôle éducatif
- Certains sont à vous, d'autres à votre chien
- Des objets peuvent se transformer en jouets

Les jouets sont des accessoires importants pour votre chien. Ils ont chacun leur spécialité : être mâchonné, faire du bruit ou faire l'objet d'une course poursuite. Tout comme la nourriture, ils font d'excellentes récompenses (*voir p. 180-181*).

Les jouets à mâchonner appartiennent exclusivement à votre chien. En revanche, ceux qu'il poursuit ou contre lesquels il se bagarre sont à vous. Rangez-les hors de sa portée : ils n'en deviendront que plus intéressants et seront ainsi porteurs d'un message clair.

Ne donnez pas trop de jouets à votre chien car il pourrait avoir du mal à les distinguer des objets ordinaires et finirait par s'amuser de tout ce qui se trouve sur son chemin.

Les jouets à mâchonner

Pour le chien, mâchonner est une nécessité et un plaisir. Os en nylon aromatisés à la viande, anneaux en plastique, balles en caoutchouc ou jouets en cuir brut feront merveille. Évitez les cuirs de provenance et de traitement inconnus. Les os stérilisés sont également déconseillés car les chiens s'y cassent souvent les dents lorsqu'ils sont très durs (*voir p. 252-253*).

Si vous devez laisser votre chien seul à la maison pour de longues périodes, laissez-lui les jouets offrant une plus grande stimulation mentale. Certains jouets peuvent se remplir

Un chien qui dispose de jouets peut exercer son esprit et ses sens même lorsqu'il reste seul à la maison.

Les jouets sonores

Les jouets sonores sont très amusants, mais à force de les mâchonner, ils finissent par se casser. Pour qu'ils durent plus longtemps : rationnez-les, surtout si votre chiot fait ses dents. Le sifflet peut se cacher sous un matériau doux, rappelant la peau de mouton, ou dans des balles entourées de fin caoutchouc : vous n'avez que l'embarras du choix. Utilisez-les comme récompense, pendant de courts moments, puis détournez l'attention de votre chien avec une friandise lorsque vous les lui retirez.

Les jouets déconseillés

1. Ne laissez pas pendre de fils électriques : votre chiot ne manquerait pas de tirer dessus, avec toutes les conséquences que cela suppose.
2. Jetez vos ordures dans une poubelle à pédale, moins alléchante qu'un simple sac en plastique.
3. Ne donnez pas une vieille chaussure à mâcher à votre chien : il ne saura pas distinguer vos vieilles chaussures des neuves.
4. Le chien qui fait ses dents mâchonne tout ce qu'il trouve dont les pieds de table en bois. Pensez à lui donner des jouets à mâchonner.
5. Si votre chien fait ses dents, retirez de sa vue petit tapis et descente de lit : il ne peut y résister !

de nourriture, par exemple, ce qui constitue un défi des plus intéressants et l'occupera pendant des heures.

Les jouets à rapporter et les jeux de force

Balles, cordes tressées en nylon, Frisbee ou autres jouets à lancer et à rapporter sont pour votre chien une excellente occasion de faire de l'exercice et d'affiner sa coordination. Il vous faudra du temps et de la patience – mais aussi force récompenses et félicitations – pour apprendre à votre chien à les retrouver, puis à les rapporter. Prévoyez une réserve de jouets si vous ne voulez pas être le seul à faire de l'exercice !

Les jeux de force consolident les liens affectifs et développent la musculature. Mais attention : un chien au tempérament volontaire aura sincèrement l'intention de gagner. Concédez-lui quelques victoires pour entretenir son intérêt, mais ne le laissez pas systématiquement gagner. Il penserait qu'il est plus fort que vous, ce qui poserait des problèmes d'autorité.

Les jouets improvisés

Une bouteille vide en plastique est un merveilleux jouet, même pour un petit chien qui peut l'attraper par le goulot et la traîner. Un léger coup de museau, et la voilà qui roule ! Remplissez-la avec un peu d'eau : celle-ci se mettra à clapoter, et l'intérêt sera à son comble. Une distraction sans danger si votre chien ne mordille pas le plastique jusqu'à le percer.

Assurez-vous que votre chiot dispose de jouets si vous ne voulez pas qu'il cherche son bonheur à travers la maison.

À la maison et dans le jardin

- Soyez respectueux de vos voisins
- Sécurisez votre jardin
- Restez vigilant

Vos voisins réserveront sans doute un bon accueil au nouveau venu, mais n'hésitez pas à prendre les devants. Prévenez-les, sécurisez votre jardin, excusez-vous de l'éventuel dérangement que pourraient causer ses aboiements, nettoyez ses saletés et respectez les règles de voisinage et de bon sens. Aux yeux de la loi, vous êtes responsable des agissements de votre chien. Vérifiez que votre assurance couvre les dommages qu'il pourrait causer, directement – en saccageant les massifs de fleurs ou en mordant le chat des voisins – ou indirectement – en obligeant un conducteur à faire une embardée pour l'éviter.

Seul à la maison

Les aboiements font partie du mode de communication normal d'un chien, mais ils peuvent irriter les voisins. À vous de prendre les choses en main. Les chiens aboient lorsqu'ils s'ennuient, seuls à la maison, ou à la vue d'étrangers s'ils ne sont pas bien socialisés. Pour y remédier, éduquez-le correctement.

Tôt ou tard, il restera seul à la maison. Vous avez le devoir, envers lui et vos voisins, de faire tout votre possible pour que votre absence soit bien supportée. Prévoyez une porte lui permettant

Les ramasse-crottes

Apprenez aux membres de votre famille à ramasser systématiquement les crottes du chien, même dans votre jardin. Des petites pelles, dans toutes sortes de matériaux et de modèles, privilégient plus le côté esthétique que pratique. Le plus simple reste l'usage des sacs plastiques hermétiques et biodégradables.

Un chien qui s'ennuie peut aboyer, creuser ou saccager votre jardin pendant votre absence.

Garde de chiens

Dans certaines villes, des associations proposent de garder votre chien à la journée, parfois à domicile, ou de l'emmener en promenade. Renseignez-vous auprès de votre vétérinaire, des chenils ou des associations de protection des animaux. Demander si des plages horaires sont réservées au jeu, quelles sont les règles appliquées en cas d'aboiement, et s'il existe des séances de dressage.

d'aller dans le jardin même si vous n'êtes pas là. Il existe des dispositifs très sûrs, actionnés par une étiquette magnétique fixée sur le collier. À défaut de pouvoir le laisser sortir, installez-lui un coussin près d'une fenêtre, il pourra ainsi observer ce qui se passe dehors.

Sécurisez votre jardin

Assurez-vous que votre chien ne pourra pas s'échapper du jardin et qu'il n'y court aucun danger :

- Éliminez toute plante toxique ou vénéneuse (*voir p. 229*).
- Mettez sous clé les désherbants et autres produits dangereux (*voir p. 229*).
- Rangez votre garage si votre chien est susceptible d'y entrer.
- Soyez prudent lorsque vous utilisez des outils dangereux, comme la tondeuse.
- Enfermez les poubelles dans un placard.
- Si vous disposez d'une piscine, assurez-vous de la solidité de la barrière et de la bâche de protection.
- Vérifiez que la clôture extérieure est suffisamment haute et qu'il ne puisse pas creuser un tunnel par en dessous.
- Assurez-vous que le portail est toujours bien fermé.

Une haie épaisse ne constitue pas une protection suffisante : les chiens ont le don de détecter la moindre brèche pour s'échapper. Si vous ne pouvez pas clôturer votre jardin, installez une barrière « invisible » : un fil électrique envoie, grâce à un dispositif fixé au collier du chien, une petite décharge dès qu'il le touche.

Protégez vos plantations

Les chiens débordent de vitalité. Si vous tenez à vos plantations, cantonnez votre chien dans un secteur où il ne pourra pas faire de dégâts. Les chiens adorent creuser. Si vous n'avez rien contre les pattes pleines de terre, aménagez-lui un endroit recouvert de terre fraîche, spécialement prévu à cet effet.

Certains petits chiens se contentent d'une chatière pour rentrer ou sortir dans le jardin.

Une bonne éducation

- Tout repose sur la cohérence
- Récompensez les bons comportements
- Aliments, jouets et caresses sont des récompenses stimulantes

Éduquer un chien est chose facile lorsque vous avez compris comment il interprète le ton de votre voix, votre langage corporel et l'usage que vous faites de la discipline et des récompenses. Par vos incohérences, vous risquez de créer des problèmes difficiles à régler.

L'éducation informelle de votre chiot peut débuter dès son arrivée car tous les chiens peuvent s'éduquer, mais plus ils sont jeunes, plus la tâche se révèle aisée.

Jouez avec votre chien après une séance de dressage, il associera ainsi l'apprentissage et le jeu.

Identifiez le jouet préféré de votre chien : il sera d'une aide précieuse pour son dressage.

Le clicker training

Le clicker, utilisé correctement, est un excellent accessoire de dressage. Il suffit que le chien entende le bruit du clicker pour se mettre à faire ce qui lui est demandé. Dans certains pays, cette pratique est très répandue ; il existe des cours de formation pour apprendre à bien utiliser cet accessoire.

Soyez cohérent

Un chien a besoin de connaître les règles, autrement dit les choses autorisées et celles qui sont interdites. La cohérence est essentielle, surtout pour l'attribution des récompenses et des remontrances. Assurez-vous que chaque membre de la famille comprend et respecte ces règles.

Sachez récompenser ou punir votre chien au bon moment. Donnez-lui sa récompense dès qu'il commence à faire ce qu'il faut. Les récompenses à retardement, ne serait-ce que de quelques secondes, sont source de confusion, surtout pour les chiots.

Les récompenses

Les encouragements sont indispensables à l'éducation. En récompensant votre chien, vous renforcez ses comportements positifs.

Utilisez le toucher

Les récompenses physiques sont importantes : Caressez votre chien tout en lui donnant de la nourriture ou un jouet accompagné de félicitations. Très vite, il comprendra que les mots prononcés (« Bon chien », par exemple) constituent une satisfaction en soi.

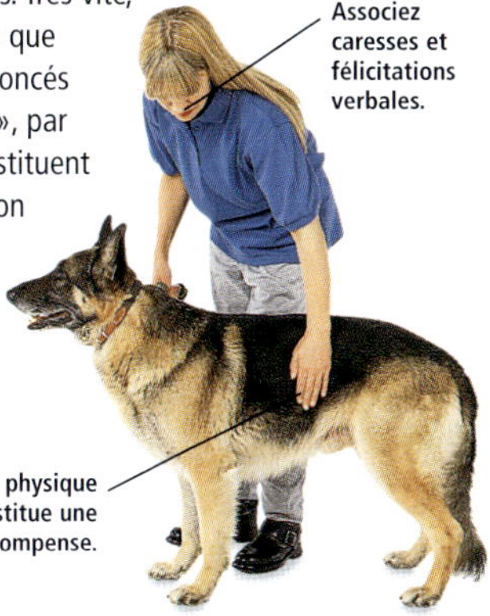

Associez caresses et félicitations verbales.

Le contact physique constitue une grande récompense.

La nourriture reste la plus belle des récompenses, surtout s'il a faim. Tout aliment convient, à condition qu'il soit savoureux. Les jouets – sonores ou à mâchonner – font presque autant d'effet. Si votre chien n'est pas particulièrement gourmand, privilégiez les jouets.

Finir sur une note positive

Terminez toujours une séance de dressage de façon positive. Si votre chien a du mal à réaliser correctement une action, faites-lui faire un exercice qu'il exécute parfaitement et restez-en là.

Attention toutefois : ne réservez pas la meilleure récompense pour la fin de la séance. Inconsciemment, vous lui donneriez l'envie de finir au plus vite.

Les punitions

Vous pouvez recourir à diverses punitions pour aider votre chien à apprendre ce qu'il peut et ne peut pas faire.

« Non ! » est un mot persuasif, encore faut-il le prononcer à bon escient, c'est-à-dire lorsque le chien fait quelque chose de mal. Évitez de le hurler, de le marmonner ou de le répéter sans cesse, car votre chien n'y prêtera plus attention. Le moment venu, prononcez-le d'une voix forte et sur un ton sec, tout en lui lançant un regard sévère. Penchez-vous au-dessus de lui et dites « méchant ! », tout en le fixant du regard. Vous verrez, la méthode est des plus efficaces. L'isolement symbolique donne également de bons résultats. Si votre chien se conduit mal, enfermez-le une demi-heure dans une pièce vide, puis faites-le sortir, mais continuez de l'ignorer pendant une minute.

Il est parfois nécessaire d'employer des méthodes plus énergiques, telles que pistolets à eau, objets faisant du bruit ou même en donnant une tape sur le cou – symbolique et exceptionnel. Après une punition, ne laissez jamais votre chien sur une note négative. Calmez-vous, puis passez à quelque chose de positif.

Certains chiens ont une telle soif d'apprendre qu'ils parviennent à exécuter des tâches complexes.

Les bases du dressage

- Le dressage requiert de la vivacité
- Fixez-vous des objectifs réalistes
- Utilisez des situations gratifiantes

« Au pied! », « Assis! », « Couché! »: autant d'actions que la plupart des chiens apprennent volontiers, sachant qu'il en va de leur intérêt et désireux de satisfaire leur maître. Commencez le dressage lorsque vous avez réfléchi aux mots et aux gestes à employer, préparé les récompenses à distribuer et que vous vous êtes assuré que vous avez, l'un comme l'autre, l'esprit bien éveillé.

Les premières leçons

Ne cherchez pas à aller trop vite. Une première leçon d'une ou deux minutes convient parfaitement à un chiot. Une leçon de cinq minutes serait excessive. En revanche, il pourra se concentrer sur plusieurs séances au fil de la journée. Certains auront toutefois besoin de se défouler avant chaque leçon. Les chiens plus âgés ont une plus grande capacité de concentration, mais ils ne peuvent fixer leur attention au-delà de 15 minutes sur un même exercice.

Tous les chiens sont capables d'apprendre les principes de base de l'obéissance à force de patience, de persévérance et de discipline de la part de toute la famille.

Des cours pour chiots

Dans les pays anglo-saxons, il existe des écoles pour chiots où ils apprennent les règles essentielles de comportement. Les meilleures d'entre elles accueillent les chiots ayant moins de 16 semaines et incitent l'ensemble de la famille à suivre les cours. Renseignez-vous auprès de votre vétérinaire, car cette pratique pourrait se développer en France.

Choisir le bon moment

Les minutes qui précèdent les repas sont particulièrement propices au dressage d'un chiot et vous offrent trois ou quatre occasions d'entraînement dans la journée. Au fur et à mesure que le chiot grandit – et que le nombre de repas diminue –, pratiquez de courts exercices juste après son réveil et lorsqu'il a fait ses besoins. Choisissez avec soin le lieu des premiers exercices: une entrée, par exemple, suffisamment spacieuse pour bouger, mais sans trop de sources de distraction possibles. Une fois que votre chien s'y comporte correctement, emmenez-le dans un endroit où il sera plus facilement distrait, comme le jardin ou un parc. Suivez une progression et ne sautez pas d'étapes.

Gardez votre calme !

Lorsque votre chien se montre peu réceptif, ne vous acharnez pas à répéter le même ordre. Arrêtez l'exercice et réfléchissez à ce que vous faites, car le problème vient de vous, pas de votre chien. N'hésitez pas à vous faire aider. Les cabinets vétérinaires, notamment, sont d'excellent conseil.

« Au pied ! »

Leçon importante s'il en est, et l'une des premières qu'un chiot doit apprendre (*voir ci-contre*). Ne dites jamais « Au pied ! » pour lui montrer quelque chose de moins intéressant que ce qu'il était en train de faire, ni pour le punir. Ne prononcez ces mots que lorsque vous êtes sûr qu'il peut obéir.

Le port du collier et de la laisse

Juste avant le repas, passez un collier à votre chiot : son esprit sera accaparé par la vue et l'odeur des aliments. Retirez-le après le repas. Une fois cette habitude prise, accrochez la laisse au collier, juste avant le repas, puis conduisez-le vers sa gamelle, en exerçant une légère tension. Ainsi, votre chiot associera le collier et la laisse au plaisir de la nourriture et ne songera pas à protester.

« Au pied ! »

Commencez l'apprentissage avant les repas, lorsque l'esprit du chiot est tenu en éveil par la faim.

1 Accroupissez-vous près de lui et montrez-lui sa gamelle en prononçant son nom. Lorsqu'il fait mine de s'approcher, dites « Au pied ! ». Au fur et à mesure qu'il avance, dites « C'est bien, mon chien » avec enthousiasme, puis donnez-lui son repas. Répétez plusieurs fois par jour cet exercice, entre les repas, avec une friandise.

Peu à peu, redressez-vous tout en disant son nom pour attirer son attention, puis dites « Au pied ! » lorsqu'il commence à approcher. Pour le récompenser, caressez-le. En quelques jours, il viendra spontanément en entendant son nom et l'ordre « Au pied ! ».

Lorsqu'il s'approche, le chiot reçoit son repas en récompense.

L'attrait d'un bon repas incite le chiot à s'approcher.

2 Les chiens plus âgés se montrent parfois réticents. Si vous rencontrez des difficultés, réalisez l'exercice avec la laisse, afin qu'il obéisse à vos ordres. Ainsi, un petit coup sec sur la laisse suffira à attirer son attention. Vous ne devez pas vous en servir pour le traîner vers vous : incitez-le à venir volontairement, en échange d'une friandise ou d'un jouet.

Si votre chien a du tempérament, réalisez les exercices avec la laisse afin qu'il apprenne que c'est vous qui exercez le contrôle.

« Assis ! »

Fixez votre attention sur la tête de votre chien, le corps suivra.

1 Debout, face à votre chien, une friandise à la main, lancez l'ordre « Au pied ! ». Selon le cas, vous aurez besoin d'une laisse pour le faire réagir.

Montrez au chiot la friandise tout en disant « Au pied ! ».

2 Lorsqu'il est à vos pieds, placez la main contenant la friandise au-dessus de sa tête. En la suivant des yeux, il baissera naturellement l'arrière-train. Lorsque vous voyez qu'il plie ses pattes arrière, dites « Assis ! ».

Tenez la friandise juste au-dessus de la tête du chiot.

3 Une fois le chien assis, dites « C'est bien » et donnez-lui immédiatement sa friandise. Peu à peu, placez-vous à côté de lui lorsque vous lancez l'ordre « Assis ! » et ne lui donnez plus systématiquement de friandise. À la longue, vos mots de félicitations suffiront à le récompenser.

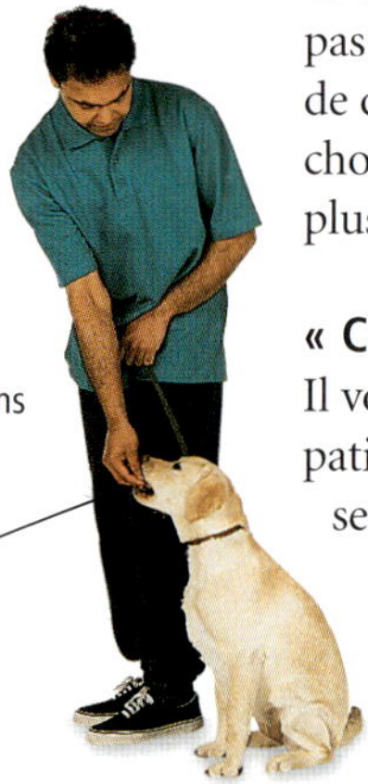

Une friandise reste bien souvent la récompense la plus efficace. Si votre chien fait le difficile, remplacez-la par un jouet accompagné de quelques félicitations.

« Assis ! »

L'ordre « Assis ! » (*voir ci-contre*) s'apprend dès que l'ordre « Au pied ! » est assimilé. Si votre chien refuse de s'asseoir en échange d'une friandise, tenez-le d'une main par le collier et appuyez de l'autre sur son arrière-train jusqu'à la position assise. Prononcez simultanément le mot « Assis ! » et donnez-lui sur-le-champ une friandise, tout en le gratifiant d'un « C'est bien ! ».

Si le chien, excité par la friandise, ne prête guère attention à l'ordre qui lui est donné, essayez une récompense moins stimulante mais néanmoins intéressante et réalisez l'exercice lorsqu'il a l'estomac plein.

« Reste ! »

Après l'acquisition des ordres « Au pied ! » et « Assis ! », la phase suivante consiste à lui apprendre à ne pas bouger : « Reste ! », « Attends ! » ou « Pas bouger ! » (*voir page de droite*). À l'avenir, ces mots seront essentiels pour sa sécurité. « Reste ! » n'est en fait qu'une prolongation de l'ordre « Assis ! »

En cas de problème, essayez l'exercice en faisant asseoir votre chien au pied d'un mur (afin d'éviter qu'il ne parte en arrière) Si votre chien ne semble pas réceptif ou se comporte mal, évitez de dire « Non ! » (à réserver pour les choses plus graves) et utilisez un mot plus neutre comme « C'est mal ! ».

« Couché ! »

Il vous faudra de la constance et de la patience pour apprendre à votre chien à se coucher (*voir page de droite*), car il le fait déjà instinctivement. Se coucher est en effet un signe de soumission entre chiens. Si le chiot se penche en avant en levant l'arrière-train,

« Reste ! »

Après les mots « Assis ! », l'étape suivante consiste à lui apprendre à ne pas bouger, souligné d'un geste clair de la main.

1 Faites asseoir votre chien pour être sûr de capter toute son attention. Assurez-vous qu'il lève la tête vers vous et vous regarde, sans vous tenir trop près : votre chien ne doit pas vous regarder à la verticale.

Le chien s'assied, attendant patiemment votre nouvel ordre.

2 Une fois assis, montrez-lui la paume de votre main tout en disant « Reste ! ». Éloignez-vous de quelques pas. Si vous le tenez en laisse, reculez jusqu'à ce qu'elle soit tendue. Si votre chien bouge, recommencez l'exercice depuis le début.

Le chien se concentre sur la voix et le geste.

3 Ne prolongez pas trop l'exercice. Libérez-le en lui disant « Allez ! ». Calmement, donnez-lui une petite récompense et félicitez-le. Petit à petit, prolongez la phase « Reste ! » en supprimant le geste et la friandise. Répétez l'exercice pendant une semaine, jusqu'à ce que vous puissiez donner l'ordre à distance.

Ne donnez la récompense qu'une fois prononcé le mot « Allez ! », qui met un terme à l'exercice.

« Couché ! »

L'ordre « Couché ! » vous demandera un effort supplémentaire et une plus grande compréhension de la part de votre chien.

1 Agenouillé à côté de votre chien en position assise, coincez la laisse sous votre genou et tenez légèrement le collier.

2 Présentez-lui la friandise puis, en dessinant un arc de cercle, déplacez votre main vers l'avant et vers le bas. Tandis que votre chien se baisse pour attraper la friandise située au niveau du sol, dites-lui « Couché ! ». Gardez la friandise dans votre main pour que le chien ne puisse pas l'attraper.

Contrôlez le mouvement de votre chien à l'aide du collier.

3 Continuez à éloigner la friandise, au niveau du sol, jusqu'à ce que le chien soit totalement couché. Gratifiez-le d'un « C'est bien ! » et donnez-lui sa récompense.

Répétez fréquemment cet exercice, jusqu'à ce que le chien obéisse au simple ordre verbal.

L'apprentissage de la laisse

Choisissez un endroit où le chiot pourra se concentrer. S'il s'agit de son premier contact avec la laisse, laissez-le la regarder et la renifler.

1 Fixez la laisse au collier – qui doit être confortable et adapté à la taille de votre chien. Le chien à côté de vous, tenez dans une main l'extrémité de la laisse et la récompense, de l'autre, prenez la laisse un peu plus bas. À ce stade, ne tirez pas dessus. Dites « Assis ! ».

La laisse est tenue des deux mains.

2 Commencez à marcher et, lorsqu'il se met à avancer, dites « Au pied ! ». Le chien doit sentir le moins possible que vous tirez sur la laisse. S'il s'élance en avant, donnez une secousse, légère mais ferme, en disant « Pas bouger ! ».

Une légère secousse sur la laisse ramène le chien dans la bonne position.

3 Après quelques pas seulement, dites au chien « Attends ! » et donnez-lui sa récompense. Félicitez-le, puis reproduisez la même séquence depuis le début. Lorsqu'il saura marcher en laisse en ligne droite, apprenez-lui à tourner. D'un côté, vous devrez pivoter autour de votre chien, de l'autre, ce sera à lui de vous contourner.

agenouillez-vous à ses côtés et placez les paumes de vos mains sous ses pattes avant. Levez-les légèrement, comme s'il faisait le beau, puis amenez-le en position couchée. Récompensez-le et félicitez-le immédiatement.

Si votre chien refuse de rester couché, exercez une légère pression de vos deux mains sur son dos, à l'arrière du cou. Récompensez-le, puis prononcez les mots libérateurs : « Allez ! ».

Promener son chien

Les activités en plein air seront un plaisir dans la mesure où votre chien saura marcher docilement à vos côtés. Avant de lui apprendre à se promener en laisse (*voir ci-contre*), assurez-vous qu'il a bien compris les ordres essentiels, à savoir « Assis ! », « Au pied ! » et « Reste ! » (*voir p. 182-185*). « Assis ! » est en effet le point de départ de l'apprentissage de la laisse.

Commencez toujours par une séance courte : quelques secondes et quelques pas suffisent. Répétez l'exercice deux fois par jour, en augmentant simultanément la durée et la distance. Soyez patient, cohérent et modeste dans vos ambitions. Peu importe que vous appreniez à votre chien à marcher au pied avec ou sans laisse. Si vous décidez de ne pas utiliser de laisse, choisissez un endroit où votre chien ne sera pas tenté de poursuivre un animal, au lieu de vous obéir.

Résoudre d'éventuels problèmes

L'apprentissage de la laisse est très important. Un chiot qui n'aurait pas correctement assimilé cette leçon sera beaucoup plus difficile à contrôler une fois adulte (*voir p. 190-191*).

Votre chiot doit devenir « dépendant » des friandises que vous lui donnez en récompense. S'il n'est pas gourmand,

Les muselières

Les muselières sont conseillées pour les chiens exubérants, audacieux, indépendants ou qui mâchonnent sans cesse. La laisse passe dans un anneau en entourant sa mâchoire. Si le chien tire, sa mâchoire se referme, il est obligé de baisser la tête. Un harnais passant autour de la poitrine sera peut-être plus indiqué pour un petit museau ou une trachée fragile.

choisissez un jouet qui suscite son intérêt comme un objet sonore (*voir p. 177*). Enfin, si votre compagnon adore manger, pratiquez les exercices après les repas.

Votre chien saute pour attraper sa récompense ? C'est que vous la tenez trop haut. Baissez la main tout en le tenant de l'autre par le collier, afin de l'empêcher de sauter. Si vous sentez qu'il se déconcentre, vous n'avez sans doute pas choisi le moment ou l'endroit idéal. Essayez à nouveau lorsque vous le sentez dans de meilleures dispositions. Lorsqu'il saura marcher au pied dans un environnement calme – le jardin ou la maison –, passez à l'étape suivante et promenez-le dans des endroits publics.

Soyez patient !

Dresser votre chien équivaut à lui apprendre un langage totalement nouveau. Pensez à votre apprentissage des langues étrangères : au début, cela ressemble toujours à du charabia. Soyez raisonnable et n'attendez pas trop de lui. Laissez-lui le temps, soyez patient, amusez-vous et n'oubliez jamais qu'il n'y a pas de honte à demander conseil.

Les erreurs les plus fréquentes

Voici quelques erreurs – très fréquentes – à ne pas commettre lorsque vous dressez votre chien.

- Ne félicitez pas votre chien de façon trop expansive lorsque vous terminez un exercice : cela risquerait de le surexciter et de lui donner l'habitude de sauter dans tous les sens à la fin de chaque séance.
- Ne réalisez jamais d'exercice lorsque les circonstances empêchent votre chien de se concentrer sur ce que vous faites (présence inquiétante d'un autre chien, autres activités plus intéressantes, etc.).
- Ne lancez jamais un ordre sans vous assurer que votre chien l'exécute si vous voulez qu'il continue à respecter votre autorité.
- N'essayez pas de dresser plusieurs chiens en même temps. Vous n'obtiendrez jamais de bons résultats.

Une fois les règles essentielles de l'obéissance acquises, vous découvrirez la joie de vivre avec un chien heureux et bien dressé.

Les problèmes de comportement

- Tous les chiens ont des problèmes de comportement
- Mieux vaut prévenir que guérir
- Faites preuve d'inventivité pour rééduquer votre chien

Les chiens ne font pas des bêtises par malveillance. S'ils mâchonnent, aboient, sautent, creusent ou lacèrent, ce n'est pas pour se venger, mais par excitation ou ennui. Nous faisons souvent l'erreur de leur attribuer nos propres comportements émotionnels. Or la vie d'un chien est simple : il a besoin de stimulations physiques, sociales et mentales, sous peine de développer des troubles du comportement.

Éliminer la cause

Beaucoup de comportements importuns restent anodins et faciles à supporter. D'autres perturbent la vie sociale et doivent être corrigés. Le plus simple est d'éviter qu'ils ne se reproduisent. Si votre chien a ouvert la poubelle, par exemple, placez-la hors de sa portée. S'il se régale des « friandises » déposées par le chat dans sa litière, faites qu'il ne puisse plus y accéder, et s'il boit dans les toilettes, rabattez le couvercle. Enfin, s'il affiche un comportement destructeur en votre absence, laissez-le dans sa cage, avec un jouet à mâchonner rempli de friandises.

Le sens des récompenses

Essayez de comprendre les raisons d'un comportement négatif car le lien est parfois évident. Si votre chien quémande à table, c'est que quelqu'un lui a sûrement donné une gâterie.

Mais les choses ne sont pas toujours si simples. Lorsque votre chien tremble en voyant un autre chien et que vous le prenez dans vos bras, vous ne le rassurez pas : vous le récompensez de trembler.

Si votre chien aime mâchonner les chaussures, n'en laissez pas traîner

Un comportement destructeur est souvent signe d'ennui. Offrez à votre chien des exutoires naturels à ces besoins physiques et mentaux.

Rééduquer son chien

Toute mauvaise habitude, ou presque, peut être corrigée en suivant ces quelques règles :

1. Assurez-vous que votre chien comprend les ordres élémentaires (*voir p. 182 à 187*).
2. Votre chien doit faire quelque chose pour vous (s'asseoir, se coucher, etc.) avant de recevoir une récompense, ne serait-ce qu'un « bonjour ».
3. Aménagez-lui des occasions où il peut se comporter spontanément.
4. Votre chien peut être content d'un comportement qui, pour vous, est inacceptable. Punissez-le mais avec modération.
5. Persévérez. N'attendez pas de miracles. En général il faut environ trois semaines pour régler la plupart des problèmes de comportement.
6. Si vous n'êtes pas sûr de vous, ou en cas d'agressivité, demandez l'aide de professionnels.

et donnez-lui un jouet à mâcher. S'il vous saute dessus pour vous saluer, faites-le s'asseoir dès que vous rentrez et récompensez-le plutôt que de le réprimander parce qu'il saute. S'il aboie au moindre bruit, apprenez-lui à aller chercher une balle et à la rapporter : il est difficile d'aboyer avec un jouet dans la gueule.

L'auto-correction

Créez des circonstances favorables pour que le chien apprenne à se corriger tout seul :

- Mettez de la sauce épicée ou tout autre produit inoffensif, mais au goût désagréable, sur les objets qu'il a l'habitude de mâchonner.
- Pour qu'il ne saute pas sur les lits ou le canapé en votre absence, installez de petites alarmes sensibles aux vibrations.

Où demander de l'aide

Vous trouverez de l'aide auprès des associations d'éducation canine, des clubs de dressage ou des chenils accueillant des chiens en pension. Votre vétérinaire peut également vous conseiller sur ce qu'il convient de faire.

- Si votre chien fait quelque chose qui vous déplaît, un pistolet à eau à portée de main ou une canette vide contenant quelques pièces feront merveille.

L'ennui

Mâchonner, creuser, aboyer, hurler, sauter la clôture ou tourner en rond sont autant de signes d'ennui ou d'anxiété face à une séparation.
Ces comportements sont fréquents chez les chiens ayant été abandonnés ou trop dépendants de leur maître.

Prévenir l'ennui (*voir p. 191*) vaut mieux que de devoir régler le problème par la suite. Toutefois, si votre chien souffre de troubles du comportement, voici quelques idées de traitement :

- **Mâchonner** : mettez des produits au goût dissuasif sur les objets que vous ne voulez pas le voir mâchonner, tout en lui

Instinctivement, un chien est en permanence à l'affût de nourriture et s'il découvre quelque chose de bon, il le mange. Apprenez à votre compagnon que voler de la nourriture sur la table est un comportement inacceptable.

Les aboiements et les hurlements

Le meilleur moyen de faire cesser les aboiements est de dresser votre chien à « parler » sur ordre. Un exercice qui demande du temps et de la patience mais fera de vous un maître irréprochable.

1 Attachez votre chien en laisse à une clôture ou un poteau. Écartez-vous, à 1 m environ, et taquinez-le avec un jouet. Lorsqu'il aboie de frustration, donnez-lui une récompense. Lorsqu'il aboie à nouveau, dites « Aboie ! » puis donnez-lui sa récompense. Lorsqu'il aboie systématiquement à votre ordre, remplacez la friandise ou le jouet par un compliment : « C'est bien ! ».

Lorsqu'il aboie, le chien reçoit un jouet en récompense.

Le chien observe la gestuelle pour anticiper l'aboiement.

2 Une fois l'ordre « Aboie ! » assimilé, dites « Tais-toi ! » lorsque votre chien aboie et récompensez-le dès qu'il cesse. Soyez patient : il faut du temps. Pour finir, passez aux félicitations verbales à distance lorsqu'il obéit à l'ordre « Tais-toi ! ». Puis faites comme si vous partiez et dites-lui « Tais-toi ! » avant de partir. Restez hors de sa vue : s'il aboie, faites du bruit (avec le couvercle d'une poubelle métallique, par exemple) afin qu'il sursaute et cesse d'aboyer. Revenez et félicitez-le de son silence.

Lorsque votre chien aboie, dites « Tais-toi ! ».

Dès qu'il cesse d'aboyer, donnez-lui sa récompense.

Tirer sur la laisse

Beaucoup de chiens tirent sur leur laisse. N'essayez pas de mesurer vos forces aux siennes en tirant à votre tour. Si votre chien persiste, réapprenez-lui les principes de l'obéissance (*voir p. 182 à 187*) et suivez ces quelques conseils techniques :

1 Faites-le marcher à votre hauteur, en tenant la laisse à votre gauche, et en descendant la main gauche près du collier, pour exercer un meilleur contrôle.

Le chien reste calme et patiemment assis.

2 S'il tire, descendez votre main gauche plus bas sur la laisse et ramenez-le en arrière d'un geste ferme. Lorsqu'il est à nouveau au pied, demandez-lui de s'asseoir. Marchez de nouveau en lui disant « Au pied ! ».

Tenez la laisse très courte pour exercer un meilleur contrôle.

3 Si votre chien se remet à tirer, donnez une nouvelle secousse en lançant l'ordre « Assis ! », puis récompensez-le. Répétez l'exercice chaque fois qu'il tire. Suivez une progression en réalisant l'exercice dans un lieu qui demande de la concentration.

Donnez une récompense à votre chien lorsqu'il marche tranquillement, sans tirer sur sa laisse.

Prévenir l'ennui

1. Votre chien doit avoir assez d'activité physique, mentale et sociale avant votre absence.
2. Donnez-lui à manger juste avant de partir.
3. Passez vos mains sur l'un de ses jouets préférés pour y laisser votre odeur, puis donnez-le-lui.
4. Partez calmement. Au besoin, tirez les rideaux et laissez la radio ou la télévision allumée pour couvrir les bruits distrayants de l'extérieur.
5. Ne le laissez jamais seul toute une journée.
6. Si vous ne pouvez faire autrement, demandez à un ami ou à un professionnel (*voir p. 179*) de venir le voir et de jouer avec lui.

laissant des jouets à mordiller.

• **Creuser** : si votre chien creuse un peu partout, détournez son énergie des parterres de fleurs ou des pelouses en la canalisant vers un autre endroit approprié, comme un bac à sable. Le grillage est également très efficace.

• **Sauter les clôtures** : le bruit de boîtes de conserve suspendues à une corde, à 30 cm de la clôture et 1 m du sol environ, est fort dissuasif. Autre solution : un grillage posé sur le sol à l'endroit où le chien prend son élan. Mais veillez à ce que les trous soient suffisamment étroits pour qu'il ne puisse pas y glisser la patte.

Les mordillements

Faites-lui perdre cette vilaine habitude en lui apprenant à tenir un jouet dans sa bouche : il aura du mal à faire deux choses à la fois. Intégrez cet apprentissage à celui des ordres « Assis ! » et « Reste ! » (*voir p. 184-185*).

La surexcitation

Les chiens manifestent leur excitation en aboyant, en tirant sur leur laisse (*voir ci-contre*) ou en sautant. Si le vôtre saute sur le moindre visiteur, ou sur vous-même :

• Soyez prévoyant : assurez-vous qu'il est tenu en laisse ou qu'il se trouve dans une autre pièce avant de faire entrer les gens.

• Donnez-lui un ordre positif – « Assis ! » – plutôt que négatif – « Stop ! ».

• Fuyez le contact visuel et mettez-vous à faire autre chose jusqu'à ce que ses quatre pattes soient à nouveau sur le sol.

• Évitez d'élever la voix, d'agiter les bras ou de l'exciter davantage d'une quelconque façon.

L'agressivité

Il y a toujours une raison à l'agressivité. Elle est évidente pour le chien, mais ne l'est pas forcément pour nous. Notre erreur consiste à ne pas voir

Votre chien vous saute dessus ? Un problème d'autant plus ennuyeux s'il s'agit d'un gros chien.

L'agressivité du chien dominant

C'est la principale cause de grognements ou de morsures visant le maître. Sa manifestation peut sembler soudaine, mais il n'en est rien, car votre chien aura évalué votre position hiérarchique depuis un certain temps déjà et il aura décidé de la contester. En cas d'agressivité, procédez comme suit :

1. Évitez les punitions physiques qui pourraient envenimer la situation.

2. Utilisez votre gestuelle et le ton de votre voix pour faire clairement comprendre à votre chien que vous êtes le chef de meute.

3. Laissez-lui toujours une laisse et utilisez-la pour l'isoler temporairement (une minute) du reste de la famille.

4. Analysez votre relation avec votre chien afin de comprendre pourquoi il a cru pouvoir vous défier. Rappelez-vous qu'en tant que chef de meute, vous mangez toujours le premier et franchissez le seuil avant lui.

les signes avant-coureurs. Une fois apparue, l'agressivité ne disparaît jamais seule : il faut la contenir, puis l'atténuer avant de la faire disparaître.

Si votre chien présente l'un de ces comportements, il est susceptible de devenir agressif :

- Il grogne devant vous, d'autres personnes ou des animaux.
- Il montre les dents, à votre famille ou à vous-même.
- Il cherche à mordre lorsque vous lui retirez un jouet, un os ou de la nourriture.
- Il recule et se cache derrière vous à l'approche de visiteurs.
- Il aboie et se rue sur la porte lorsque la sonnette retentit.
- Il pourchasse les animaux qui bougent.
- Il vous mordille les chevilles lorsqu'il joue avec fougue.
- Il vous fixe, le regard vague ou avec dureté, pendant plusieurs minutes.

L'agression traduisant la possessivité

La possessivité est un problème qui concerne essentiellement les chiens dominants mais également certaines races comme les Terriers, qui se montrent souvent possessifs envers leur nourriture, leurs jouets ou leur aire de repos.

1. Apprenez à votre chien à lâcher un jouet sur votre ordre. Incitez-le ensuite à prendre le jouet dans l'une de vos mains alors qu'une récompense se trouve dans l'autre.

2. Lancez l'ordre « Donne ! ». Lorsque le chien lâche le jouet, félicitez-le d'un « C'est bien ! » et donnez-lui sa récompense. Répétez immédiatement l'exercice après lui avoir rendu son jouet.

De l'importance d'un apprentissage précoce

Certains chiens, dès la naissance, ont une tendance plus marquée à l'agressivité, mais les problèmes surviennent souvent dans des familles où, volontairement ou non, le développement du potentiel agressif du chien se voit favorisé.
La socialisation précoce, au sein de la famille mais également avec des étrangers et d'autres animaux, et la mise en présence de situations diverses réduisent de façon exponentielle

le risque de voir un chien atteindre son « seuil d'agressivité » (*voir p. 146-147*).

Les différentes formes d'agressivité

Il est important de bien comprendre la situation qui est à l'origine d'un comportement agressif. Un chien est en droit de manifester de l'agressivité si on le touche là où il a mal. En revanche, cela devient un vrai problème lorsque le chien vous mord parce que vous essayez de le faire descendre du canapé. Consultez immédiatement un professionnel en cas de manifestation agressive. Il existe différentes formes d'agressivité, chacune associée à une cause et à un traitement distincts. En voici quelques-unes :

- **L'agressivité du chien dominant** : elle peut viser des personnes (*voir ci-contre*) ou d'autres chiens. Entre chiens elle survient le plus souvent en cas d'égalité relative d'âge, de sexe et de taille. Votre désir instinctif de réconforter l'opprimé ne fait qu'aggraver le problème. Pour le résoudre, identifiez le chien dominant et traitez-le comme tel.
- **L'agressivité de défense du territoire** : certains chiens sont férocement protecteurs. Prévenez tout problème de ce type en le présentant dès son plus jeune âge à des personnes venant régulièrement chez vous. Donnez au facteur quelques friandises pour votre chien, qu'il déposera dans la boîte aux lettres avec le courrier. Si votre chien reste souvent dans le jardin, laissez près du portail, dans une boîte hermétique, l'un de ses jouets ou aliments favoris ; les visiteurs ouvrant le portail pourront le lui donner. Ainsi dressé, il continuera de vous prévenir dès que quelqu'un arrive, sans chercher à tout prix à protéger son territoire.

D'autres formes d'agressivité

Parmi les formes d'agressivité les plus courantes, citons :

- La chasse aux chats et au bétail (agressivité de prédateur).
- La morsure faisant suite à une blessure (agressivité causée par la douleur).
- La morsure résultant d'un dressage (agressivité inculquée).
- La morsure due à l'anxiété ou à la peur (agressivité induite par la peur).
- Les combats entre mâles (agressivité d'ordre sexuel).

Les avantages de la stérilisation

Chez les mâles, la stérilisation réduit les risques d'agressivité envers les autres mâles mais n'influe en rien sur les autres comportements agressifs : morsure par peur, comportement prédateur ou défense du territoire.

Si votre chien fait preuve d'agressivité envers vous, votre famille ou d'autres chiens, demandez conseil à un professionnel.

Le toilettage

- Apprenez à votre chiot à accepter d'être toiletté
- Instaurez des habitudes en la matière
- Signalez toute anomalie à votre vétérinaire

Un chien doit être lavé et brossé régulièrement, ses poils coupés ou rasés à l'occasion. Un brossage quotidien permet de conserver une peau et un pelage sains et de détecter toute anomalie, signe éventuel d'un problème médical. Il convient de couper très régulièrement les griffes des chiens petits ou âgés. Enfin, quel que soit l'âge de votre compagnon, il est bon de prendre soin de ses dents, de ses oreilles et de ses yeux.

Le bain

Le poil de votre chien se nettoie naturellement, mais il est recommandé de lui donner un bain par mois, ou davantage pour les races à longue robe. Suivez ces quelques conseils:

- Démêlez les poils avant le bain.
- Installez un tapis anti-dérapant au fond de la baignoire.
- Mettez-lui un collier pour pouvoir l'attraper s'il tente de s'échapper encore tout dégoulinant.
- Bouchez-lui les oreilles avec des mèches de coton pour empêcher l'eau de rentrer.
- Réglez préalablement la température de l'eau pour qu'elle ne soit pas trop chaude.
- Utilisez un shampoing non irritant pour les yeux.

Un bain régulier permet au pelage de rester propre, mais vous aurez bien d'autres occasions de laver votre chien : lorsqu'il s'est roulé dans le fumier, par exemple !

Faire tondre son chien

Si vous avez un Caniche ou un chien d'une race ne perdant jamais ses poils, vous devrez le faire tondre, généralement toutes les six à huit semaines. Vous pouvez le faire vous-même, en demandant à une personne expérimentée de vous indiquer, point par point, la marche à suivre. Sinon, contentez-vous d'épointer de temps en temps ses poils, pour éviter qu'ils ne s'emmêlent.

La tonte peut révéler des problèmes de peau restés jusque-là inaperçus.

Les professionnels du toilettage

Choisissez votre salon de toilettage avec autant de soin que votre vétérinaire. Le bouche-à-oreille est sans doute la meilleure méthode. Comptez environ 4 heures pour un toilettage complet. Évitez les professionnels qui vous demandent de donner un tranquillisant à votre chien : ils n'ont pas un bon contact avec les chiens.

• Mouillez et rincez votre chien avec le pommeau de la douche ou, à défaut, installez une petite douche portative en caoutchouc sur le robinet.
• Préparez de nombreuses serviettes, car votre chien aura sans doute envie de s'ébrouer.
• Le bain n'éliminant pas les puces, utilisez un produit anti-puces résistant aux bains réguliers.

Le brossage

Un poil lisse, comme celui du Boxer, est d'un entretien facile. Passez deux fois par semaine une brosse ou un gant en caoutchouc, à rebrousse-poil, pour enlever débris, saletés et poils prêts à tomber. Après quoi, avec une peau de chamois, frottez dans le sens du poil, il retrouvera ainsi son brillant naturel.

Un pelage court et épais, comme celui du Labrador, requiert une brosse à picots métalliques souples. Utilisez-la deux fois par semaine, puis retirez les dernières saletés avec une brosse à soies.

Un poil un peu plus long, comme celui du Golden-Retriever, nécessite ce double brossage de façon plus

L'équipement de base

Le nécessaire de toilettage varie selon le type de robe. Si le poil est ras, la brosse en caoutchouc élimine les cellules mortes et les saletés. Pour un poil court, mieux vaut une brosse en nylon. Les poils plus longs se démêlent avec une brosse et un peigne à dents métalliques. L'utilisation du peigne à puces s'impose, quelle que soit la robe.

PEIGNE À PUCES

BROSSE EN CAOUTCHOUC

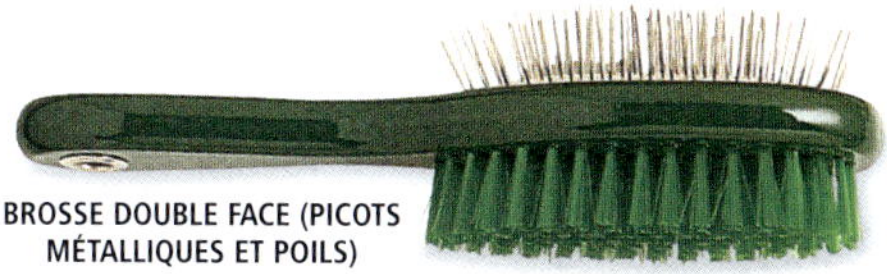

BROSSE DOUBLE FACE (PICOTS MÉTALLIQUES ET POILS)

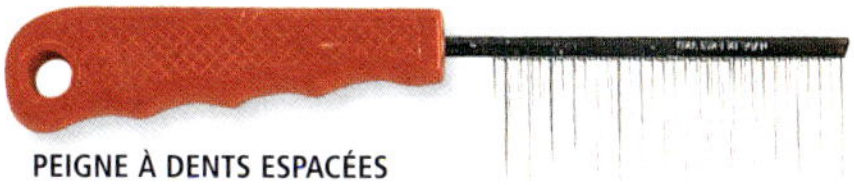

PEIGNE À DENTS ESPACÉES

PEIGNE FIN

régulière, voire quotidienne. Choisissez un peigne à dents espacées pour démêler les franges des pattes et de la queue. Les longs poils des extrémités, de la poitrine et des membres postérieurs doivent parfois être écourtés aux ciseaux.

Un long poil associé à un sous-poil dense et épais comme chez le Berger d'Écosse nécessite un toilettage complet avec une carde pour démêler en douceur les poils et éliminer les saletés.

Certaines races, comme le Yorkshire, ont de longs poils soyeux, sans sous-poil protecteur. Prenez soin, en les brossant, de ne pas griffer ni irriter la peau. Il est conseillé de les brosser avec une carde douce, puis de les peigner tous les jours, notamment derrière les oreilles, pour éviter les nœuds.

Nettoyer les poils

Toutes sortes de substances peuvent s'accrocher aux poils de votre chien. N'utilisez jamais de décapant ou de dissolvant. Pour enlever un chewing-gum, coupez aux ciseaux les poils collés. Les petites boules de végétaux, comme la bardane, se retirent plus facilement en vaporisant un peu d'huile. Pour un démêlage efficace, utilisez un peu de fécule de maïs, qui lubrifie le poil.

Coupez les ongles avec un coupe-ongle à guillotine : la coupe est plus nette, et la pression moindre.

Vous couperez plus facilement les ongles de votre chien après le bain.

Le reste du corps

Des soins réguliers maintiennent votre chien en bonne santé, renforcent les liens affectifs et permettent de déceler d'éventuelles anomalies. Les chiens habitués à un toilettage fréquent se laissent d'ailleurs plus facilement examiner par le vétérinaire.

Couper les ongles

Les gros chiens usent naturellement leurs griffes contrairement aux petits gabarits. Le bout de l'ongle n'est constitué que de kératine, mais au milieu se trouve le « vif ». Couper dans cette partie innervée provoque une intense douleur, voire des saignements. Sur les ongles translucides, le vif se voit facilement, mais la plupart des chiens ont les ongles plus foncés, ce qui complique la tâche. Dans le doute, demandez conseil à votre vétérinaire ou dans votre salon de toilettage. En cas de blessure, appliquez de la poudre coagulante vendue dans les magasins spécialisés.

Prévenir la mauvaise haleine

La mauvaise haleine cache généralement un problème de dents ou de gencives (principal motif de visite chez le vétérinaire). Dès son plus jeune âge, habituez votre chiot au brossage des dents (*voir ci-contre*). Vérifiez l'intérieur de sa gueule une fois par semaine pour détecter tout signe d'infection des gencives ou d'accumulation de tartre qui peuvent entraîner une gingivite, une fragilité

Examiner les glandes anales

Les glandes anales sont de petits sacs odorants situés de part et d'autre de l'anus. Lorsqu'elles sont pleines, votre chien se lèche ou se traîne sur son arrière-train. Elles ont alors la taille d'un grain de raisin et doivent être vidées. Enfilez un gant jetable, placez le pouce et l'index de chaque côté de l'anus et pressez doucement, à l'aide d'un papier absorbant. Si vous n'y arrivez pas ou que vous observez quoi que ce soit d'anormal, consultez votre vétérinaire.

Lors de vos soins habituels, examinez les glandes anales de votre chien.

Brosser les dents de votre chien

Installez confortablement votre chien, laissez-lui renifler une friandise, puis soulevez sa lèvre supérieure et brossez la dent et la gencive visibles, à l'aide d'une petite brosse à dents et d'un dentifrice pour chien. S'il ne cherche pas à s'échapper, donnez-lui la friandise. Répétez tous les jours l'exercice en couvrant une zone un peu plus grande. Après deux semaines, vous pourrez brosser toutes ses dents de haut en bas et d'avant en arrière.

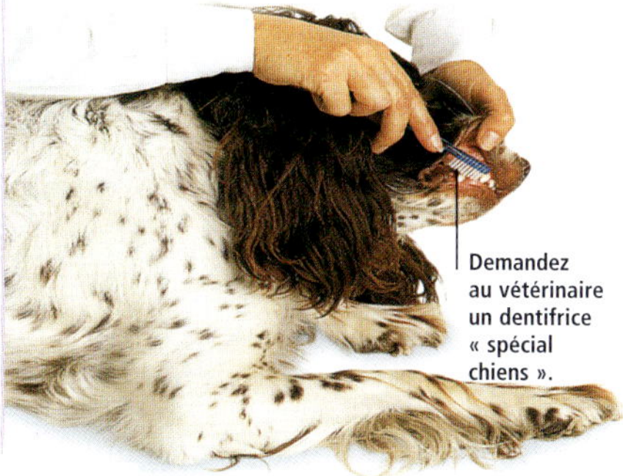

Demandez au vétérinaire un dentifrice « spécial chiens ».

des gencives ou d'autres affections gingivales.

Examiner les oreilles

Examinez régulièrement les oreilles de votre compagnon pour détecter toute odeur, inflammation ou accumulation de cérumen. Le Labrador, le Cocker, le Basset et autres chiens aux oreilles tombantes sont plus sujets à ce type de problèmes. Un dépôt insignifiant de cérumen ne doit pas vous inquiéter : il s'agit d'une protection naturelle de l'oreille. En revanche, s'il est abondant, nettoyez l'intérieur de l'oreille avec une mèche de coton imbibée d'huile végétale. Au bout d'une semaine, si le dépôt s'est reformé, emmenez votre chien chez le vétérinaire.

Les poils à l'intérieur de l'oreille

Les poils poussant dans le canal auditif peuvent être source de complications chez les races à poil dur, mais également chez le Caniche, le Shih-Tzu, le Lhassa-Apso et le Yorkshire. Ils doivent être enlevés toutes les semaines, voire tous les jours. Attrapez plusieurs poils avec les ongles ou une pince à épiler et arrachez-les. Si la racine du poil n'est pas trop profonde, la chose est assez aisée et peu douloureuse pour votre chien. Terminez par une récompense.

Les yeux

Certaines races ont tendance à présenter des chassies au coin de l'œil. Ces mucosités formant une petite croûte au réveil, prises dans les poils, sont souvent faciles à enlever avec l'ongle. Si elles restent collées, ramollissez-les à l'aide d'une mèche de coton imbibée d'eau tiède. En cas d'anomalie sur l'œil ou le contour de l'œil, consultez votre vétérinaire.

Une bonne alimentation

- Donnez à votre chien une alimentation équilibrée
- Ses besoins évoluent avec l'âge
- L'obésité est un problème fréquent

Un chien en bonne santé bénéficie d'une alimentation équilibrée. Ses déjections sont fermes et faciles à nettoyer. Il y a plusieurs façons de garantir son équilibre alimentaire, la plus simple consiste à lui donner de la nourriture de premier choix vendue par des marques renommées, la seconde, plus astreignante, est de la préparer soi-même. Si vous choisissez cette voie, assurez-vous d'avoir bien assimilé les principes nutritionnels de base.

Adaptez l'alimentation de votre chien à ses besoins énergétiques et jetez tout reste de nourriture en fin de journée.

Un repas de chien

Omnivores, les chiens suivent naturellement une alimentation variée (*voir p. 38-39*), mais s'ils avaient à choisir, ils privilégieraient la viande avant tout. Or, une alimentation exclusivement carnée entraînerait à terme un dangereux déficit en calcium. Les produits du commerce offrent donc une teneur équilibrée en nutriments.

Depuis dix ans, les nutritionnistes canins ont établi qu'un bon équilibre entre les différents types de fibres présents dans les aliments pour chien favorise la digestion.

Les intestins abritent un écosystème complexe de bactéries dont certaines stimulent le système immunitaire et assurent une protection contre les mauvaises bactéries. Une alimentation équilibrée en fibres nourrit les bonnes bactéries et empêche simultanément le développement des bactéries associées à la diarrhée.

Les aliments dans le commerce

Il existe plusieurs gammes d'aliments pour chien ayant chacune des caractéristiques bien précises. Les produits de premier choix sont élaborés selon une recette donnée, toujours à partir des mêmes ingrédients. Les produits un peu moins chers sont fabriqués dans le respect des normes nutritionnelles et de qualité, mais

Les chiens actifs

Si votre chien travaille ou passe son temps dehors, ses besoins énergétiques s'en trouvent accrus. Les lipides sont la meilleure source d'énergie. Certains fabricants proposent des aliments hypercaloriques spécialement conçus pour les chiens actifs.

à partir d'ingrédients variables. Cette distinction n'est pas sans importance si votre chien a des préférences gustatives bien marquées ou que certains aliments lui donnent des maux d'estomac.

Savoir lire une étiquette

Tous les fabricants affichent sur leurs étiquettes la valeur nutritionnelle du produit, la teneur en protéines, lipides ou fibres et le taux d'humidité. Toutefois, pour comprendre ces chiffres, il ne suffit pas simplement de lire les étiquettes.

Prenons l'exemple du taux d'humidité : une boîte d'aliments pour chien peut contenir 80 % d'humidité (donc 20 % seulement de matière sèche), alors qu'un aliment sec ne contiendra que 8 % d'humidité (donc 92 % de matière sèche). La seule façon de comparer entre deux boîtes les protéines de base et la teneur en lipides consisterait donc à calculer, dans un premier temps, la quantité de matière sèche de chaque aliment, puis quelle proportion de matière sèche est constituée de protéines ou de lipides. Si cela vous semble trop long ou trop compliqué, sachez que vous obtiendrez ces informations auprès du service clientèle de toutes les grandes marques.

Les aliments secs

Les aliments complets déshydratés sont certes pratiques mais n'offrent pas toujours les meilleures qualités gustatives. Ils sont cuits sous pression, séchés, puis pulvérisés de matière grasse pour en améliorer le goût. Pour éviter qu'elle ne devienne rance, on est obligé de rajouter des conservateurs.

Les substances appelées « antioxydants » font d'excellents conservateurs et offrent en outre l'avantage de détruire les radicaux libres – molécules réactives présentes dans l'organisme du chien – qui attaquent la membrane des cellules. Les vitamines C (acide ascorbique) et E (tocophérol) sont couramment utilisées comme conservateurs.

Les aliments humides

Les aliments humides ont bon goût, mais ne font travailler ni les dents ni les gencives et s'altèrent rapidement une fois ouverts. La stérilisation à haute

Les régimes particuliers

Certains fabricants commercialisent auprès des vétérinaires différentes gammes d'aliments destinées aux chiens souffrant de problèmes de reins, de vessie, de cœur, de foie, d'intestins, de peau ou de nature allergique. Ils proposent également des menus savoureux et nutritifs à l'intention des chiens affaiblis ou convalescents. Le choix ne cesse de s'élargir. Vous pouvez préparer également chez vous du poulet ou du poisson au four, avec du riz : deux plats idéaux pour les estomacs délicats.

Assurez-vous qu'il ne reste aucun os, aussi petit soit-il, avant de donner du poulet à votre chien.

Votre vétérinaire vous recommandera un aliment adapté aux problèmes de santé de votre chien.

Les régimes végétariens

Capables de transformer protéines végétales et graisses en nutriments nécessaires à toutes les fonctions physiologiques, les chiens peuvent vivre en suivant un régime végétarien. Quoi qu'il en soit, aucun chien ne fera spontanément ce choix. Si vous estimez important que votre chien participe de vos principes éthiques en matière de consommation de viande, ce qui se discute, consultez un nutritionniste professionnel afin d'assurer son équilibre alimentaire.

température et le conditionnement sous vide rendent superflue l'utilisation de conservateurs. Il s'agit pour la plupart d'aliments complets équilibrés.

Les préparations « maison »

Les plats bien équilibrés que vous cuisinez pour vous le sont aussi pour votre compagnon. N'oubliez pas, cependant, que les chiens ne mâchent pas comme nous et que les aliments ayant besoin d'être mastiqués resteront non digérés. Évitez le tofu et autres produits à base de légumineuses – surtout chez les races ayant une poitrine développée, comme les Danois ou les Setters. Elles favorisent la production de mucosités et les ballonnements qui peuvent être mortels (*voir p. 225*). Attention, les produits laitiers provoquent des diarrhées chez certains chiens (*voir p. 257*).

Pour ou contre les os ?

Les chiens aiment les os, mais comme tout vétérinaire, j'ai dû opérer de nombreux chiens pour en réparer les dégâts, sans parler des nombreuses dents cassées. Ronger un os permet cependant de masser ses gencives et de frotter ses dents. Si vous voulez lui en donner, faites-le quand il est petit afin qu'il prenne de bonnes habitudes. Choisissez les os les plus durs, de bœuf par exemple, et ne laissez aucun comportement possessif se développer. Vous pouvez remplacer les os par des biscuits très durs, que le chiot mâchonnera des jours durant.

Les besoins évoluent avec l'âge

Les besoins énergétiques d'un chien évoluent tout au long de sa vie, augmentant pendant sa période active et diminuant avec l'âge. Contrairement à une idée reçue, les chiens âgés n'ont aucun avantage

Votre chien peut s'abîmer les dents en rongeant des os. Envisagez d'autres solutions.

à manger moins de protéines.
En revanche, ces protéines doivent être de meilleure qualité et plus digestes.
Il faut également augmenter et diversifier l'apport en vitamines et en minéraux.
Les aliments pour chiens âgés contiennent davantage d'antioxydants pour stimuler le système immunitaire et ralentir le vieillissement des tissus. Il existe des gammes de produits adaptés à l'âge et au degré d'activité de votre chien.

Activité sexuelle et ration alimentaire

Les hormones sexuelles, mâles et femelles, influent sur le métabolisme. Lorsque leur taux diminue, avec la stérilisation ou l'âge, nombre de chiens développent une tendance à l'embonpoint. Il existe un moyen simple de prévenir la prise de poids après stérilisation : pesez votre chien avant l'opération, afin de connaître son poids exact. Après l'opération, réduisez de 20 % sa ration journalière. Il devrait alors conserver le poids qu'il avait auparavant. Si vous constatez qu'il maigrit, revenez à la ration antérieure.

L'alimentation pendant la gestation

Les besoins nutritionnels d'une chienne n'augmentent légèrement qu'en fin de grossesse. Augmentez la ration journalière de votre chienne de 10 % dans les quatre dernières semaines de gestation. En revanche, après la naissance et pendant l'allaitement, elle nécessitera jusqu'à trois fois sa ration journalière habituelle.

La viande crue : aliment naturel ?

La viande crue est plus dangereuse pour votre chien que la viande cuite, en raison du risque de contamination bactériologique mais aussi, dans certains pays, de maladies parasitaires.

Réduire l'apport calorique

Il n'est pas facile de connaître la teneur en calories des aliments vendus dans le commerce. En règle générale, les aliments étiquetés « à faible teneur calorique » ou « allégé » comptent 15 à 25 % de calories en moins que les produits standards. Voici quelques conseils à suivre si vous souhaitez régler le problème d'obésité ou de surcharge pondérale de votre chien :

- Essayez de noter précisément tout ce qu'il mange. Vous serez peut-être surpris du nombre de friandises qu'il reçoit au fil de la journée.
- Donnez-lui des aliments à faible teneur en matières grasses et riches en fibres pour réduire l'apport calorique sans diminuer le volume de sa ration.
- Si votre chien est en forme et en pleine santé, faites-lui faire davantage d'exercice.
- Évitez les régimes draconiens qui obligent le métabolisme à être plus performant et à stocker des réserves de graisses.

L'obésité n'a rien d'exceptionnel. Ne donnez à votre chien que la stricte ration alimentaire recommandée pour sa race et son sexe.

De nouvelles expériences

- Préparez la venue d'un bébé
- Faites des projets de voyage avec votre chien
- Ne paniquez pas si votre chien disparaît

Durant la vie de votre chien, vous déménagerez peut-être, partirez très certainement en vacances, avec l'obligation de trouver quelqu'un qui prenne soin de votre fidèle compagnon. Beaucoup de gens et d'animaux défileront également chez vous. Mais rien ne préoccupe tant les jeunes propriétaires de chien que la naissance d'un enfant. Comment le chien réagira-t-il à un tel changement ?

L'arrivée d'un enfant

Prenez vos dispositions : tempérez l'intensité de votre relation avec votre chien, qui changera immanquablement après la naissance de l'enfant. Le cas échéant, déplacez son panier bien avant l'arrivée du bébé.

Laissez votre chien sentir le bébé et ne changez rien à ses habitudes. Consacrez-lui le temps dont il a besoin. Ne laissez jamais votre bébé et votre chien seuls, sans surveillance. Si votre chien a tendance à mordre, même exceptionnellement, habituez-le à porter une muselière en présence du nourrisson.

L'arrivée d'un chien ou d'un chat

Si vous adoptez un autre animal, cantonnez le nouveau venu dans une pièce et laissez le résident habituel aller et venir à sa guise. Si le nouvel arrivant est un chaton ou un chiot, laissez votre chien le renifler pendant qu'il dort. Si le chaton se réveille et crache, tout va bien, puisque vous souhaitez que votre chien respecte votre chat. D'ailleurs les chats sont passés maîtres dans l'art de se faire respecter des chiens. S'il s'agit d'un chiot, autant que possible, laissez le chien de la maison faire les premiers pas.

Les vacances

Lorsque vous partez en vacances, la meilleure solution consiste à confier votre chien à des amis ou à des proches. La pension est une solution onéreuse. Visitez toujours les lieux auparavant : inspectez les installations et interrogez le propriétaire. Renseignez-

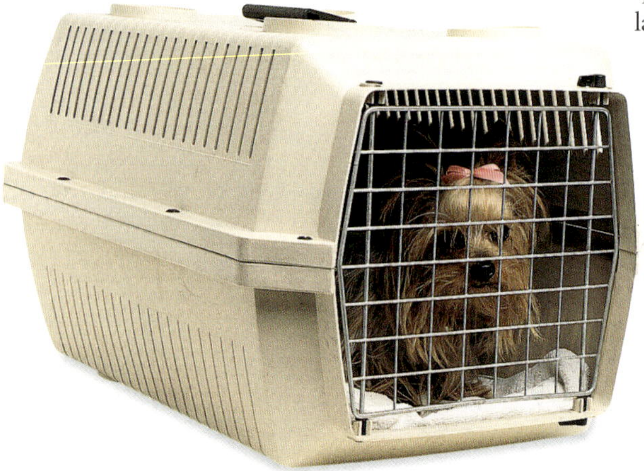

La caisse de votre chien doit être deux fois plus large que lui, légèrement plus haute et plus longue que son corps, mesuré du museau à la queue.

Que faire en cas de disparition

1. Gardez votre calme. Réfléchissez à ce que votre chien pourrait faire s'il se trouvait séparé de vous.

2. Cherchez-le immédiatement dans les environs, en demandant autour de vous si on l'a vu.

3. Appelez la police, le refuge le plus proche, votre vétérinaire et ses confrères des environs, en donnant une description de votre chien et son numéro d'identification. Laissez votre numéro de domicile et celui de votre portable ainsi que votre adresse électronique. Dressez la liste téléphonique de toutes les personnes contactées.

4. Collez des petites affiches un peu partout dans les environs, portant les mentions « PERDU » et « RÉCOMPENSE » (une récompense est toujours motivante) en gros caractères, et si possible une photo de votre chien.

5. Lorsque vous l'avez retrouvé, prévenez les gens que vous avez contactés pour leur communiquer la bonne nouvelle et les remercier de leur aide.

Voyager en voiture

Votre chien doit voyager soit dans sa caisse, soit derrière une barrière adaptée à votre voiture, ou sur le siège arrière, muni d'un harnais fixé au point d'ancrage de la ceinture de sécurité (*voir ci-dessous*). Arrêtez-vous toutes les deux heures ; prévoyez une gamelle et une bouteille d'eau. Si votre chien a le mal des transports, demandez conseil à votre vétérinaire. Ne laissez jamais votre chien dans une voiture en plein soleil par grosse chaleur : les coups de chaleur sont l'une des principales causes de décès chez les chiens.

Les meilleures pensions proposent un couchage confortable, une nourriture savoureuse, de fréquents contacts avec le personnel et des activités.

vous sur les activités quotidiennes et les soins que recevra votre chien afin de partir l'esprit tranquille. Et surtout, n'attendez pas la dernière minute : les meilleures pensions sont parfois complètes plusieurs mois à l'avance en période de vacances.

Voyager avec son chien

Vous envisagez peut-être de voyager en avion, en bateau ou en train ? Assurez-vous que la caisse de votre chien est sans danger, adaptée à sa taille et conforme aux dispositions réglementaires que pourront vous communiquer votre vétérinaire ou la compagnie de transport. Veillez à ce que votre chien soit tatoué ou, mieux encore, muni d'un dispositif électronique d'identification.

Lorsque vous prenez l'avion, choisissez de préférence des vols directs et réduisez autant que possible la durée du voyage. Sauf impératif, ne donnez pas de tranquillisants à votre chien car ils multiplient les risques d'accident. Certaines compagnies aériennes autorisent les petits chiens à voyager avec leur maître en cabine.

Les activités canines

- Les chiens raffolent d'activités physiques
- Des occasions de rencontres pour les maîtres
- Choisissez une activité convenant à l'un et à l'autre

Manger, dormir, se laisser caresser et sortir une demi-heure par jour: pour certains chiens, voilà une vie bien ennuyeuse. Il existe pourtant un large éventail d'activités canines qui seront l'occasion pour votre chien de se distraire et, pour vous, de rencontrer des gens ayant des centres d'intérêt communs. Nombre de chiens adorent relever des défis et participer aux concours d'obéissance, de travail ou d'« agility », tout aussi stimulants et gratifiants pour vous, car ils requièrent dévouement et travail d'équipe. Si vous souhaitez un passe-temps moins physique, vous pouvez présenter votre chien dans les expositions canines.

Les expositions canines officielles consistent à noter chaque chien suivant un standard établi pour sa race.

Les expositions canines

Les expositions officielles sont sanctionnées par l'organisation auprès de laquelle votre chien est inscrit. Il faut généralement devenir membre d'un club canin local affilié à l'organisme officiel, participer à des manifestations locales, puis atteindre le niveau régional avant d'accéder aux expositions nationales (*voir p. 54-55*).

Des expositions non officielles, moins strictes, récompensent par exemple « la queue la plus frétillante » ou « les yeux les plus pétillants ».

Les activités physiques

Vous pouvez participer à des concours d'obéissance ou de travail, des épreuves de chiens de berger ou de traîneau, ou bien encore d'« agility » ou de « flyball », qui récompensent les qualités mentales et physiques. Dans le cadre d'un club spécialisé, vous offrirez à votre chien la possibilité de penser, d'utiliser ses sens, ses réflexes, son adresse et sa force.

Les concours d'obéissance

Le chien et son conducteur réalisent différents exercices d'obéissance: positions à distance, rappel, rapport d'objet, etc.

L'« agility », activité énergique et divertissante, est ouverte à tout chien bien dressé, accompagné de son maître plein de vitalité.

Votre chien saute par-dessus les obstacles.

Les Borders-Collies y excellent, mais la plupart des épreuves sont ouvertes aux chiens de toute race.

Les concours de travail

Les chiens utilisent ici les aptitudes à l'origine de leur race : ils doivent trouver et rapporter, rassembler, poursuivre des appâts, suivre des pistes, etc.

Les épreuves de travail en campagne sont les plus courues. Les Pointers, par exemple, doivent chercher et rapporter une pièce de gibier, tenir l'arrêt tandis que le conducteur fait feu. Les Terriers rivalisent pour suivre des pistes, tandis que les Retrievers pratiquent le rapport d'objet dans des circonstances diverses.

Les concours de chiens de berger et de traîneau

Cette fois, différents chiens de berger sont en compétition pour réaliser toute une série de manœuvres avec le troupeau. Leur aptitude à déplacer et guider les brebis est évaluée sur un terrain délimité.

Quant aux courses de traîneau sur piste, elles sont très populaires en Amérique du Nord et dans les pays scandinaves. En l'absence de neige, les traîneaux sont munis de roulettes.

Les épreuves d'« agility »

Les chiens courent ici contre leurs concurrents, mais aussi contre la montre, sur un parcours d'obstacles comprenant slalom, saut, balançoire, exercices d'obéissance, etc. Une discipline très sportive, qui s'adresse aux chiens dotés d'une grande vitalité, et aux maîtres en excellente forme physique.

Le flyball

Ce sport ludique est encore peu connu en France. Le chien doit franchir différents obstacles sur une courte distance puis donner une impulsion sur une planche, qui déclenche l'envoi d'une balle de tennis qu'il doit attraper. Il regagne ensuite la ligne de départ en suivant le même parcours, pour donner le signal au chien suivant qui s'élance à son tour, tandis que l'équipe concurrente fait de même sur une piste contiguë.

Le chien attrape dans sa gueule la balle lancée en l'air.

Une pression sur un levier déclenche l'envoi de la balle.

Au flyball, le chien doit rapporter une balle à ses coéquipiers.

CHAPITRE 5

Les problèmes de santé

La vie n'est pas sans risque. Grâce à quelques mesures simples et pratiques de prévention vous pourrez limiter, autant que faire se peut, les maladies et les accidents, et réduire sensiblement vos notes de vétérinaire. Assurez-vous que votre chien est bien été vacciné contre les maladies contagieuses et correctement protégé des parasites les plus fréquents. Comportez-vous de façon responsable lorsqu'il se trouve à proximité d'une route ou de tout lieu dangereux et sachez comment réagir en cas d'accident. Apprenez à reconnaître les signes cliniques indiquant une affection généralisée ou un problème de santé grave. Un diagnostic précoce facilite presque toujours le traitement et améliore ses chances de succès.

Choisir son vétérinaire

- La proximité est importante
- N'hésitez pas à visiter les lieux et à vous renseigner
- La relation doit être de confiance

Les vétérinaires veillent à la bonne santé de tous les animaux, des petits gerbilles jusqu'aux girafes. Dans les zones urbaines et périurbaines, la plupart limitent leur activité aux seuls animaux domestiques. Il est fort probable que ce soit le cas de celui que vous irez voir avec votre chien. Parmi ces professionnels, certains ont choisi de s'occuper exclusivement d'une espèce, comme les chiens, les chats ou les chevaux, par exemple. Il ne s'agit pas nécessairement de spécialistes au sens médical du terme, mais plutôt de personnes se sentant plus à l'aise avec un animal en particulier.

Le choix du vétérinaire est fonction de vos préférences mais également de celles de votre chien.

S'informer avant de choisir

Avant tout, renseignez-vous auprès de vos voisins et amis propriétaires de chiens. N'hésitez pas à téléphoner pour demander quelques renseignements. S'agit-il d'un cabinet ? Combien y a-t-il de vétérinaires ? Votre chien pourra-t-il être suivi, la plupart du temps, par le même vétérinaire ?

Si vous êtes partisans d'une approche médicale holistique, renseignez-vous sur l'utilisation éventuelle de traitements complémentaires. Vous pouvez demander à voir les « coulisses » – salle d'opération, installations réservées aux chiens, équipements de diagnostic, etc. Une clinique peut offrir un aspect quelque peu désordonné, mais elle doit être propre et bien organisée.

Équipement et tarifs

Un bon cabinet vétérinaire devrait au moins être équipé de matériel d'examen, de radiologie et d'opération en cas d'urgence, d'un certain équipement de laboratoire et d'une salle de réveil. Il s'agit d'un

Assurance

Les difficultés financières ne doivent pas compromettre la qualité des soins médicaux dispensés à votre chien. En contractant une assurance recommandée par votre vétérinaire, vous aurez l'esprit plus tranquille. Les prix d'une police d'assurance pour animaux de compagnie vont de 80 € à 250 € par an, selon la couverture souhaitée, la race et l'âge du chien et votre lieu de résidence.

À défaut, vous pouvez devenir votre propre assureur en réalisant pour votre chien un investissement sûr d'un montant équivalent à celui d'une prime d'assurance. Les soins vétérinaires sont importants la première année, puis chutent jusqu'à l'âge de 8 ans environ, avant de s'accentuer à nouveau lorsque le chien vieillit. Si votre chien suit ce schéma type, vous disposerez, lorsqu'il atteindra un âge avancé, d'un pécule vous permettant de faire face aux dépenses vétérinaires imprévues.

minimum pour pouvoir traiter les urgences. Beaucoup disposent également de matériel de diagnostic et de traitement plus perfectionné, ce qui peut avoir des conséquences sur vos factures. Tout cabinet devrait également assurer un service d'urgence 24 h/24. Faut-il appeler un numéro spécial si vous avez une urgence en dehors des heures d'ouverture du cabinet ? Existe-t-il un système de gardes tournantes ? Votre vétérinaire a-t-il passé un accord avec un établissement de soins d'urgence ou de soins intensifs ? Si tel est le cas, ce dernier peut-il avoir accès au dossier médical de votre chien ou contacter, si nécessaire, votre vétérinaire ?

Règles d'éthique

Nombre de vétérinaires, dont je fais partie, refusent d'écourter les oreilles ou la queue des chiens, ces actes d'amputation n'ayant aucune justification. Assurez-vous que vous partagez les mêmes opinions, car des décisions impliquant la vie ou la mort de votre chien sont toujours moins difficiles à prendre lorsqu'il existe une compréhension mutuelle.

Diplômes

Pour exercer la médecine vétérinaire en France, il faut avoir obtenu le Diplôme d'études fondamentales vétérinaires (6 ans d'études), et être inscrit auprès de l'Ordre national des Vétérinaires. Certains praticiens suivent en outre une spécialisation plus ou moins longue (1 à 3 ans), sanctionnée par un Certificat d'études approfondies vétérinaires (C.E.A.V.) ou un Diplôme d'études spécialisées vétérinaires (D.E.S.V.). Il existe ainsi des spécialisations en médecine et chirurgie des animaux de compagnie.

Au niveau européen, on assiste à la mise en place d'un système d'accréditation dans le cadre de Collèges européens concernant diverses spécialités. Si vous voyez par exemple le sigle ECVIM-CA chez votre vétérinaire, il indique qu'il s'agit d'un vétérinaire accrédité par le Collège européen de médecine interne des animaux de compagnie.

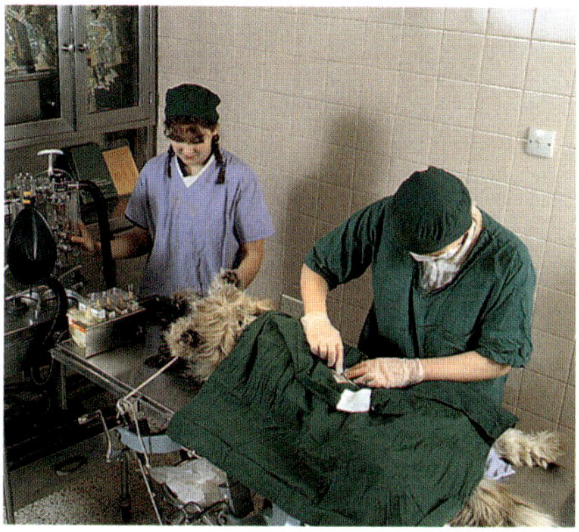

Certains cabinets spécialisés disposent de moyens de diagnostic et de traitement très perfectionnés qui ont un coût.

Examiner son chien

- Habituez votre chien à se laisser examiner
- Pratiquez régulièrement un examen à domicile
- Notez soigneusement la courbe de son poids

Un examen régulier de votre chien, pratiqué à domicile, permet de déceler sans tarder certains problèmes, qui sont alors faciles à traiter. De plus, ces séances hebdomadaires habitueront votre chien à se laisser examiner de bonne grâce.

Ne cherchez pas à en faire trop. N'examinez, lors de chaque séance, qu'une partie du corps, puis offrez à votre chien une récompense, quelques mots de félicitations et autres caresses.

L'aspect et la mobilité

L'aspect général de votre chien est un bon indicateur de son état de santé. Son pelage doit avoir son aspect naturel: un poil terne, sans éclat, peut être le signe de parasites, d'une infection ou d'une maladie affectant une autre région du corps. L'un des symptômes ci-dessous nécessite une visite chez le vétérinaire le jour même:

- difficulté à se lever, à se coucher ou à trouver une position confortable,
- allure chancelante, incapacité à se tenir debout, marche en cercle ou difficulté à marcher droit,
- réaction excessive à la lumière, au bruit ou au contact,
- tête inclinée d'un côté,
- agitation inexplicable,
- ventre gonflé,
- mouvements de poitrine inhabituels,
- spasmes musculaires,
- enflure aiguë d'une partie du corps,
- pleurs, glapissements, plaintes.

La température de votre chien

°C	CAUSE ET MESURE À PRENDRE
> 41	Coup de chaleur. Amenez-le aux urgences vétérinaires.
40,6	Danger. Consultez le vétérinaire le jour même.
40	Forte fièvre. Demandez le jour même l'avis de votre vétérinaire.
39,4	Fièvre modérée. Téléphonez à votre vétérinaire pour prendre son avis.
38,9	Température normale.
38,3	Température normale.
37,8	Température normale.
37,2	Température inférieure à la normale. Consultez le jour même.
< 36,7	Hypothermie. Faites appel d'urgence à un vétérinaire.

La prise de température

La température interne d'un chien varie normalement entre 38,1 °C et 39,2 °C, mais elle peut s'élever davantage en cas d'exercice ou d'excitation. Lorsque vous prenez la température de votre chien avec un thermomètre en verre, lubrifiez-le avec un gel soluble à l'eau. Enfoncez le thermomètre, de 2,5 cm environ, dans le rectum de votre chien et laissez-le en place pendant 90 secondes. Les thermomètres numériques ou auriculaires sont d'utilisation plus simple. Ne prenez jamais la température de votre chien dans la bouche.

Le suivi de la courbe de poids

Les variations pondérales ont toujours une signification. Si vous observez que votre chien a subitement pris ou perdu du poids, consultez sans attendre votre vétérinaire. Ces variations se détectent facilement si vous notez régulièrement son poids.

Pour peser un chien, prenez-le dans vos bras et pesez-vous sur votre pèse-personne. Après avoir soustrait votre poids, vous obtenez celui de votre chien. Si votre chien est imposant, allez le faire peser tous les mois chez le vétérinaire.

Examiner la tête

Les changements au niveau des yeux et de la truffe peuvent indiquer une affection plus complexe touchant une autre partie du corps.

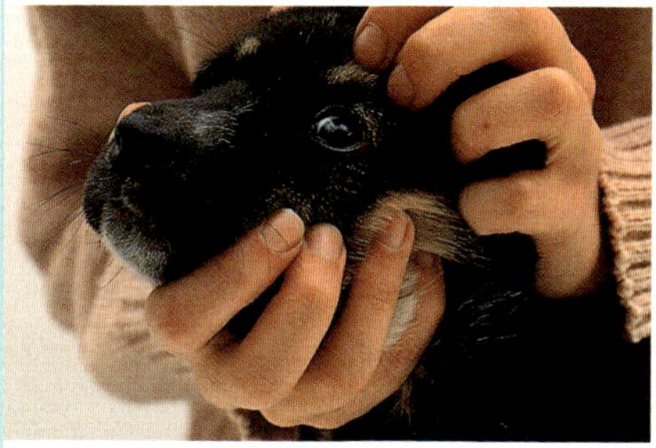

1 Les yeux ne doivent être ni rouges ni troubles, sans sécrétions ni blessure visible. Des pupilles dilatées sont signe, entre autres, de souffrance.

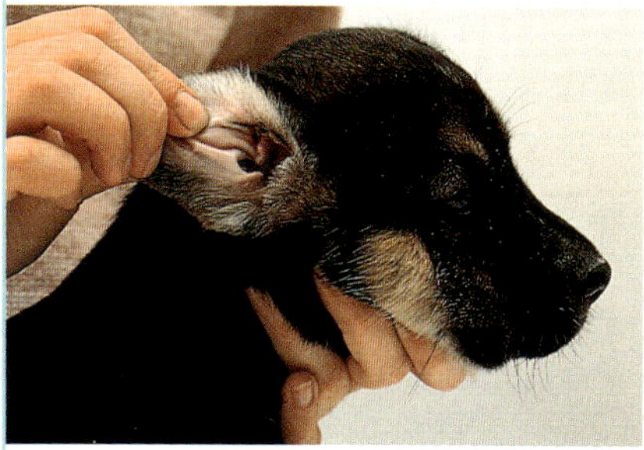

2 Vérifiez l'absence d'inflammation, de sécrétion, d'accumulation de sébum ou de blessure dans les oreilles. Observez l'état de la peau sous les oreilles, afin de détecter une éventuelle anomalie. La truffe doit être fraîche et humide, sans écoulement de narine. Les replis des lèvres ne doivent pas présenter d'inflammation ou d'odeur nauséabonde. Les gencives doivent être d'un joli rose sans dépôt entre les dents.

Examiner le corps, la peau et le pelage

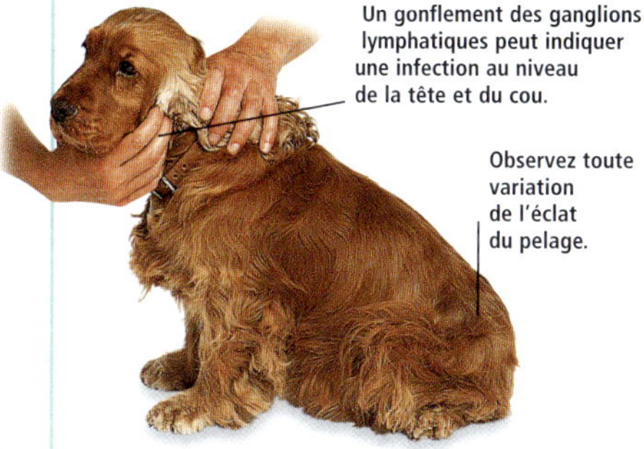

1 Tournez doucement la tête de votre chien vers la gauche, vers la droite, vers le haut, puis vers le bas. Une résistance peut indiquer une douleur.

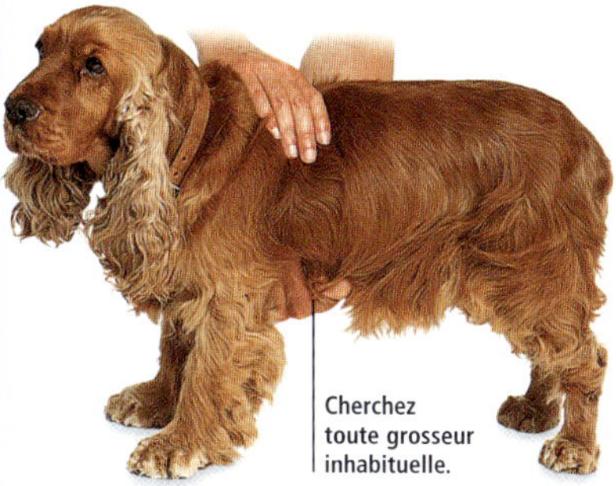

2 Tout épaississement peut être le signe d'une infection cutanée ou d'une blessure. Écartez les poils pour bien examiner la peau qui doit sembler nette, sans inflammation ni desquamations trop nombreuses.

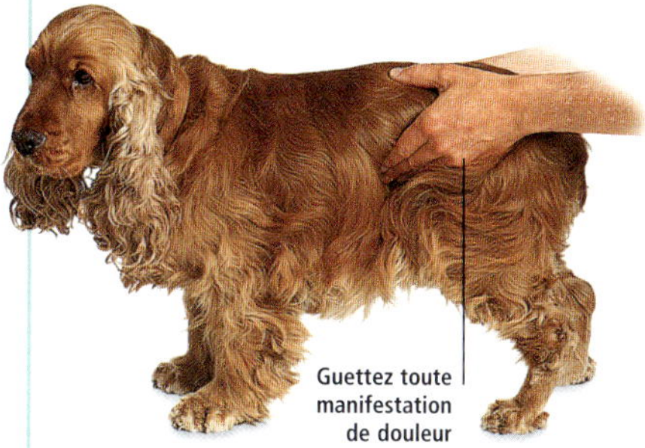

3 Passez vos mains sur les hanches, l'aine et le long de chaque membre, à la recherche de parties gonflées ou excessivement chaudes. Examinez les extrémités, les coussinets et les griffes. Regardez l'anus, qui doit être parfaitement propre et inodore, et les organes génitaux, afin de déceler toute perte ou inflammation.

La prévention

- Vacciner votre chien contre les maladies infectieuses
- Certains vaccins sont meilleurs que d'autres
- Pour les rappels, tenez compte des facteurs de risque locaux

Mieux vaut prévenir les problèmes que de devoir les régler dans l'urgence. J'entends par « problèmes » les maladies infectieuses, parasites internes et externes, accidents physiques, grossesses accidentelles et autres maladies que votre chien pourrait vous transmettre.

La vaccination est la principale mesure à prendre pour garantir la bonne santé de votre chien, bien que cette question fasse l'objet, à juste titre, d'un intense débat. Mon conseil est le suivant : lisez ces pages puis établissez, avec votre vétérinaire, un calendrier de vaccination adapté à votre chien.

Comment fonctionnent les vaccins

Un vaccin contient (en partie ou en totalité) une bactérie ou un virus responsable d'une maladie et ayant été modifié pour ne pas rendre votre chien malade. Le système immunitaire, réagissant à l'injection du vaccin, apprend à lutter contre une future infection. Chez un chien vacciné contre la maladie de Carré, par exemple, certains globules blancs « apprennent » à produire des anticorps qui neutralisent le virus de la maladie.

La vaccination peut se faire en une ou plusieurs injections. La durée de protection garantie par les vaccins reste largement méconnue, sauf pour le vaccin contre la rage, dont on sait qu'il est efficace pendant 2 ou 3 ans au moins. C'est pourquoi nombre de fabricants

Infections et maladies courantes

MALADIE	SYMPTÔMES
Parvovirose	Vomissements violents et diarrhée, parfois sanglante, léthargie et apathie, déshydratation. La parvovirose non traitée peut être fatale.
Maladie de Carré	Toux, inflammation et sécrétions oculaires, vomissements et diarrhée, fièvre et déshydratation, suivis de symptômes neurologiques, voire d'attaques. Peut être mortelle, même en cas de traitement précoce.
Hépatite	Vomissements, diarrhée, déshydratation, ictère (jaunisse). L'hépatite peut être fatale si elle n'est pas traitée rapidement.
Leptospirose	Léthargie, perte d'appétit, problèmes rénaux, problèmes hépatiques. La leptospirose est transmise par l'urine des rongeurs et se contracte généralement lors d'une baignade. Elle est transmissible à l'homme.
Bordetella bronchiseptica (Toux du chenil)	Toux sèche, persistante et non productive, haut-le-cœur, glaire abondante. Cette infection bactérienne affaiblit surtout les races ayant la trachée délicate et les chiens âgés.
Parainfluenza	Toux, haut-le-cœur, fièvre. Cette infection moyennement débilitante augmente le risque de pneumonie.
Rage	Symptômes très variés : salivation accrue, agressivité plus développée, docilité plus grande, paralysie, boiterie. La maladie est toujours mortelle et très contagieuse pour les humains.

et d'associations vétérinaires recommandent un rappel annuel afin de garantir un niveau d'immunité élevé. Toutefois, un certain nombre d'écoles vétérinaires et de praticiens préconisent de faire des rappels tous les trois ans, sachant que l'immunisation contre les virus peut perdurer plusieurs années,

Principales vaccinations		
MALADIE	VACCINATION	RAPPELS
Parvovirose	À 8, puis 10 ou 12 semaines, suivant les indications du laboratoire pharmaceutique	À 15 mois, puis tous les 2 ans
de Carré	À 8, puis 10 ou 12 semaines	À 15 mois, puis tous les 3 ans
Hépatite/ Adénovirus	À 8, puis 10 ou 12 semaines	À 15 mois, puis tous les 3 ans
Rage	Obligatoire dans certaines régions. À partir de 12 semaines, si la mère est immunisée, sinon à partir de 8 semaines.	Tous les 2 ou 3 ans
Vaccinations complémentaires		
Parainfluenza	À 8, puis 10 ou 12 semaines, selon les indications du laboratoire pharmaceutique	À 15 mois, puis tous les 2 ans
Leptospirose	À 8, puis 10 ou 12 semaines, selon les indications du laboratoire pharmaceutique	À 15 mois, puis tous les ans
Toux du chenil	Au moins 1 semaine avant toute exposition au risque	À 9 mois, si le risque persiste

voire toute la vie du chien. Selon eux, l'espacement des vaccins contribuerait à réduire certains troubles du système immunitaire.

Le programme de protection

Il n'existe aucune règle générale concernant les vaccins. Tous les chiots devraient cependant recevoir, pour commencer, un certain nombre de vaccins de base dès l'âge de 8 semaines (*voir ci-dessus*). Évitez de faire courir des risques aux chiots plus jeunes, qui ne sont pas encore totalement protégés. Si votre chien est âgé de plus de 12 semaines et que vous ne disposez d'aucune information fiable, mieux vaut le revacciner comme un chiot plus jeune, en réduisant éventuellement le nombre d'injections, selon les indications du laboratoire pharmaceutique. Certains chiens peuvent réagir aux vaccins. Il s'agit généralement de réactions modérées et de courte durée, pouvant se traduire par des douleurs musculaires, une fièvre modérée et une somnolence.

On observe très rarement des réactions plus sévères, comme des vomissements, un gonflement de la face et de l'urticaire. Dans ce cas, demandez immédiatement l'avis de votre vétérinaire.

Chaque patient subit un examen de routine avant toute vaccination.

Les spécificités locales

Les risques que court votre chien varient selon l'endroit où vous vivez, d'où l'importance de discuter avec votre vétérinaire des principales maladies contre lesquelles il convient de le protéger et selon quelle fréquence les injections de rappel doivent être faites.

La lutte contre les parasites

- Demandez conseil à votre vétérinaire
- Traitez régulièrement votre chien et son environnement
- Certains traitements alternatifs se révèlent efficaces

Les chiens sont touchés par une multitude de parasites internes et externes. Un toilettage régulier vous aidera à déceler les premiers signes d'infestation car certains parasites internes laissent des traces visibles sur le pelage et la peau. Soyez particulièrement vigilants avec les chiots, qui peuvent hériter de certains parasites de leur mère. La chaleur favorise la multiplication des parasites.

Question au vétérinaire

Q. À quelle fréquence doit-on vermifuger un chien ?
R. Jusqu'à 1 an, les chiots doivent être vermifugés contre les vers ronds ou nématodes tous les 3 mois. Ensuite, une fois par an suffit dans la plupart des régions, sauf circonstances particulières. Les chiennes doivent être vermifugées après chaque période de chaleurs et pendant la grossesse, selon les indications du vétérinaire. Renseignez-vous également sur la nécessité d'administrer un vermifuge après un traitement aux corticostéroïdes.

Parasites internes

TYPE	MODE DE TRANSMISSION	DIAGNOSTIC ET TRAITEMENT
Vers ronds ou nématodes (fréquents)	Les chiots peuvent les hériter de leur mère avant la naissance ou les attraper en léchant sa peau contaminée.	Les chiots gravement atteints ont le ventre ballonné. Les chiots ayant plus de 14 jours et les chiennes enceintes doivent être régulièrement vermifugées.
Ténias ou vers solitaires (fréquents)	Le ténia le plus fréquent (*Dipylidium caninum*) se transmet lorsque le chien avale une puce infectée. D'autres ténias sont présents dans les abats crus de différents animaux d'élevage et tout particulièrement du mouton.	Le signe d'infection le plus fréquent est la présence de morceaux de ténia desséchés, semblables à des grains de riz, dans les poils situés autour de l'anus. Vermifugez avec du praziquantel et évitez le contact avec des carcasses d'animaux et l'ingestion d'abats crus.
Ankylostomes (peu fréquents)	Une espèce (*Uncinaria sp.*), présente dans les climats froids, se transmet lorsque le chien lèche un matériau contaminé par des œufs. Une autre, (*Ancylostoma sp.*), se rencontre dans les climats tempérés et se transmet par le lait maternel ou l'enfouissement de larves dans la peau.	Perte de poids, diarrhées, sang dans les déjections, inflammation de la peau, notamment autour des coussinets ou du ventre. Il convient de vermifuger la mère et les chiots, de nettoyer l'environnement et de traiter les signes cliniques, comme l'anémie.
Trichocéphales (peu fréquents)	Les œufs peuvent survivre des années dans les endroits à l'ombre et être mangés accidentellement par les chiens. Ils se transforment en minuscules vers qui peuvent entraîner de graves problèmes intestinaux.	Diarrhée, souvent très malodorante et mélangée à du sang de couleur sombre, pelage terne, perte de poids et douleurs abdominales. L'environnement doit être désinfecté et tous les chiens vermifugés. Adressez-vous à un vétérinaire.
Giardia (fréquent)	Parasite unicellulaire microscopique, il est transmis par l'eau douce contaminée.	Diarrhée, souvent sanglante, et douleurs abdominales. Traitez toute l'eau utilisée si vous faites de la randonnée.
Vers cardiaques ou dirofilaires (fréquents)	Les œufs se transmettent par les piqûres de moustiques. Ils se transforment ensuite en gros vers qui obstruent le cœur.	Toux et affaiblissement n'apparaissent que lorsque la maladie se trouve à un stade avancé. Les chiens vivant à l'extérieur courent davantage de risques d'infection. Vous pouvez prévenir l'infestation en suivant les indications de votre vétérinaire.

Les parasites internes

La taille des parasites internes varie du microscopique *Giardia* unicellulaire au gigantesque ténia. Des vermifuges efficaces, sûrs et pratiques permettent de prévenir leur apparition ou de les éliminer totalement.

Les puces dans la maison

Les puces, parasites externes les plus fréquents, adorent déposer leurs œufs et leurs larves dans les tapis. Il convient de les traiter avec des produits professionnels de nettoyage des tapis qui éliminent efficacement les œufs de puces. N'utilisez jamais de borax, produit servant à blanchir, car il peut provoquer des problèmes oculaires, respiratoires ou rénaux.

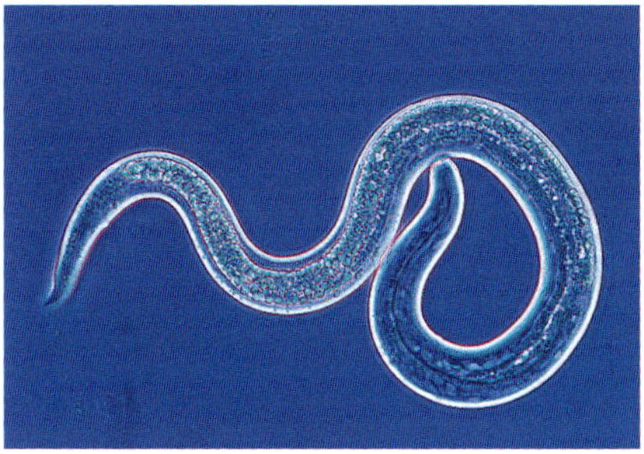

Les ascaris ou vers ronds *Toxocara* présentent un danger pour l'homme car ils peuvent se transmettre par les œufs présents dans les déjections canines.

Les produits en vente libre

Si certains produits anti-parasitaires sont extrêmement efficaces, d'autres, plus anciens, se révèlent bien moins performants. Demandez conseil à votre vétérinaire.

Les parasites externes

TYPE	MODE DE TRANSMISSION	DIAGNOSTIC ET TRAITEMENT
Puces	Les puces sont stimulées par la chaleur du corps, les vibrations corporelles et l'odeur des chiens. Les larves dormantes se réveillent pour devenir des puces qui sautent sur votre chien pour se nourrir de son sang et se reproduire. Les puces sont présentes dans l'environnement des chiens et des autres animaux.	Démangeaisons chez la plupart des chiens (*voir p. 230*). Cherchez les puces ou les crottes de puces (petits points noirs et luisants sur la peau), notamment sur l'arrière-train. Prévenez leur apparition ou traitez avec un produit efficace et sans danger, sans oublier de désinfecter l'environnement ainsi que les autres chiens et chats.
Tiques	Les tiques vivent dans les hautes herbes. Elles s'agrippent au chien, enfoncent leur rostre sous la peau et sucent le sang jusqu'à en être gorgées. Elles peuvent transmettre diverses maladies, dont la maladie de Lyme, la piroplasmose et l'ehrlichiose.	Gorgées de sang, les tiques se détectent facilement. Appliquez un tampon imbibé d'alcool, pour tuer la tique, puis à l'aide d'une pince à épiler, attrapez-la au plus près de la peau et extrayez-la en tournant. Si vous tirez tout simplement, la tête risque de rester sous la peau et de provoquer une infection. Évitez de les presser pour ne pas libérer davantage de toxines.
Acariens	Les acariens responsables de la gale des oreilles, sont transmis par un autre chien.	Dépôts de cérumen dans les oreilles associés à une irritation. Traitez avec une lotion vétérinaire.
	Les acariens *Demodex* sont hérités de la mère.	Perte de poils sans démangeaison.
	Les acariens de type sarcoptes sont transmis par d'autres chiens, des renards et des loups. Ils creusent des galeries sous la peau et sont responsables de la gale sarcoptique.	Intenses démangeaisons aux extrémités des oreilles et aux coudes. Elle réagit à la sélamectine.
	Transmis par la mère, les acariens *Cheyletiella* concernent essentiellement les jeunes chiots.	Épaisses desquamations sur le dos, souvent sans démangeaison. Les traitements anti-puces éliminent facilement ces acariens.
Poux	Les poux s'attrapent dans des endroits peu hygiéniques, comme les élevages de chiots. Les poux pondent des larves qui restent collées aux poils du chien.	Démangeaisons et, en cas d'infestation intense, une perte de sang et une anémie. Il existe de nombreux traitements anti-poux efficaces.

Être responsable

- Faites le nécessaire pour prévenir les grossesses accidentelles
- Pensez à la prévention des maladies transmissibles à l'homme
- Ne négligez pas la prévention des accidents de la circulation

Nous avons des responsabilités envers nos chiens, mais aussi envers les personnes qui nous entourent. Se comporter en personnes responsables n'a rien de difficile. Pour cela, tenons notre chien en laisse afin d'éviter les accidents de la circulation. Faisons stériliser notre compagnon pour éviter les grossesses accidentelles et les problèmes inhérents à l'influence des hormones sexuelles sur le comportement et apprenons à connaître les quelques maladies canines transmissibles à l'homme.

Les morsures de chien

Les blessures par morsure sont, de très loin, les problèmes les plus courants résultant d'un contact avec des chiens. La plupart des victimes sont des enfants, principalement des garçons. Par bonheur, la plupart de ces blessures restent sans gravité et moins de 5 % s'infectent. La bactérie *Pasteurella* est présente dans la majorité des cas d'infection.

Le tétanos est rare chez le chien, mais il peut être transmis à l'homme en cas de morsure profonde.

La stérilisation et le comportement

Pour la plupart des chiens, l'inactivité sexuelle peut déboucher sur des problèmes sociaux et un comportement destructeur. La stérilisation peut rendre la vie de votre chien, mais aussi la vôtre, plus agréable. Les femelles stérilisées, débarrassées de leurs deux périodes de chaleurs annuelles et du risque de grossesse accidentelle, ne subissent plus les sautes d'humeur associées à la production hormonale. Quant aux mâles, ils sont moins enclins au vagabondage et se montrent plus responsables. Tout en conservant leur instinct de défense du territoire, les mâles stérilisés sont moins enclins aux accès d'agressivité envers les autres mâles.

La stérilisation comporte quelques inconvénients potentiels, le principal étant la prise de poids, qui touche un mâle sur trois, mais peut parfaitement être enrayée par une modification du régime alimentaire. Un changement d'odeur peut parfois survenir, incitant d'autres mâles à tenter un rapport sexuel. Dans des cas plus rares, la stérilisation entraîne une incontinence urinaire d'origine hormonale.

La stérilisation n'a que peu d'effets sur le comportement des chiennes, dont l'activité hormonale se limite aux deux cycles annuels de chaleurs. De rares cas d'incontinence urinaire ont été décelés chez des femelles ayant une prédisposition.

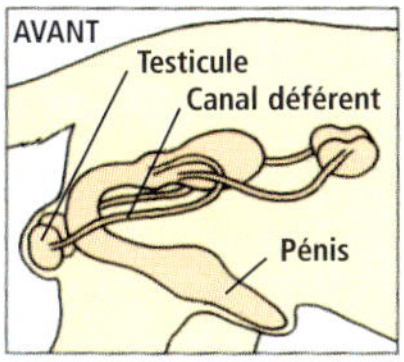

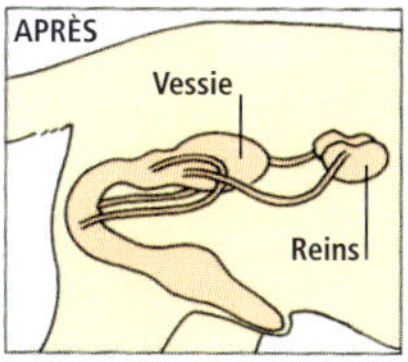

Les mâles peuvent être stérilisés à tout moment sous anesthésie générale. Une petite incision est pratiquée dans le scrotum, permettant l'ablation des testicules.

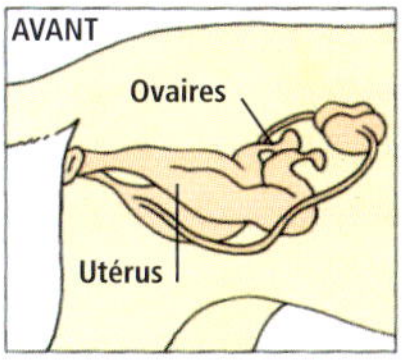

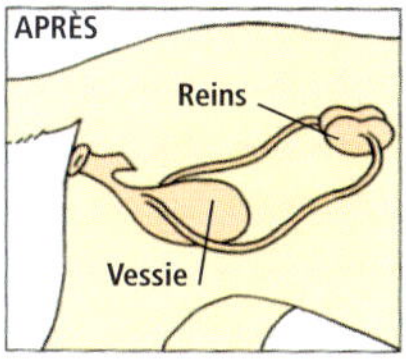

Les femelles sont stérilisées de préférence avant leurs premières chaleurs. L'ablation des ovaires et de l'utérus est pratiquée sous anesthésie générale.

Les maladies transmissibles à l'homme

Les maladies transmissibles à l'homme par des animaux sont des zoonoses. Toujours préoccupantes, elles n'en demeurent pas moins rares. Voici les maladies que les propriétaires de chien risquent, en théorie, d'attraper:

- **La maladie de Lyme.** Les tiques peuvent transmettre à l'homme des infections sévères dont la maladie de Lyme, la plus courante, qui se traduit par des ganglions lymphatiques enflés, des inflammations articulaires et des douleurs.
- **La rage.** C'est la plus dangereuse des maladies transmissibles. Dans les régions où la rage est endémique, les humains sont exposés en cas de morsure par un chien non vacciné. Une fois déclarée, chez le chien comme chez l'homme, il n'existe aucune possibilité de guérison.
- **La toxocarose ou syndrome de *larva migrans* viscérale.** Les vers ronds du chien constituent un risque potentiel pour l'homme. En cas d'ingestion accidentelle d'œufs, les larves effectuent une migration dans l'organisme, pouvant entraîner des troubles de la vision ou une réaction allergique chez certains enfants. Il ne faut pas confondre toxocarose et toxoplasmose – zoonose transmise par le chat –, responsable de lésions cérébrales et de cécité du fœtus.
- **L'hydatidose (échinococcose).** Lorsqu'un chien mange les abats crus d'un mouton infecté, il peut attraper une larve de ténia, ou hydatide, et la transmettre à l'homme. Cette maladie se révèle extrêmement difficile à traiter. Dans les régions où cette zoonose est endémique, il convient de vermifuger votre chien toutes les six semaines, en l'empêchant d'ingérer des viscères crus et en apprenant aux enfants à ne jamais jouer avec des chiens non traités.
- **La teigne.** Cette infection fongique superficielle provoque des lésions cutanées circulaires chez les humains. Principalement transmise par les chats persans, le chien peut également en être porteur. Les chiens contaminés sont traités par antifongiques topiques associés à une antibiothérapie (*voir également p. 233*).

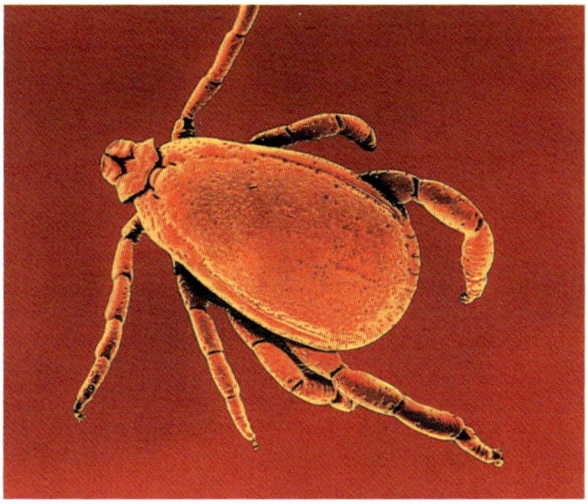

Les tiques du mouton et du cerf peuvent passer du chien à l'homme. Elles servent d'hôtes à diverses bactéries pouvant provoquer des maladies.

La prise de médicaments

- Soyez rapide et efficace
- Utilisez la ruse lorsque vous en avez la possibilité
- Suivez toujours les traitements jusqu'au bout

Administrer un comprimé

1 Faites asseoir votre chien. Ouvrez-lui la gueule d'une main, en inclinant la tête vers le haut, puis mettez le comprimé aussi loin que possible, vers le fond la gorge.

2 Maintenant la tête légèrement inclinée vers le haut, fermez la bouche de votre chien et frottez-lui la gorge. Le comprimé est bien descendu lorsqu'il déglutit et se lèche les babines. Récompensez-le.

La façon la plus simple de faire prendre des médicaments à votre chien consiste à les cacher dans sa nourriture.
Vous trouverez dans le commerce des friandises trouées, spécialement conçues à cet effet, mais une boulette de viande dans laquelle vous dissimulerez un comprimé fera tout aussi bien l'affaire. Demandez l'avis de votre vétérinaire, car certains aliments ne doivent pas être associés à certains médicaments.

Si ce type de ruse ne fonctionne pas, vous devrez administrer directement le médicament par la bouche sans prendre le risque de vous faire mordre. Si votre chien est d'un tempérament agité, vous devrez peut-être le tenir entre vos jambes, vos genoux derrière ses épaules.

En cas d'échec – ce qui peut arriver, surtout chez les races de petite taille –, contactez votre vétérinaire. Il vous dira si le médicament existe sous forme liquide, à administrer avec une seringue, directement dans la gueule.

Les médicaments liquides

Administrer un médicament sous forme liquide fait appel à une autre technique.

- Tenez la mâchoire supérieure comme vous le feriez pour administrer un comprimé, tout en maintenant la tête horizontale, sans l'incliner vers le haut.
- Versez le médicament sur le côté de la bouche, entre les dents, mais jamais au fond de la gorge, car il pourrait passer la trachée.

Instiller des gouttes auriculaires

Aucun chien n'aime avoir des gouttes dans les oreilles. Essayez de limiter l'aspect menaçant et les désagréments de ce geste. Faites rouler le flacon de gouttes dans vos mains afin de réchauffer le médicament.

1 Nettoyez tout excès de sébum se trouvant sous le rabat de l'oreille, notamment dans l'orifice situé au fond, qui ouvre sur le conduit auditif.

2 Maintenez la tête immobile et insérez l'embout du flacon dans le creux de l'oreille, en pointant vers la truffe. Pressez doucement le flacon.

3 Rabattez l'oreille et, sans laisser votre chien secouer la tête, massez doucement la zone située juste au-dessous de l'orifice du conduit auditif.

• Fermez la gueule de votre chien et massez-lui la gorge jusqu'à ce qu'il déglutisse.

Les prescriptions ophtalmologiques

Il peut se révéler nécessaire d'instiller un médicament dans l'œil de votre chien.
• Essuyez tout dépôt se trouvant au coin ou sur le pourtour de l'œil, à l'aide d'un coton imbibé d'eau tiède ou d'une solution destinée à cet usage.
• Tenez doucement votre chien d'une main, puis, de l'autre, approchez par derrière le flacon de gouttes.
• Instillez les gouttes au-dessus de l'œil, en prenant soin d'éviter tout contact direct entre le flacon et l'œil.
• Maintenez les yeux fermés quelques secondes, afin que le médicament se réchauffe, ce qui favorisera sa dispersion.

Les injections

Vous devrez peut-être administrer une injection à votre domicile. Demandez toujours l'avis de votre vétérinaire. Contrairement aux apparences, il est parfois plus facile d'administrer une injection qu'un médicament par voie orale. Procédez de la façon suivante :
• Remplissez la seringue de médicament. Tapotez-la afin de faire remonter les bulles d'air, puis faites-les sortir en appuyant sur la seringue jusqu'à ce que la première goutte de médicament sorte de l'aiguille.
• Immobilisez votre chien et parlez-lui calmement tout en attrapant le repli cutané du cou, relativement insensible, situé entre les omoplates.
• Piquez l'aiguille dans les tissus situés juste sous la peau, sans atteindre le muscle.
• Injectez soigneusement le contenu de la seringue avant de la retirer.

En cas d'accident

- Gardez votre calme
- Commencez par vous protéger, puis occupez-vous de votre chien
- Surveillez ses fonctions vitales

Dans le cas où votre chien serait blessé, votre rapidité d'action peut lui sauver la vie. Commencez par évaluer la situation : devez-vous déplacer votre chien s'il demeure en danger, tout en évitant de prendre vous-même des risques ? Écoutez son cœur et sa respiration. Si ses fonctions vitales se sont arrêtées, il vous faudra pratiquer la respiration artificielle ou un massage cardiaque. Observez les symptômes indiquant un état de choc (*voir p. 225*). Si tout est normal, installez votre chien de façon à soigner ses blessures (plaie, fracture, etc.). Un chien blessé doit toujours être examiné rapidement par un vétérinaire, car une normalité apparente peut dissimuler une blessure interne pouvant engager le pronostic vital.

L'état de choc est un risque sournois. Après un accident, vérifiez que votre chien ne présente aucun signe de choc, comme une pâleur des gencives.

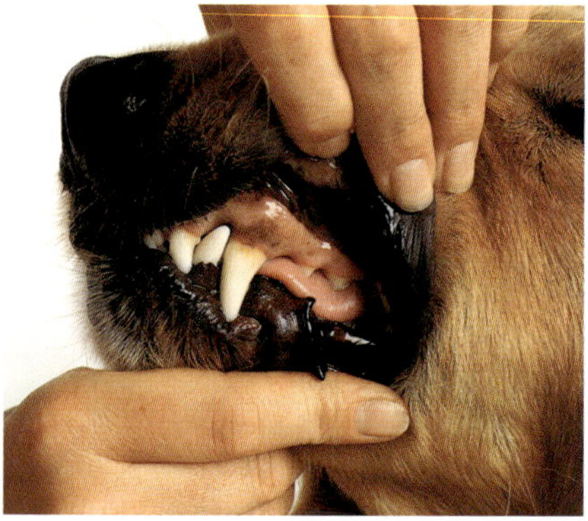

En cas d'accident

S'il s'agit d'un accident, suivez ces quelques conseils :

1. Approchez-vous calmement. Parlez à votre chien d'une voix rassurante et évitez de le regarder dans les yeux : il pourrait y voir une menace. Observez ses réactions et ses expressions afin d'évaluer son degré de souffrance et de peur.

2. Une fois calmé, caressez-le sous le menton, puis passez-lui une laisse autour du cou. À défaut, utilisez une cravate ou une ceinture, en formant une boucle.

3. S'il s'agit d'un gros chien, passez-lui un bras autour du cou, aussi loin que possible, et examinez-le de l'autre main. Avec un petit chien, attrapez avec douceur et fermeté le museau, puis exercez une légère pression sur le corps, avec le coude de votre bras libre, pendant que vous l'examinez.

4. Un chien blessé peut se montrer effrayé ou irritable. Pour éviter les morsures, il est préférable de lui passer une muselière, que vous pourrez confectionner avec une cravate, par exemple, ou tout autre matériau résistant. Surtout, ne muselez pas un chien qui respire difficilement.

Contrôler la respiration

Vérifiez que le chien blessé respire en observant ses mouvements de poitrine. Si ce n'est pas le cas, pratiquez la respiration artificielle (*voir p. 223*).

L'accélération de la respiration chez un chien blessé peut indiquer une douleur, un choc ou un trouble cardiaque ou pulmonaire. En temps normal, un chien inspire et expire entre 20 et 30 fois par minute. Il convient de faire la différence entre respiration et halètement.

Improviser une muselière

Mieux vaut museler un chien blessé. Utilisez une bande de gaze, une cravate, un morceau de drap en coton ou tout autre matériau doux et résistant. N'utilisez les cordes et autres matériaux pouvant blesser le chien qu'en cas d'urgence extrême.

1 Il vous faut 50 à 70 cm de tissu. Formez une boucle suffisamment grande pour y passer le museau du chien. Rassurez-le tandis que vous l'enfilez, d'un geste rapide, autour de son museau, puis ajustez la boucle, sans faire de nœud.

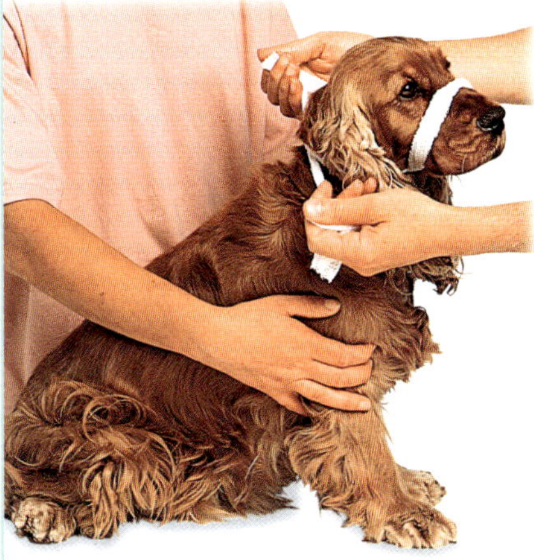

2 Croisez les brins sous le museau, puis attachez-les derrière les oreilles. Si votre chien a un museau court, ou de très petite taille, entourez-lui le cou d'une serviette, que vous pourrez fixer avec une épingle à nourrice pendant que vous l'examinerez.

Ce dernier permet de réguler la température corporelle et s'accentue avec l'exercice, l'anxiété et la souffrance. Pour être sûr de bien surveiller la respiration, et non le halètement, observez les mouvements de poitrine.

Contrôler le rythme cardiaque

Le rythme cardiaque d'un chien varie de 50 pulsations par minute chez les races de grande taille à 160 chez les chiens de petite taille, et 200 chez les chiots. Si votre chien a été victime d'un accident, surveillez attentivement son rythme cardiaque: une accélération peut être signe de fièvre, de douleur, de problème cardiaque ou d'état de choc.

Si le chien est inconscient, vérifiez que le cœur bat toujours (*voir p. 222*). Pratiquez d'urgence une réanimation cardio-pulmonaire le cas échéant (*voir p. 223*). S'il continue de battre, surveillez le rythme cardiaque en pressant fortement les doigts de la main sur le côté gauche de la poitrine, juste derrière le coude. Chez les chiens plus petits, placez vos mains de part et d'autre de la poitrine, juste derrière les coudes, et appuyez doucement jusqu'à ce que vous sentiez les battements du cœur. Chez les chiens ayant un embonpoint, tâtez le pouls en posant vos doigts à l'intérieur de l'une des pattes arrière, à la jointure de l'aine, où affleure une grosse artère.

Libérez les voies respiratoires

Lorsqu'un chien blessé est inconscient mais continue de respirer, redressez-lui le cou, ouvrez-lui la bouche afin de retirer tout débris et tirez doucement la langue vers l'avant. Ce geste est d'autant plus important s'il s'agit d'un chien à museau aplati, dont la langue peut obstruer les voies respiratoires.

Les gestes de premiers secours

- Trois priorités : libération des voies respiratoires, respiration, circulation
- Apprenez les gestes élémentaires de survie (GES)
- Ne sous-estimez jamais le risque d'état de choc

Lorsque le cœur du chien a cessé de battre, le cerveau n'est plus alimenté en oxygène. Il faut faire repartir son cœur dans les minutes qui suivent pour qu'il ait une chance de survivre.

En pratiquant rapidement un massage cardiaque, vous pourrez faire redémarrer un cœur qui s'est arrêté. La technique de la respiration artificielle fera passer l'oxygène que vous expirez dans les poumons de votre chien, jusqu'à ce que la respiration reprenne. L'association du massage cardiaque et de la respiration artificielle est appelée réanimation cardio-pulmonaire ou RCP.

Situations mettant la vie en danger

Les gestes élémentaires de survie peuvent se révéler nécessaires dans les cas suivants :

- arrêt cardiaque,
- coma diabétique,
- commotion cérébrale,
- électrocution,
- empoisonnement,
- état de choc,
- hémorragie,
- inhalation de fumée,
- noyade,
- suffocation.

Les gestes élémentaires de survie (GES)

Si votre chien est inconscient, vérifiez que son cœur bat toujours (*voir ci-après*). En cas d'arrêt, pratiquez immédiatement la RCP (voir ci-contre). Si le cœur continue de battre mais que le chien ne respire plus, pratiquez la respiration artificielle (*voir ci-contre*).

Connaître les GES

Voici les GES ou gestes élémentaires de survie :
1. Les **voies respiratoires** sont encombrées : retirez les débris les obstruant et ramenez la langue vers l'avant.
2. Le chien ne **respire plus** : pratiquez la respiration artificielle (*voir ci-contre*).
3. Vous ne sentez plus les **battements cardiaques** et le **pouls** : faites un massage cardiaque (*voir ci-contre*).

Vérifier que le cœur bat

Ne réalisez un massage cardiaque que si le cœur a cessé de battre. Il existe plusieurs moyens de constater l'arrêt cardiaque. Cherchez à sentir ou à écouter les battements du cœur ou prenez le pouls. Observez les yeux : les pupilles sont dilatées lorsque le cœur ne bat plus. Appuyez sur les gencives : si elles blanchissent puis redeviennent rapidement roses, le cœur bat toujours. En revanche, si elles ne reprennent pas leur teinte habituelle, le cœur s'est arrêté.

Vérifier que le chien respire

La respiration d'un chien inconscient peut être faible et donc difficile à observer. En cas de doute, approchez un miroir de son nez afin de vérifier la formation de condensation, sous forme de buée ou de minuscules gouttelettes

La respiration artificielle

Si le chien ne respire plus mais que son cœur continue de battre, commencez la respiration artificielle en attendant les secours.

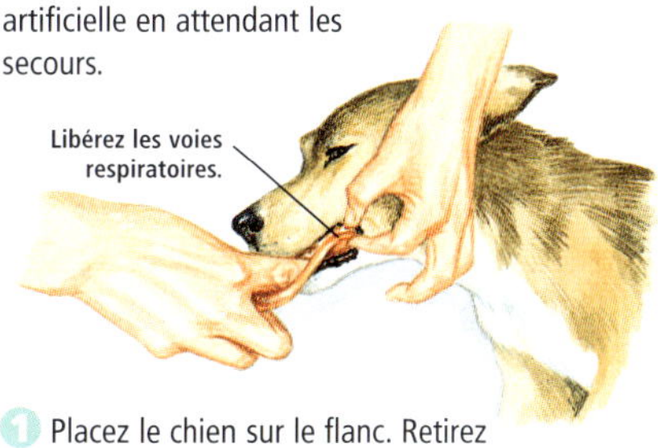

1 Placez le chien sur le flanc. Retirez tout corps étranger pouvant obstruer son nez et sa bouche, puis tirez la langue vers l'avant. Fermez-lui la gueule. Tout en maintenant le cou tendu, placez votre bouche sur sa truffe et soufflez jusqu'à ce que sa poitrine se gonfle. Vous pouvez aussi former avec vos mains un entonnoir hermétique dans lequel vous soufflerez.

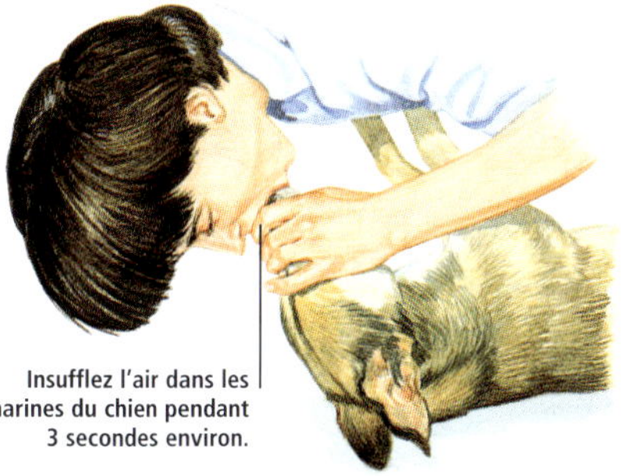

2 Écartez votre bouche. Les poumons du chien vont naturellement se vider. Répéter l'opération 10 à 20 fois par minute, jusqu'à ce qu'il respire seul.

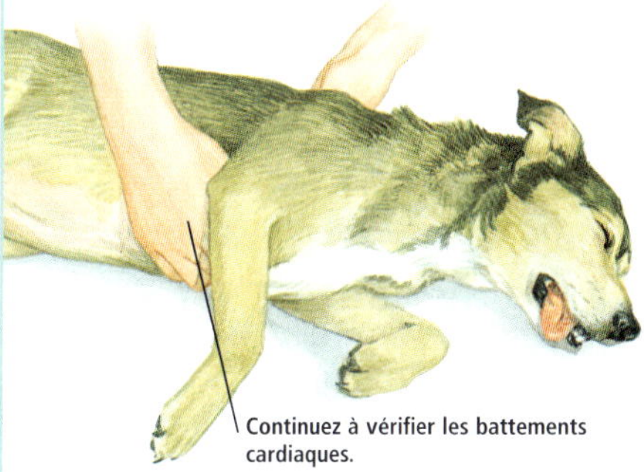

3 Vérifiez le pouls toutes les 15 secondes. Si le cœur s'arrête, combinez respiration artificielle et massage cardiaque (*voir ci-contre*). Faites examiner votre chien par le vétérinaire le plus proche.

La réanimation cardio-pulmonaire

La RCP combine massage cardiaque et respiration artificielle. S'il s'agit d'un chien de taille moyenne ou grande, suivez la procédure indiquée ci-dessous. Pour un petit chien, vous devrez utiliser une technique différente (*voir page suivante*). Ne craignez pas de lui briser une côte en exerçant une trop forte pression : il s'agit d'une question de vie ou de mort.

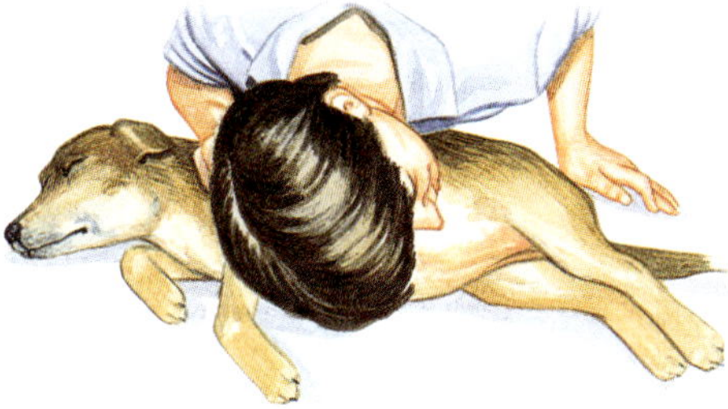

1 Collez votre oreille sur sa poitrine. Si le cœur continue de battre, commencez la respiration artificielle (*voir ci-contre*). Dans le cas contraire, faites immédiatement le massage cardiaque.

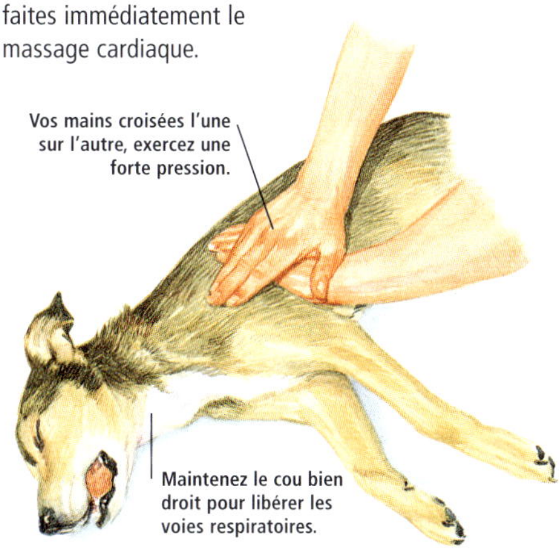

2 Placez le chien sur le flanc, la tête plus basse que le reste du corps. Posez la partie charnue de la paume de la main sur sa poitrine, juste derrière son coude gauche, puis croisez l'autre main, de la même manière, par-dessus. Exercez une pression vers le bas et vers le cou, 100 fois par minute.

3 Après 15 secondes de massage cardiaque, passez à la respiration artificielle (*voir ci-contre*) pendant 10 secondes. Continuez ainsi, en alternance, jusqu'au rétablissement du pouls, puis pratiquez uniquement la respiration artificielle. Faites examiner au plus vite votre chien par un vétérinaire.

à la surface du miroir. S'il y a condensation, votre chien respire. Vous pouvez aussi tenir un petit morceau de tissu ou de coton hydrophile devant ses narines et observer attentivement la moindre vibration, signe de respiration.

La RCP pour les petits chiens

S'il s'agit d'un chien de petite taille, vous devrez utiliser une technique de RCP légèrement différente :

- Placez votre chien sur le flanc, dans la mesure du possible la tête plus basse que le corps. Attrapez la poitrine, derrière les coudes, entre le pouce et les autres doigts. Soutenez son dos de l'autre main.
- Appuyez fermement, en comprimant la cage thoracique, puis en remontant vers le cou. Répétez ce geste, par pressions rapides et fortes, 120 fois par minute.
- Après 15 secondes de massage cardiaque, pratiquez 10 secondes de respiration artificielle. Continuez ainsi, alternativement, jusqu'au retour du pouls, puis pratiquez uniquement la respiration artificielle. Faites appel d'urgence à un vétérinaire.

En cas de saignement

Une hémorragie de sang, qu'elle soit forte ou modérée, peut entraîner un grave choc clinique. Contrairement aux saignements internes, difficiles à contrôler, les saignements externes peuvent souvent être enrayés par compression (*voir ci-contre*).

Si le sang jaillit d'une plaie, une artère a été touchée. L'hémorragie est plus difficile à stopper car les artères transportent le sang (à partir du cœur) à une pression plus élevée que les veines (qui le ramènent vers le cœur). Cherchez à déceler tout symptôme d'un état de choc (*voir ci-contre*), à traiter d'urgence.

Stopper un saignement

Il faut d'exercer une pression ferme pour stopper l'afflux de sang avant de conduire votre chien dès que possible chez le vétérinaire.

1. Utilisez une compresse de gaze sur laquelle vous exercerez une pression ferme pendant au moins 2 minutes. À défaut, du papier absorbant, un morceau de papier toilette, ou un mouchoir en papier, feront l'affaire.

2. Ne retirez pas la compresse ou le papier souillé : il favorise la coagulation. Le vétérinaire s'en chargera. Maintenez le pansement à l'aide d'un bandage et conduisez votre chien chez le vétérinaire le plus proche.

L'état de choc

L'état de choc est un tueur insidieux : un chien peut avoir l'air en bonne santé après un accident, puis mourir quelques heures plus tard. Il convient de traiter un état de choc avant toute autre blessure n'engageant pas le pronostic vital.

La couleur des gencives est un excellent indicateur de l'état de choc.

Le choc anaphylactique

Les piqûres d'insectes ou certains médicaments peuvent entraîner un tel choc. Les symptômes sont un gonflement du museau, des haut-le-cœur, des vomissements, une démarche titubante et une diarrhée soudaine. Puis apparaissent le bleuissement des gencives et des gargouillements lors de l'inspiration, signes d'une détresse respiratoire. Suspendez 10 secondes votre chien par les pattes postérieures pour libérer les voies respiratoires.

Que faire en cas d'état de choc ?

Si votre chien semble choqué, ne le laissez pas s'éloigner et ne lui donnez rien à manger ni à boire. Procédez comme suit :

1. Si nécessaire, pratiquez le massage cardiaque ou la respiration artificielle (*voir p. 222 à 223*).
2. Enveloppez-le dans une couverture pour éviter une chute de température plus importante.
3. À l'aide de coussins ou de serviettes, surélevez l'arrière-train de votre chien afin de favoriser l'irrigation du cerveau.
4. Maintenez le cou bien droit et consultez le vétérinaire le plus proche.

En temps normal, les gencives sont rose vif. En cas d'état de choc, elles deviennent rose pâle, voire blanches. Lorsque vous appuyez le doigt sur la gencive d'un chien en bonne santé, le sang est chassé des petits vaisseaux – ou capillaires –, la gencive blanchit puis reprend sa couleur normale dès que vous cessez d'appuyer. Au fur et à mesure de la progression de l'état de choc, la restauration capillaire se fait de plus en plus lentement.

Chez une chienne, examinez la paroi interne du vagin – une couleur pâle est signe d'état de choc. Chez un mâle, dégagez le prépuce et examinez la couleur du pénis.

Les premiers signes de l'état de choc

- Une accélération de la respiration,
- une accélération du rythme cardiaque,
- une pâleur des gencives,
- une anxiété ou une agitation,
- une léthargie et un affaiblissement,
- une température inférieure à la normale,
- une restauration capillaire des gencives supérieure à 2 secondes.

Les signes d'un état de choc avancé

- Une respiration peu profonde et irrégulière,
- un rythme cardiaque irrégulier,
- une extrême pâleur ou un bleuissement des gencives,
- une extrême faiblesse ou une perte de conscience,
- une température inférieure à 36,7 °C,
- une restauration capillaire des gencives supérieure à 4 secondes.

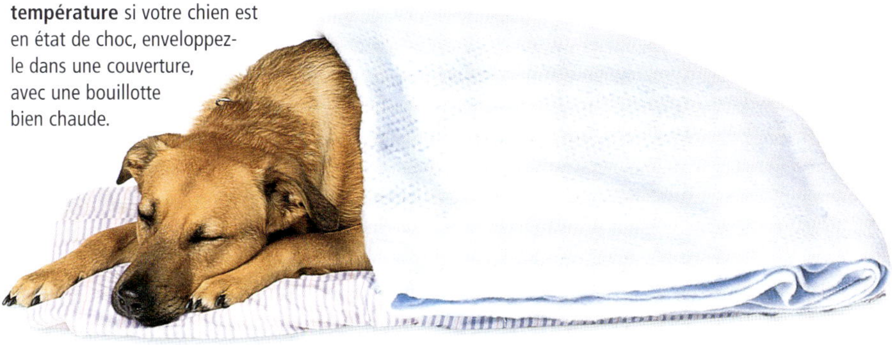

Pour éviter une chute de température si votre chien est en état de choc, enveloppez-le dans une couverture, avec une bouillotte bien chaude.

Les plaies et les blessures

- Méfiez-vous toujours des lésions cachées
- Un bandage assure une protection et atténue la douleur
- Un chien blessé doit être déplacé avec précaution

Accident de la circulation, bagarre entre chiens ou blessure provoquant un traumatisme sont les principales causes de plaies ouvertes. Un chien blessé peut souffrir considérablement et doit être traité avec beaucoup de précaution afin d'atténuer sa douleur et de limiter le risque de morsure.

Les blessures internes

Ne sous-estimez jamais une blessure interne. Une peau presque intacte peut cacher une grave blessure ou une fracture qui n'apparaîtront véritablement qu'après plusieurs jours. Même si la blessure semble mineure, appelez votre vétérinaire pour lui demander conseil.

Les blessures internes s'accompagnent généralement d'un ou de plusieurs des symptômes suivants : inflammation, douleur, décoloration provoquée par une ecchymose sous-cutanée, chaleur accrue localisée et lésions superficielles telles qu'écorchures. Appliquez une compresse froide et consultez un vétérinaire.

Les blessures ouvertes

Les blessures ouvertes graves doivent être traitées d'urgence par un vétérinaire. Même en cas de blessure mineure, il est primordial d'arrêter le saignement (*voir p. 224*). Ce type de blessures s'accompagne d'un ou plusieurs des symptômes suivants : déchirure ou simple piqûre de la peau, douleur, saignement. Le chien lèche ou flaire constamment la partie de son corps blessée.

Une plaie ouverte doit être nettoyée abondamment à l'eau oxygénée à 3 %, à l'eau tiède salée ou avec de l'eau propre. À l'aide d'une pince à épiler ou avec vos doigts, nettoyez la blessure de toute trace de poussière, de gravier, d'écharde ou autre corps étranger. N'extrayez pas les objets ayant pu pénétrer dans la plaie, tels que flèches, morceaux de métal ou de bois, qui pourraient déclencher une hémorragie incontrôlable. Si des poils

Les bandages

Pour réaliser un bandage, placez tout d'abord une compresse absorbante, mais non adhésive, sur la plaie nettoyée, séchée et désinfectée. Entourez-la de gaze afin qu'elle ne glisse pas, sans trop serrer pour ne pas risquer de couper la circulation sanguine. Recouvrez, pour finir, d'une bande adhésive ou extensible, en glissant deux doigts sous la bande : elle doit être suffisamment serrée pour ne pas glisser ni être accrochée, sans toutefois couper la circulation. Une plaie s'accompagne souvent d'une inflammation et un bandage peut, au bout de quelques heures, comprimer la plaie. Évitez de mouiller le bandage et empêchez votre chien de le mâchonner. Ne laissez jamais un bandage plus de 24 heures, sauf indication expresse de votre vétérinaire.

collent, coupez-les à l'aide de ciseaux lubrifiés avec un produit soluble à l'eau – surtout pas de la vaseline –, afin qu'ils adhèrent aux ciseaux.

Les attelles et les bandages

En cas de saignement, bandez la plaie pour la tenir au sec et la protéger d'autres blessures éventuelles, que le chien pourrait d'ailleurs s'infliger lui-même en mordant ou en léchant la plaie. Le bandage, exerçant une pression modérée, atténue la douleur, ralentit le saignement et empêche la formation de poches de sérum sous la peau.

Si vous soupçonnez une fracture, posez une attelle afin d'empêcher toute aggravation pendant le transport chez le vétérinaire. Placez l'attelle sur la fracture, telle quelle, en enveloppant abondamment la patte dans du coton hydrophile ou des bandes découpées dans un drap ou une couverture. Un journal glissé dans le coton ou le tissu permettra de rigidifier l'attelle.

Les garrots : attention danger !

Les garrots doivent être réservés aux hémorragies graves. Mal utilisés – ou de façon prolongée –, ils coupent toute circulation sanguine et peuvent entraîner la perte d'un membre. Pour confectionner un garrot, placez une cravate ou une bande de drap roulée au-dessus de la plaie ouverte et faites un nœud facile à défaire. Glissez un crayon ou un bâton au milieu du nœud et tournez-le jusqu'à l'arrêt du saignement. Maintenez pendant 10 minutes au plus. Desserrez régulièrement le garrot pendant le transport de votre chien chez le vétérinaire. En cas de morsure par un serpent venimeux, ne faites pas de garrot mais immobilisez la zone de la morsure, appliquez une compresse de glace afin de réduire le diamètre des vaisseaux sanguins, puis emmenez votre chien chez le vétérinaire.

Déplacer un chien blessé

Évitez toute torsion ou mouvement susceptible d'aggraver la blessure.
Les petits chiens peuvent être enveloppés dans une épaisse couverture. Pour les chiens plus gros, une planche à repasser ou une planche d'étagère feront une civière improvisée. Attachez le chien à l'aide d'une cravate, d'une bande de drap ou d'une corde. Assurez-vous que le cou reste bien droit afin de libérer les voies respiratoires.

Des petits pois surgelés feront une excellente compresse : en fondant rapidement, ils permettront de circonscrire la zone blessée.

Les empoisonnements

- Conservez les produits ménagers hors de portée de votre chien
- Sécurisez les endroits où sont déposés des appâts empoisonnés
- Surveillez les allées et venues de votre chien

Le poison pénètre dans l'organisme par contact, inhalation ou ingestion. Par chance, la plupart des substances chimiques ingérées par le chien sont immédiatement régurgitées. Toutefois, les vétérinaires sont encore trop souvent confrontés à des cas d'empoisonnement dû à des produits dangereux n'ayant pas été mis à l'abri d'un chien trop curieux.

L'empoisonnement par contact

N'appliquez aucune substance – même sans danger pour l'homme – sur le pelage de votre chien, sans être certain de son innocuité. Si les poils de votre chien présentent des taches de peinture, de goudron ou d'huile de vidange, n'utilisez jamais de décapant, de détergent concentré, d'alcool à brûler ou tout autre produit similaire, qui peut être hautement toxique en cas d'ingestion. Le plus simple consiste à couper les poils salis. Sinon, traitez de la façon suivante :

- Substance molle : enfilez des gants puis enduisez abondamment le pelage d'huile végétale, avant de le laver copieusement à l'eau savonneuse – les shampoings pour chiens ou pour bébés sont sans danger – puis rincez-le à l'eau claire.
- Si la quantité de produit est très importante : mélangez l'huile à de l'amidon ou de la farine, qui absorberont le poison, puis peignez votre chien avec un peigne à dents espacées.
- S'il ne s'agit pas de peinture, de goudron, d'un produit dérivé du pétrole, d'huile de graissage, lavez abondamment à l'eau, en insistant sur les yeux, les aisselles et la truffe.

Nettoyez dès que possible le pelage de votre chien de tout produit chimique toxique : il pourrait en absorber en faisant sa toilette.

Le danger des huiles essentielles

Ne déposez jamais d'huile essentielle sur le pelage de votre chien. Une simple goutte de produit concentré, même s'il a des vertus thérapeutiques pour l'homme, peut être nocive pour votre chien.

L'empoisonnement par inhalation

L'empoisonnement par inhalation provoque souvent des difficultés respiratoires. Mais il peut également entraîner des troubles neurologiques, avec salivation et convulsions.

Pour soigner votre chien :
- Observez les signes d'un choc éventuel. Vérifiez que les voies respiratoires sont libres, pratiquez, le cas échéant, une RCP (*voir p. 222 à 225*).
- En cas de convulsions, enveloppez le chien dans une couverture et partez immédiatement chez le vétérinaire.
- Ne sous-estimez pas les conséquences de l'inhalation de fumées ou autres substances irritantes, telles que les gaz lacrymogènes. Une inflammation grave des voies respiratoires se déclare parfois après plusieurs heures.

Les substances caustiques

De nombreux produits d'utilisation courante sont caustiques : ils provoquent irritation, brûlures et détruisent les tissus. Si votre chien a ingéré de telles substances, ne le faites pas vomir. Traitez-le comme indiqué ci-dessous :

Produits acides : anti-calcaire, protecteurs du bois, anti-rouille, nettoyants pour WC, liquides de batteries, nettoyants pour métaux	Donnez-lui du blanc d'œuf, du bicarbonate de soude, de la poudre de charbon ou de l'huile végétale. Faites un emplâtre de bicarbonate de soude sur les brûlures buccales. En cas de brûlures de la peau, lavez à l'eau fraîche pendant 15 minutes.
Produits alcalins : eau de Javel, nettoyants pour four, agents chlorés désinfectants, soude caustique, décapants	Donnez-lui du blanc d'œuf ou une petite quantité de jus d'agrumes ou de vinaigre. Appliquez du vinaigre dilué sur une brûlure buccale ou cutanée et partez chez le vétérinaire.

L'empoisonnement par ingestion

Un chien est prêt à manger n'importe quoi, ce qui lui fait courir un grand risque d'empoisonnement. Rangez les substances toxiques *(voir encadré)* hors de sa portée. Surveillez les indications, dans les parcs environnants, prévenant de l'utilisation d'insecticides ou autres herbicides. En cas d'absorption de substance toxique, traitez votre chien de la façon suivante :
- Si vous savez qu'il y a eu ingestion de produit anti-limaces, de raticide ou d'herbicide au cours des deux heures précédentes, provoquez le vomissement en faisant avaler à votre chien – s'il est conscient – un gros cristal de soude, du sel concentré ou de l'eau oxygénée à 3 % – 1 cuillerée à café toutes les 15 minutes –, jusqu'à ce que les vomissements surviennent (*voir p. 218 à 219*).
- Donnez 1 à 2 cuillerées à café de charbon actif délayé dans de l'eau, qui facilitera l'absorption des résidus de substances toxiques.
- Téléphonez à votre vétérinaire pour lui demander conseil et, en cas de vomissement, conservez un échantillon à son intention.
- Si le poison avalé est une substance caustique (acide ou alcali), ou un produit dérivé du pétrole, ne provoquez pas de vomissements.
- S'il s'agit d'un poison non identifié, consultez dès que possible votre vétérinaire.

Les poisons de la maison et du jardin

De nombreux produits doivent être mis hors de portée des chiens. En voici quelques-uns : produits d'entretien alcalins, solvants ou décapants, antigel, aspirine, somnifères ou antidépresseurs, produits anti-puces, produits anti-limaces et anti-escargots, produits pour le traitement du bois.

ASPIRINE

Nombre de plantes de nos jardins sont toxiques et devraient être rendues inaccessibles : ricin, bois et branches de laurier-cerise, feuilles d'arum des Antilles, digitales, datura, écorce, fleurs, graines et feuilles de cytise, baies de gui, écorce, tiges et feuilles de laurier-rose, écorce, aiguilles et baies d'if.

BAIES D'IF

Les problèmes cutanés

- Un motif fréquent de visite chez le vétérinaire
- Les puces ne sont pas seules responsables des démangeaisons
- Un toilettage régulier prévient les problèmes de peau

Les parasites, notamment les puces, sont responsables de la plupart des irritations cutanées. Même si elle demeure invisible, une seule puce peut provoquer une inflammation, pousser le chien à se gratter, se lécher, entraîner desquamations, saignements ou formation de croûtes, érosion, ulcères, grosseurs et chute de poils. Cependant, votre vétérinaire sera en mesure de diagnostiquer toute autre cause possible – et elles sont nombreuses – de ces problèmes cutanés.

Un grattage permanent peut abîmer la peau et provoquer des infections bactériennes.

Le diagnostic

Votre vétérinaire procédera à un examen complet afin de diagnostiquer la cause précise de l'affection cutanée. La méthode la plus simple consiste à observer l'efficacité d'un traitement donné.

Il pourra également examiner la peau de votre chien aux rayons ultraviolets pour détecter la teigne, pratiquer un frottis et procéder à une culture pour identifier bactéries et levures, prélever un échantillon à la recherche de parasites ou pratiquer une biopsie pour constater des modifications cellulaires. Des examens cutanés et sanguins ainsi que certaines modifications d'ordre alimentaire et environnemental, permettent également de diagnostiquer des affections cutanées d'origine allergique.

Les symptômes

Les symptômes d'une affection cutanée sont nombreux : démangeaisons, chute de poils, modification de la pigmentation de la peau, grosseurs apparentes, inflammation, dartres, desquamations et croûtes sèches, érosions cutanées et ulcères. Dans la plupart des cas, plusieurs signes cliniques sont réunis.

Question au vétérinaire

Q. Les allergies alimentaires sont-elles responsables d'affections cutanées ?
R. Cela peut arriver. Il faut modifier le régime alimentaire en supprimant, pendant 6 semaines, un ingrédient. Si les démangeaisons régressent, le diagnostic d'allergie alimentaire est établi.

Les causes de démangeaisons

Parasites	Puces, gale, aoûtats, acariens, piqûres de mouches, poux, tiques, *Cheyletiella*, vers.
Infection	Bactéries, champignons, dont *Malassezia*.
Allergies	Dermatite allergique aux puces, dermatite allergique alimentaire, dermatite atopique, dermatite allergique de contact, urticaire.

Les démangeaisons

Un chien a toujours une bonne raison de se gratter, mais il est parfois désespérant d'en chercher l'origine. Il en résulte que l'on traite plus souvent la démangeaison que sa véritable cause. Souvent, les chiens ne se contentent pas de se gratter : ils se lèchent, mordillent ou mâchonnent la zone concernée, se frottent ou se roulent. Des changements de comportement peuvent également survenir, avec des signes d'irritabilité, voire d'agressivité.

Allergies et parasites – en premier lieu les puces – sont les principales causes de démangeaisons. De nombreux chiens réagissent à la quantité infime de salive anticoagulante que la puce dépose lorsqu'elle se nourrit. En cas de grattage excessif, la peau peut s'infecter (*voir ci-dessous*). Les glandes sébacées deviennent hyperactives, provoquant l'apparition de croûtes nauséabondes. Si l'un de vos animaux domestiques a des puces, des tiques ou des acariens, examinez et traitez tous ses compagnons (*voir p. 214 à 215*). Désinfectez également la maison pour éliminer larves et œufs.

Les boutons et les érosions

Une affection cutanée d'origine bactérienne (pyoderma) apparaît généralement lorsque la surface de la peau est abîmée, en raison d'une allergie, par exemple, permettant la multiplication des bactéries.
Les infections cutanées peuvent entraîner la formation de pustules et de papules : une pustule est un petit bouton gonflé de pus, tandis qu'une papule est un petit bouton rempli de cellules inflammatoires.

Les boutons grattés ou crevés forment des érosions qui se transforment en ulcères si elles traversent la peau. Érosions et ulcères peuvent avoir les causes suivantes :
• dermatite suintante aiguë (eczéma suintant, dermatite estivale, dermatite pyotraumatique),
• intertrigo – infection par des bactéries se développant dans les plis cutanés –, fréquent au niveau des commissures labiales chez le Cocker,
• acné et impétigo du chiot,
• cellulite provoquée par une plaie profonde,
• furonculose.

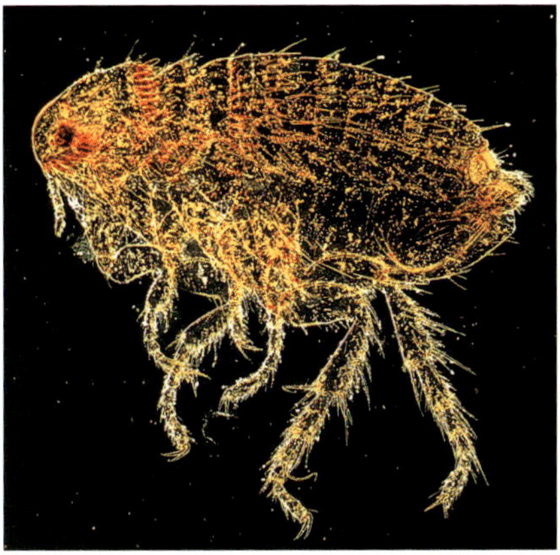

Si vous soupçonnez la présence de puces, cherchez leurs crottes – petits points noirs – sur le pelage et le coussin de votre chien.

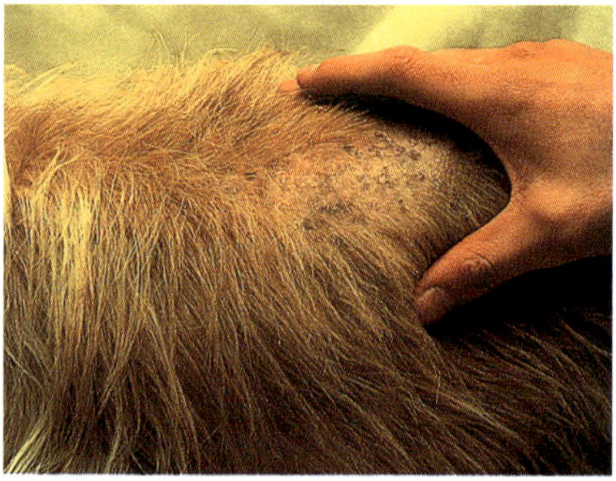

L'alopécie peut être le symptôme d'une maladie plus grave. Si vous observez une altération du pelage de votre chien, allez voir un vétérinaire.

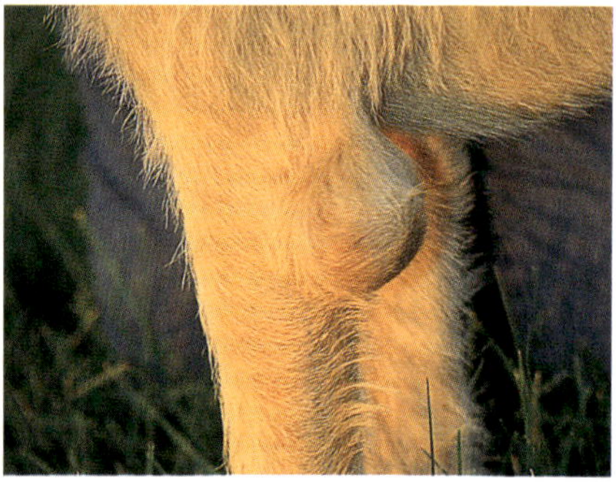

Les Wolfhounds ont souvent des bourses, boules remplies de liquide, après des traumatismes répétés de la partie osseuse du coude.

Les squames et les croûtes

La surface de la peau devient squameuse lorsque de petites lamelles de peau, ou pellicules se détachent ou au contraire s'accumulent, formant des callosités. Souvent associées, desquamation et séborrhée résultent d'une suractivité des glandes sébacées de la peau. Les croûtes sont des amas de sérum, de sang et de cellules inflammatoires en réponse à une inflammation dermatologique. Il y a plusieurs causes possibles à ces différentes formations, notamment :

- une infection cutanée bactérienne (pyodermite),
- une dermatite à *Malassezia*,
- une gale sarcoptique (*voir p. 215*),
- une leishmaniose, infection du sang par le protozoaire pathogène *Leishmania*,
- une séborrhée héréditaire (chez le Cocker, par exemple),
- la teigne (*voir ci-contre*),
- un cal du coude,
- une brûlure par exposition à la chaleur, à une substance chimique ou au soleil,
- un cancer,
- une maladie auto-immune, comme le pemphigus foliacé ou superficiel.

Furonculose anale

Cette affection fort désagréable touche la peau dénudée entourant l'anus du chien. Elle est fréquente chez le Berger Allemand et résulte probablement d'un déficit immunitaire, compliqué d'une infection profonde. Un traitement chronique associant anti-inflammatoires et antibiotiques est nécessaire, ainsi qu'une intervention chirurgicale, dans certains cas.

L'alopécie et la perte naturelle des poils

Les poils des chiens tombent à la belle saison, puis se renouvellent lorsque le froid revient. Le chauffage central peut altérer ce rythme naturel, entraînant une chute tout au long de l'année. Les femelles perdent généralement davantage de poils après leurs chaleurs, pendant la gestation et l'allaitement.

L'alopécie, quant à elle, entraîne l'apparition de zones partiellement ou totalement nues. Les poils ne repoussent pas, sont grattés ou léchés ou tombent spontanément. Les causes peuvent en être :

- **des dérèglements hormonaux** : hypothyroïdie, déséquilibre des hormones sexuelles, hyperactivité de la glande corticosurrénale (hypersécrétion des glucocorticoïdes ou syndrome de Cushing) (*voir p. 242 à 243*) ;

• **des affections provoquées par des champignons ou des parasites**: démodécie, suite à une infestation d'acariens de type *Demodex* (*voir p. 215*), teigne (*voir ci-dessous*);
• **d'ordre environnemental**: plaies de pression, cal du coude, brûlures, réactions à l'endroit d'une injection, coupe des poils (chez les chiens de type Spitz);
• **des maladies héréditaires**: alopécie symétrique chez les Teckels, alopécie avec décoloration chez des races élevées pour leur couleur de robe inhabituelle, adénite sébacée chez le Caniche Standard, dermatose répondant à l'administration de zinc chez les races nordiques;
• **d'ordre comportemental**: léchage constant d'une zone provoquant une dermatite de léchage.

Les inflammations et les grosseurs

Les chiens peuvent présenter toutes sortes de bosses et de grosseurs au niveau de la peau. Un diagnostic précis est indispensable car les verrues, les kystes et les tumeurs doivent être enlevés. Les kystes sont des boules dures situées juste sous la peau. Les verrues sont roses, pommelées, avec une racine entourée de croûtes, parfois pigmentées. On les rencontre plus fréquemment chez les chiens âgés.

Il arrive que les chiens plus âgés présentent, roulant sous la peau, des masses ovoïdes molles, à développement lent: il s'agit souvent de tumeurs bénignes mais il est nécessaire de les faire examiner par un vétérinaire, en raison du risque de cancer (*voir p. 272 à 273*).

La teigne

Hautement contagieuse, la teigne est une infection d'un follicule pileux par un champignon responsable de la maladie (*voir ci-dessous*), qui colonise ensuite les follicules voisins. Plus fréquente chez les chiots, elle ne provoque généralement pas de démangeaisons, mais entraîne une formation de croûtes que le chien lèche et gratte.

La teigne est transmissible à l'homme (*voir p. 217*). Un traitement précoce est donc primordial, utilisant shampooing, crème ou lotion fongicides. Le traitement doit être poursuivi 2 semaines au moins après la disparition des signes cliniques ou une culture négative. Dans les cas plus graves, votre vétérinaire prescrira des antibiotiques par voie orale, pendant 4 semaines minimum.

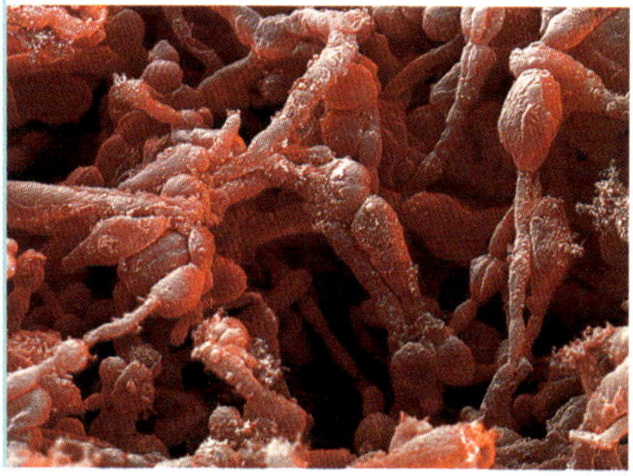

Inflammations et grosseurs

TYPE	DESCRIPTION
Kyste	Cavité en forme de sac, à l'intérieur de la peau.
Abcès	Infection profonde, entourée d'une poche de tissu.
Hématome	Accumulation de sang sous la peau qui provoque échauffement et rougeur cutanés, rarement douloureux.
Granulome	Réponse du tissu conjonctif à la pénétration d'un corps étranger sous la peau.
Lipome	Tumeur des adipocytes ou cellules adipeuses, surtout chez les sujets âgés.
Mélanome	Tumeur cutanée avec pigmentation (il existe des mélanomes non pigmentés).
Histiocytome	Grosseur semblable à un bouton.
Papillome ou verrue	Grosseur saillante sur la peau, en forme de chou-fleur.
Adénome périanal ou circumanalome	Enflure discrète des tissus entourant l'anus, chez les mâles âgés.
Mastocytose, tumeur des cellules basales ou squameuses	Tumeurs fréquentes ayant pour origine les cellules cutanées. Bénignes ou malignes.

Les affections respiratoires

- Une gêne respiratoire constitue un problème sérieux
- Recherchez les symptômes éventuels d'un état de choc
- La cause peut être extérieure au système respiratoire

Des problèmes peuvent apparaître en tout point du système respiratoire – qu'il s'agisse d'un éternuement dû à un chatouillis dans le nez ou d'un traumatisme de la poitrine entraînant une difficulté respiratoire et un choc clinique. Troubles et infections respiratoires concernent la partie supérieure du système respiratoire – nez et trachée – ou la partie inférieure – poitrine et poumons. Toutes les affections respiratoires modifient la façon de respirer de votre chien.

Les races au museau aplati comme les Carlins, sont sujets à des affections diverses des voies respiratoires supérieures, tels que rétrécissement des narines, de la trachée et coup de chaleur.

Le halètement

Une respiration rapide, peu profonde, bouche ouverte est la réaction normale d'un chien excité, fatigué ou qui a chaud. La douleur, l'exercice ou certains médicaments comme les corticoïdes, provoquent également le halètement. Ne le confondez pas avec une respiration difficile qui est un problème respiratoire et qui demande un avis médical.

L'éternuement

Les éternuements et écoulements du nez peuvent résulter d'affections mineures – comme le rhume des foins –, importantes – corps étranger logé dans une narine – ou graves, en cas de tumeur nasale, par exemple. L'éternuement n'a rien d'une maladie : il s'agit d'une action réflexe visant à chasser des voies nasales un élément considéré comme irritant.

Le saignement de nez

Un éternuement intense peut provoquer un saignement de nez. Voici comment réagir :

- Calmez votre chien et mettez-le à l'abri.
- Appliquez une compresse froide (un sac de produits surgelés, par exemple), sur le haut du nez, entre les yeux et les narines, pendant 5 minutes.
- Couvrez la narine qui saigne d'un tissu absorbant.
- Ne muselez pas votre chien.
- Ne lui mettez pas la tête en arrière pour empêcher le sang de couler.

• Ne bouchez pas la narine avec une mèche de coton ou de tissu, qui pourrait provoquer un nouvel éternuement.

La toux

La toux, conséquence d'une inflammation ou d'une blessure des muqueuses des voies respiratoires, permet d'expulser de la trachée et des bronches tout élément indésirable. Elle est souvent provoquée par une allergie, la pollution, une infection ou un corps étranger dans les voies respiratoires. Mais elle peut aussi avoir d'autres causes, moins fréquentes, comme l'inhalation ou l'ingestion de substances toxiques, l'accumulation de liquide dans la cavité thoracique, des vers, une affection cardiaque, une maladie de poitrine, une tumeur ou un collapsus de la trachée.

La toux du chenil

L'infection due à la bactérie *Bordetella bronchiseptica* connue sous le nom de toux du chenil (ou laryngotrachéïte) est la principale cause de toux contagieuse chez le chien. Une toux opiniâtre et sèche apparaît 5 jours environ après le contact avec un porteur de la maladie. La moindre pression du collier sur la trachée enflammée peut alors déclencher une quinte de toux. Particulièrement grave chez les très jeunes chiots ou les individus affaiblis,

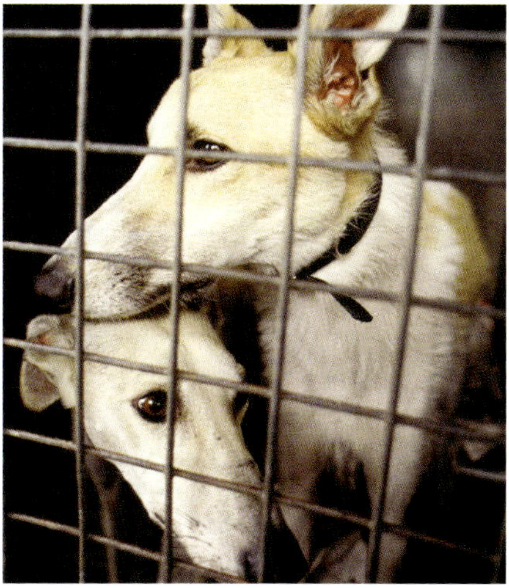

La toux du chenil est une infection qui se propage dans les lieux où les chiens se côtoient, comme les chenils, les parcs ou les expositions canines.

elle provoque perte d'appétit, dépression et, dans certains cas, écoulement nasal. Consultez votre vétérinaire sur l'opportunité d'une vaccination intra-nasale par aérosol si votre chien est susceptible d'être exposé à la maladie.

Question au vétérinaire

Q. Mon chien présente une toux peu marquée mais qui provoque une irritation. Que dois-je faire ?
R. Humidifiez davantage l'atmosphère de la maison à l'aide d'un humidificateur ou d'une simple bouilloire. Donnez-lui un expectorant plutôt qu'un antitussif, en lisant attentivement la notice. En l'absence d'amélioration dans les 36 heures, demandez conseil au vétérinaire.

Un corps étranger dans le nez

Un corps étranger dans le nez de votre chien, comme un brin d'herbe, par exemple, se retire délicatement avec une pince à épiler. Si vous n'y parvenez pas, emmenez immédiatement votre chien chez le vétérinaire.

Les difficultés respiratoires

Les raisons d'une gêne respiratoire peuvent être très diverses : obstruction physique empêchant l'inspiration, blessure à la poitrine, pneumonie, tumeur, traumatisme, insuffisance cardiaque, empoisonnement, réaction allergique, douleur, inhalation de fumée, coup de chaleur, collapsus de la trachée ou du poumon, déchirure du diaphragme… Il s'agit généralement d'un symptôme sérieux qui nécessite d'agir sans délai.

Les raisons d'un problème respiratoire concernant la trachée ou les poumons peuvent apparaître clairement, mais dans le cas d'un trouble associé à une affection cardiaque, par exemple, elles se révèlent plus insidieuses. Relativement peu significatifs, les premiers signes d'une insuffisance cardiaque – avec une toux semblable à celle d'un chien qui s'éclaircit la gorge et la respiration légèrement plus difficile –, passent facilement inaperçus. Mieux vaut donc signaler toute difficulté respiratoire à votre vétérinaire. Voici quelques problèmes respiratoires fréquents :

- **Respiration rapide et peu profonde.** Un empoisonnement, un coup de chaleur ou une douleur peuvent déclencher une accélération de la respiration. Si votre chien semble essoufflé, sans qu'il ait fait d'exercice, consultez d'urgence votre vétérinaire.
- **Respiration difficile.** Toujours inquiétantes, les difficultés respiratoires s'accompagnent généralement d'une respiration rapide. Parmi les causes possibles figurent l'insuffisance cardiaque, l'affection pulmonaire, le passage de liquide dans la poitrine (effusion pleurale), les traumatismes (tels que déchirure du diaphragme) et les tumeurs. Si votre chien respire difficilement, appelez immédiatement votre vétérinaire.

Le ronflement

Les chiens au museau aplati – Carlins, Pékinois, Boston-Terriers et Boxers – présentent un voile du palais lâche et flasque qui provoque un ronflement lorsqu'ils sont détendus. Le cas est également fréquent chez les Cavaliers-King-Charles. L'intensité et la fréquence du ronflement s'accentuent avec l'âge. Si votre chiot ronfle fort, une petite intervention chirurgicale permet de rigidifier les tissus du palais.

L'ingestion de brindilles, d'os ou autres objets pouvant rester fichés dans la trachée constitue une cause fréquente de suffocation.

- **Respiration bruyante.** Un symptôme à ne jamais négliger, signe d'une obstruction (corps étranger, par exemple) des voies respiratoires supérieures ou d'une paralysie des cordes vocales.
- **Respiration sifflante.** Moins fréquente chez le chien que chez l'homme ou le chat, elle indique généralement un problème pulmonaire, une inflammation des bronches des poumons (bronchite) d'origine allergique ou infectieuse. Un chien qui émet un sifflement lorsqu'il respire doit être examiné par un vétérinaire dans les 24 heures.
- **Suffocation.** Il s'agit d'une urgence immédiate, à ne pas confondre, malgré les apparences, avec les haut-le-cœur, qui ne mettent pas la vie du chien en danger.

Si votre chien suffoque, retirez le corps étranger qui provoque l'étouffement (*voir ci-dessous*). Mais faites très attention, car en situation de grande détresse, un chien est capable de mordre. La suffocation peut également résulter d'une réaction allergique à une piqûre d'insecte ou à un dard planté dans la bouche, entraînant une enflure de la langue, ou bien d'une blessure au cou ou à la gorge, avec gonflement et obstruction des voies respiratoires. Un chien peut aussi s'étouffer lorsqu'il vomit. Si vous soupçonnez l'une ou l'autre de ces situations, consultez d'urgence un vétérinaire.

Essayez, autant que faire se peut, de prévenir ce type de problèmes. Le chien, et plus encore le chiot, a tendance à mâchonner tout ce qu'il trouve. Ne laissez jamais de petits objets susceptibles d'être avalés à sa portée. Ne lui donnez jamais d'os de poulet et prenez soin de retirer les arêtes du poisson. Même petites, elles peuvent se ficher dans la gorge du chien et l'étouffer.

Suffocation ou de haut-le-cœur

Si un chien semble suffoquer, être très agité ou en grande détresse, avec la langue bleue et les yeux exorbités, assurez-vous qu'il est conscient, puis traitez le problème de suffocation. S'il se touche la gueule avec la patte, qu'il hoquette mais respire sans difficulté, cherchez l'objet resté coincé dans la bouche.

SUFFOCATION SANS PERTE DE CONSCIENCE

1. Entourez le ventre d'un gros chien de vos bras, croisez les mains et exercez une pression ferme, en remontant et vers l'avant, à la base de la cage thoracique.
2. Placez vos mains de part et d'autre du ventre d'un petit chien et appuyez fermement, vers le haut et vers l'avant, pour expulser le corps étranger.

SUFFOCATION AVEC PERTE DE CONSCIENCE

1. Couchez-le sur le flanc, placez la partie charnue de vos pouces juste derrière les côtes, dans le dos.
2. Appuyez pour faire sortir le corps étranger.
3. Avec les doigts, retirez les débris se trouvant dans la bouche.
4. Pratiquez la RCP, si nécessaire (*voir p. 222 et 223*), et emmenez votre chien chez un vétérinaire.

HAUT-LE-CŒUR DÛ À UN CORPS ÉTRANGER

1. Maîtrisez votre chien, sans lui mettre de muselière.
2. Ouvrez-lui la gueule d'une main, en tenant la mâchoire supérieure de façon à ce que la lèvre supérieure recouvre les dents.
3. De l'autre main, ouvrez la mâchoire inférieure.
4. Avec le manche d'une cuillère, retirez l'objet qui peut être collé sur les dents ou sur le palais.

Termes couramment utilisés

Voici quelques termes que votre vétérinaire peut utiliser pour décrire le problème respiratoire dont souffre votre chien :

Rhinite ou sinusite	Inflammation des voies nasales ou des sinus, généralement due à une allergie ou à une irritation.
Palais fendu	Disjonction congénitale de la ligne médiane de la voûte du palais. Requiert généralement une intervention chirurgicale.
Laryngite	Inflammation du larynx, causée par une infection ou un aboiement excessif.
Paralysie laryngée	Paralysie des cordes vocales, provoquant une toux gutturale. Fréquente chez le labrador âgé.
Toux du chenil	Terme décrivant diverses infections contagieuses provoquant une inflammation de la trachée et du larynx.
Collapsus de la trachée	Affaissement de la trachée, touchant essentiellement les Yorkshires.
Bronchite	Inflammation des bronches, principales voies respiratoires pulmonaires.
Maladie pulmonaire obstructive chronique	Affections pulmonaires chroniques, souvent à composante allergique.
Pleurésie ou pleurite	Inflammation de la muqueuse de la cavité thoracique.
Effusion pleurale	Liquide autour des poumons.
Œdème pulmonaire	Liquide dans les poumons.

Le sang et la circulation

- Certaines maladies ressemblent aux signes du vieillissement naturel
- Certaines races sont plus exposées que d'autres
- Un traitement précoce prolonge l'espérance de vie

Les chiens sont davantage sujets aux affections cardiaques que les autres animaux domestiques. La plus courante touche les valvules du cœur, principalement chez les chiens de petite taille vieillissants. Les malformations cardiaques congénitales et les crises cardiaques sont plus rares. Plusieurs médicaments contre les maladies cardiaques de l'homme sont également efficaces sur les chiens.

Les valvulopathies

Elles surviennent à la suite d'une défaillance des valvules qui se ferment mal, provoquant une remontée de sang dans les poumons ou le foie (congestion). Les premiers signes d'insuffisance cardiaque – activité et tolérance à l'effort réduites – se confondent souvent avec les symptômes du vieillissement. Une toux sèche, non productive, ne tarde pas à se déclarer, après l'effort et pendant la nuit. Le chien finit par perdre du poids, sa respiration s'accélère et un ballonnement abdominal apparaît. Les chiens souffrant d'une congestion doivent suivre un traitement à base d'inhibiteurs de l'enzyme de conversion de l'angiotensine (ECA), et de diurétiques, pour éliminer l'excès de liquide.

Les cardiopathies valvulaires sont les maladies cardiaques les plus fréquentes chez le Cavalier-King-Charles.

L'aide au diagnostic

Votre vétérinaire peut diagnostiquer certaines cardiopathies par simple examen au stéthoscope. Mais bien souvent, il devra effectuer des radiographies, un électrocardiogramme, ou une échocardiographie, afin d'étudier la structure et le fonctionnement du cœur. Autant d'examens indispensables pour un diagnostic précis. Des analyses de sang, ainsi qu'une prise de la tension artérielle, peuvent également se révéler nécessaires.

La cardiomyopathie dilatée (CMD)

Elle touche généralement les chiens de moins de 7 ans. Elle suppose une dilatation de la partie inférieure du cœur et un amincissement du myocarde, provoquant une insuffisance cardiaque congestive. Elle touche principalement les races de taille moyenne et les grands chiens, notamment le Doberman, avec une prédominance chez les mâles. Le chien perd du poids, devient léthargique et se fatigue vite en cas d'effort, même modéré. Avec l'aggravation de l'insuffisance cardiaque, le sang stagne dans les poumons et l'abdomen.

Le fonctionnement des valvules

Lorsque le sang circule dans les artères et les cavités du cœur, il passe par des valvules fonctionnant à sens unique, empêchant ainsi le sang de refluer. Elles sont dotées en quelque sorte de clapets constitués d'une protéine résistante et élastique : le collagène.

1. Le sang, à haute pression, entraîne l'ouverture des clapets de la valvule. La pression étant inférieure de l'autre côté, le sang traverse la valvule.

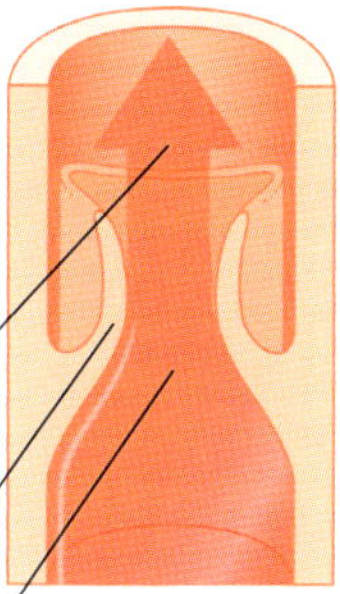

2. Le sang fait monter la pression de l'autre côté de la valvule, ce qui provoque sa fermeture et empêche ainsi le reflux sanguin.

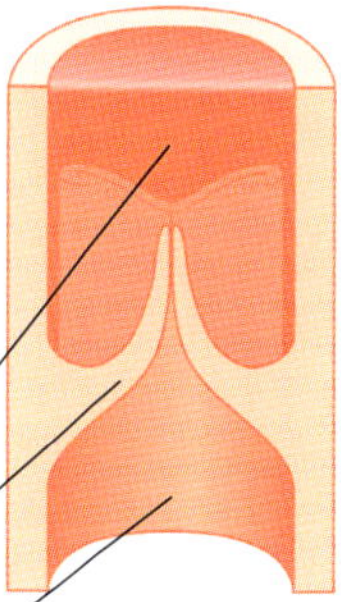

L'anémie

L'anémie désigne un manque de globules rouges, en raison d'une production insuffisante, d'une hémorragie ou de leur destruction. Le chien devient léthargique et s'affaiblit. Elle peut être la conséquence d'un saignement externe, ou d'un saignement interne provoqué par un ulcère, une tumeur, des parasites ou une affection intestinale. Certains médicaments ou raticides en sont parfois responsables, tout comme une infestation grave de puces, entraînant une anémie sévère chez les chiots. La plus courante est l'anémie hémolytique auto-immune (AHAI), dans laquelle le système immunitaire se retourne contre l'organisme et détruit ses propres globules rouges.

Il convient d'identifier la cause de l'anémie afin de prévenir toute perte de sang ultérieure. Le cas échéant, des transfusions sanguines s'imposent. Même en cas de diagnostic précoce de l'AHAI, et de traitement, les rechutes fatales restent malheureusement fréquentes.

Les vers cardiaques

Les vers cardiaques – *Dirofilaria imitis* – se transmettent par les piqûres de moustiques qui infestent nombre de régions du pourtour méditerranéen et certaines zones d'Amérique du Nord, essentiellement à faible altitude. Les vers se développent ensuite dans les cavités supérieures du cœur, entraînant perte d'énergie, toux grasse et insuffisance cardiaque.

Votre vétérinaire pourra vous renseigner sur les méthodes de prévention et les traitements saisonniers efficaces dans les régions infestées (*voir p. 214*).

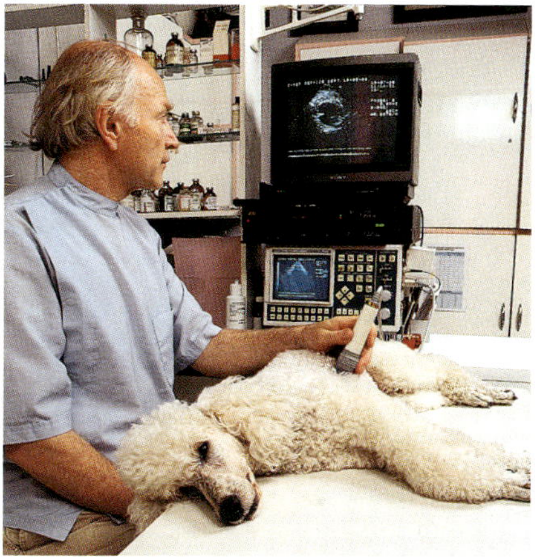

Les ultrasons permettent au vétérinaire de détecter des contractions faibles ou des problèmes valvulaires.

Les problèmes cérébraux

- Les attaques cérébrales sont plus ou moins graves
- On confond parfois attaque cérébrale et problème cardiaque
- Un scanner du cerveau peut révéler des tumeurs insoupçonnées

Relié à l'épine dorsale et aux nerfs périphériques, le cerveau est le siège des activités, pensées, sensations, émotions, mouvements et fonctions de l'organisme (*voir p. 28 et 29*). Une lésion cérébrale peut entraîner des modifications du comportement, une attaque, une perte de coordination, une paralysie, ou un coma.

Les lésions cérébrales

Les lésions cérébrales résultent souvent d'une blessure physique ou d'un empoisonnement par certaines substances, comme le venin de serpent ou les insecticides organophosphates.

Elles peuvent aussi être le fait d'une méningite – inflammation des membranes entourant le cerveau – ou d'une encéphalite – inflammation de l'encéphale lui-même. Parmi les causes d'encéphalite figurent la maladie de Carré et la rage, deux affections qu'il est possible de prévenir par simple vaccination (*voir p. 212 et 213*).

Les traitements varient selon le type de blessure à l'origine de la lésion. Consultez immédiatement un vétérinaire en cas d'accident de la route, avant même l'apparition d'un quelconque symptôme.

Un sommeil agité

Lors de la phase profonde de sommeil actif, le chien fait des mouvements rapides des yeux, pédale avec ses pattes, présente des tics des lèvres et de la truffe, ou même aboie. Il s'agit d'un comportement parfaitement normal, à ne pas confondre avec un signe de troubles du système nerveux.

Le coma

Le coma peut être la conséquence d'une blessure physique – commotion cérébrale, par exemple –, d'une insuffisance cardiaque, d'un coup de chaleur ou d'une très forte fièvre. Il peut aussi survenir en raison d'une maladie rénale ou hépatique, d'un taux de sucre dans le sang trop ou pas assez élevé, d'un manque d'oxygénation du cerveau et de diverses infections et toxines.

Dans un premier temps, le chien semble désorienté, puis survient une phase de stupeur, précédant la perte de conscience. Il est alors incapable de se réveiller et reste insensible à la douleur. Il doit être emmené d'urgence chez un vétérinaire.

Si vous observez un changement radical et soudain de comportement, consultez votre vétérinaire, car il peut s'agir d'une affection cérébrale.

Les attaques cérébrales

L'attaque cérébrale peut être spectaculaire ou si discrète qu'elle passera inaperçue, semblable à une perte de concentration fugitive.

En règle générale, elle s'accompagne d'une perte de conscience, ponctuée de spasmes musculaires, d'une dilatation des pupilles, de mouvements de pédalage avec les membres, de tremblements et de tics de la face. Au cours de la crise, le chien salive, urine et défèque fréquemment. Les attaques peuvent être relativement courtes, par à-coups, ou se prolonger pendant plus de 5 minutes.

Certains chiens sont davantage prédisposés aux attaques cérébrales. Les causes peuvent être diverses, parmi lesquelles :

- une épilepsie,
- une lésion cérébrale,
- un tissu cicatriciel dans le cerveau,
- une tumeur au cerveau,
- un faible taux de calcium dans le sang,
- une hypoglycémie (faible taux de sucre dans le sang),
- un coup de chaleur,
- des larves de vers migrantes,
- une hydrocéphalie (excès de liquide dans les cavités du cerveau),
- une encéphalite provoquée par la maladie de Carré,
- un empoisonnement.

Les tumeurs au cerveau

Les tumeurs au cerveau touchent 1 chien sur 6 500. Ce cancer se manifeste par une modification du comportement et du tempérament, des attaques, une altération des mouvements et de l'allure, des déplacements circulaires, une cécité, une altération des aptitudes mentales, des perceptions sensorielles et du contrôle nerveux de la face. Le scanner permet un diagnostic rapide.

Comme pour d'autres cancers (*voir p. 271 à 273*), le traitement consiste à administrer des anticonvulsivants et des corticostéroïdes pour éliminer les symptômes, puis à prolonger la vie du chien, grâce à la radiothérapie, à la chirurgie ou à une association des deux.

Que faire en cas d'attaque ?

1. Protégez-vous. Un chien qui a des convulsions peut mordre involontairement.
2. Protégez votre chien : écartez-le de tout danger en l'attrapant par la peau du cou et placez un coussin ou un objet moelleux autour et sous sa tête.
3. Pendant et après la crise, réconfortez-le en lui disant des mots apaisants et caressez-le.
4. Si la crise dure plus de 6 minutes, consultez un vétérinaire le jour même.
5. Après une crise, laissez votre chien boire.
6. S'il semble désorienté après la crise, enfermez-le mais restez auprès de lui et réconfortez-le.
7. Notez la durée et les manifestations de la crise, cela facilitera le diagnostic du vétérinaire.

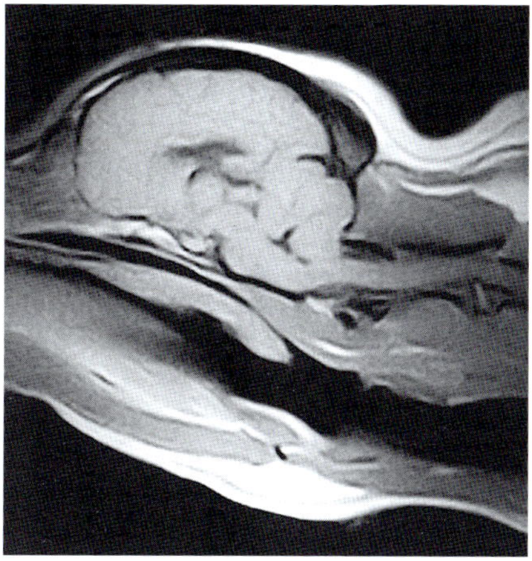

Le vétérinaire peut étudier une image du cerveau de votre chien prise par IRM (Imagerie à résonance magnétique) afin de détecter une malformation.

Les troubles hormonaux

- Une soif accrue peut être signe de problème hormonal
- Surveillez les modifications de la peau et du pelage
- Ils impliquent souvent un dérèglement immunitaire

Les hormones sont des messagers chimiques qui influent sur l'activité des cellules et des tissus de l'ensemble du corps. Les premières hormones identifiées furent celles que produisent les glandes visibles et discrètes, comme la thyroïde ou l'hypophyse. Plus tard, les scientifiques découvrirent les neurotransmetteurs, comme la dopamine et la sérotonine, ainsi que des éléments chimiques traces : les cytokines. Régulièrement, de nouvelles cytokines sont découvertes. Il s'agit de l'un des domaines de la recherche thérapeutique enregistrant les progrès les plus prometteurs.

Les troubles de l'hypophyse

L'hypophyse, glande centrale située à la base du cerveau, contrôle en grande partie le système hormonal ou endocrinien. La manifestation clinique la plus courante d'un dérèglement de l'hypophyse est le diabète insipide (sans lien avec le diabète sucré), dû à une production insuffisante d'hormone antidiurétique (HAD), chargée d'envoyer aux reins le message nécessaire à la concentration de l'urine. Le chien boit et urine de façon excessive. Cette maladie requiert un traitement à base d'hormone HAD synthétique, sous forme de gouttes oculaires ou de comprimés.

Les troubles de la thyroïde

L'hormone thyroïdienne régule le métabolisme. Ses fonctions très diverses rendent les signes cliniques on ne peut plus variés en cas de problème.

Le fonctionnement déficitaire de la thyroïde – hypothyroïdie – constitue le trouble hormonal le plus fréquent chez le chien, même s'il demeure peu diagnostiqué. Dans 4 cas sur 5, le facteur déclenchant est une maladie infectieuse donnant lieu à une réaction excessive du système immunitaire, qui produit des anticorps pour attaquer et détruire les cellules thyroïdiennes.

Parmi les symptômes les plus fréquents, citons la prise de poids, la résistance moindre à l'effort et la léthargie. Les chiens concernés peuvent également développer des maladies de peau, présenter un pelage en mauvais état, une augmentation de la pigmentation de la peau et une expression tragique.

Les Cockers sont sujets à l'hypothyroïdie.

La thyroïde

La thyroïde se compose de deux lobes situés de part et d'autre de la trachée, juste en dessous du larynx. Elle produit les hormones T4 (thyroxine) et T3 (triiodothyronine), appelées hormone thyroïdienne. Les glandes parathyroïdes sont quatre minuscules lentilles coiffant la thyroïde ou enfouies dans le tissu thyroïdien. L'hormone parathyroïdienne qu'elles produisent est nécessaire pour extraire le calcium des os et le transporter à travers le corps.

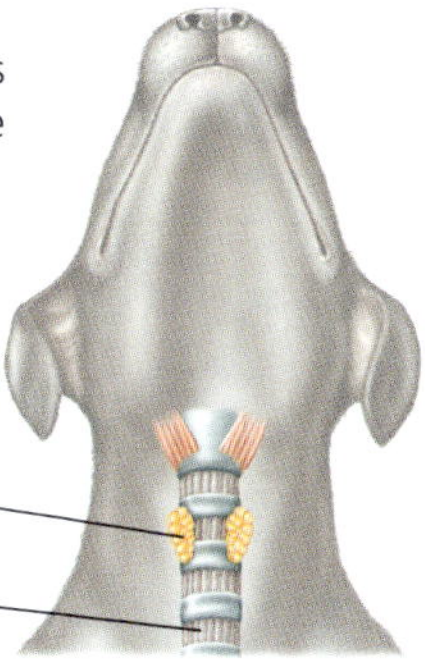

Le traitement à base de complément thyroïdien L-thyroxine se révèle extrêmement efficace. Le chien retrouve rapidement sa vivacité. La perte de poids est visible en quelques semaines. En revanche l'amélioration de la qualité du pelage se fait moins rapidement.

L'hyperactivité de la thyroïde, ou hyperthyroïdie, est beaucoup plus rare. Le chien, qui affiche pourtant un appétit vorace, maigrit ; il boit et urine également davantage. Cette pathologie est souvent la conséquence d'une tumeur de la thyroïde produisant de l'hormone thyroïdienne en excès.

Les troubles des glandes surrénales

Situées de part et d'autre de chaque rein, ces glandes produisent le cortisol, hormone indispensable à certaines activités métaboliques. En cas d'hyperactivité, elles sont à l'origine du syndrome de Cushing (hypercorticisme glucocorticoïde), qui touche particulièrement les petits Terriers, les Caniches, les Cavaliers-King-Charles et les Boxers. Le chien mange, boit et urine de façon excessive et il peut également prendre un aspect bedonnant. Les autres symptômes sont la perte des poils, sauf sur la tête et les membres, une accentuation de l'halètement, une faiblesse générale et une léthargie. Une infection dermatologique, la pyodermite, peut également se déclarer.

Le traitement – qui varie selon la cause de la maladie – cherche à enrayer la surproduction hormonale.

Une activité insuffisante des glandes surrénales entraîne un hypocorticisme glucocorticoïde ou maladie d'Addison, qui apparaît souvent lorsque le système immunitaire détruit les tissus des glandes surrénales.

Les symptômes sont une perte d'appétit, une léthargie, une dépression, et une perte de poids. Néanmoins, le diagnostic est rendu difficile par le caractère intermittent de la maladie, ponctuée de rémissions. Un traitement hormonal de substitution est efficace.

Une soif excessive peut être le signe d'un dérèglement hormonal.

Les muscles et le squelette

- Certaines maladies sont en partie héréditaires
- Une claudication indique généralement l'existence d'un problème
- Le repos joue un rôle essentiel dans le traitement

Les chiens sont des animaux très actifs. Leur squelette et leurs muscles se trouvent donc particulièrement sollicités. Si les blessures demeurent relativement fréquentes, les tissus musculaires et osseux font preuve d'une remarquable capacité à se reconstituer. Mais certains problèmes surviennent en raison de maladies articulaires ou osseuses.

Dans la majorité des cas, la boiterie est le symptôme d'un problème d'ordre musculaire, osseux ou articulaire. Si votre chien se met à boiter, veillez à ce que le membre blessé reste au repos. Une boiterie mineure peut s'aggraver à la moindre activité physique.

Les techniques de diagnostic

Identifier la cause de la boiterie relève bien souvent du défi. Les techniques de diagnostic sont la radiographie, les analyses de sang ou de liquide contenu dans les articulations, l'IRM, la biopsie ou l'arthroscopie de l'articulation ou la scintigraphie nucléaire pour étudier l'os et les tissus environnants.

Affections articulaires héréditaires

Certains chiens ont à la naissance une prédisposition héréditaire à certaines maladies articulaires, telles la dysplasie de la hanche ou du coude ou la nécrose avasculaire. Pour éviter ce type de

Les fréquentes causes de boiterie

AFFECTION	SYMPTÔMES
Coupure des coussinets	Le chien lèche parfois, mais pas toujours, l'endroit de la coupure.
Pénétration d'une graine ou d'un corps étranger entre les doigts	Généralement, le chien lèche avec insistance la partie concernée. Un abcès se forme, avec accentuation de la claudication jusqu'à ce que l'abcès se vide.
Blessures provoquées par une piqûre avec infection secondaire	Le chien peut lécher la zone touchée. La claudication s'accentue avec l'aggravation des démangeaisons et de l'infection.
Foulures et entorses	Le chien se met soudain à se lécher. Possible apparition d'une ecchymose ou d'une inflammation. La durée varie de quelques jours à plusieurs semaines.
Maladies articulaires dégénératives	Chez les chiens âgés. Plus handicapantes au réveil, elles s'améliorent avec l'exercice.
Affections articulaires héréditaires	Fréquentes chez les jeunes chiens, elles s'aggravent avec l'âge.
Déchirure des ligaments	Claudication brutale, accompagnée d'une douleur minime. Devient progressivement chronique. La capacité à supporter son propre poids est très réduite.
Fractures et luxations	La claudication est soudaine, accompagnée d'une forte douleur, d'une inflammation et d'une incapacité à supporter le moindre poids.
Tumeurs osseuses	Faiblesse d'un seul membre chez les sujets âgés. On peut sentir une inflammation douloureuse à travers les muscles. Elles s'aggravent avec le temps.
Lésion de la moelle épinière	Elle survient brutalement chez les petits chiens, ou plus progressivement chez les chiens de grande taille. Douleur modérée à forte. Boiterie symétrique.
Affection nerveuse dégénérative	Principalement chez les Bergers Allemands. Apparaît progressivement. Ni douleur ni inflammation, mais les membres postérieurs se dérobent.

Question au vétérinaire

Q. L'état de mon chien, qui souffre d'arthrite, s'est amélioré depuis qu'il est traité par acupuncture. Pourquoi ?

R. L'acupuncture, tout comme l'acupressure, la chiropractie, l'ostéopathie ou les massages, permettent de soulager certains chiens souffrant de problèmes articulaires. L'explication reste mystérieuse, mais toutes ces thérapies font appel au toucher, déclenchant peut-être la production d'endorphines, qui sont des analgésiques naturels.

problèmes, achetez votre chiot dans un établissement réputé et assurez-vous qu'il a été élevé de façon à minimiser les risques de maladie articulaire. Ne le laissez pas prendre trop de poids et évitez une trop grande tension physique des membres en phase de croissance. Si vous avez choisi d'avoir un chien de grande taille, donnez-lui des aliments spécialement conçus pour les chiens à croissance rapide, particulièrement sujets aux problèmes articulaires. Voici quelques maladies fréquentes :

• **La dysplasie de la hanche.** Malformation de la tête du fémur qui s'emboîte mal dans la cavité de la hanche, entraînant usure de l'articulation, douleur et claudication. Si la génétique joue un rôle dans l'apparition de cette maladie, d'autres facteurs, tels qu'une suralimentation du chiot, semblent tout aussi importants. Les cas moyennement graves répondent généralement bien au traitement. Mais en cas d'affection plus sévère, une opération chirurgicale est nécessaire.

• **La dysplasie du coude.** Les races les plus touchées sont le Bouvier Bernois, le Labrador, le Golden-Retriever et le Rottweiller. Le terme désigne en réalité différentes affections du coude, dont l'ostéochondrose (voir ci-dessous). Le défaut de développement concerne le cartilage et peut gêner le mouvement de l'articulation. La dysplasie du coude apparaît généralement entre 4 et 10 mois, provoquant une claudication qui s'accentue avec l'effort. Dans la plupart des cas, la chirurgie permet de réparer l'articulation défectueuse.

• **L'ostéochondrose.** Cette maladie, également appelée ostéochondrite dissécante, concerne les chiots en pleine croissance. De petits fragments de cartilage se détachent et viennent entraver le bon fonctionnement de l'articulation des épaules, des coudes, des grassets ou des jarrets. On la rencontre fréquemment chez les grands chiens à croissance rapide, qui reçoivent une alimentation hautement énergétique.

Une période de repos suffit parfois à régler le problème mais un acte chirurgical est souvent nécessaire afin de retirer les fragments de cartilage.

• **La nécrose avasculaire.** Chez les petits chiens comme le Caniche, les vaisseaux irriguant la tête du fémur sont fragiles. S'ils sont endommagés, la tête du fémur se nécrose et meurt, ce qui provoque une

La claudication en raison d'une dysplasie de la hanche est courante chez les espèces de grande taille à croissance rapide.

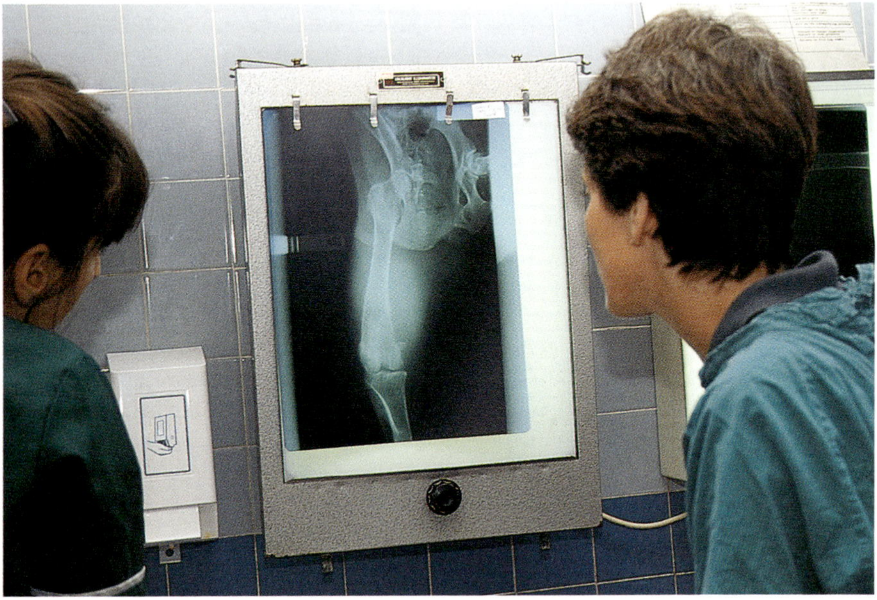

Une radiographie permet de visualiser les lésions sur une articulation douloureuse.

boiterie. Cette affection, également appelée nécrose aseptique ou maladie de Legg-Perthe, apparaît généralement chez des chiens ayant entre 4 et 12 mois.

Le traitement passe obligatoirement par la chirurgie, afin d'enlever la tête du fémur touchée. Dans les mois qui suivent l'opération, une « fausse » articulation fibreuse se développe, qui se révèle étonnamment performante.

La maladie articulaire dégénérative

Le cartilage est le tissu tendineux, très résistant, qui enveloppe les surfaces en mouvement des articulations. Il joue le rôle de lubrifiant et absorbe les chocs. En cas de dégénérescence, ou lorsqu'il ne se reconstitue pas normalement après une blessure, on parle de maladie articulaire dégénérative. Quelle qu'en soit la cause et l'articulation concernée, le processus reste le même. L'incapacité à réaliser des mouvements jusque-là possibles constitue le premier symptôme. Au fur et à mesure de l'évolution de la maladie, raideur ou claudication apparaissent, de façon intermittente, puis permanente. La maladie articulaire dégénérative est parfois appelée, à tort, arthrite, terme beaucoup plus large qui désigne l'ensemble des affections articulaires inflammatoires.

Surveillance du poids, exercices, et soulagement de la douleur sont les bases du traitement. Mettez au point un régime hypocalorique adapté avec votre vétérinaire. La pratique modérée d'une activité physique, comme la marche ou la natation, permet de maintenir le tonus

La luxation de la rotule

La luxation patellaire – ou luxation de la rotule – est fréquente chez les petits chiens. La rotule sort facilement de son logement, obligeant le chien à sautiller. La plupart du temps, tout traitement est superflu, mais en cas de déchirure d'un ligament, une intervention chirurgicale se révèle parfois nécessaire.

musculaire. En revanche, tout exercice intense doit être évité. Pour atténuer la douleur, le vétérinaire prescrira des anti-inflammatoires non stéroïdiens avec surveillance hépatique et rénale.

De nombreux compléments nutritionnels vendus dans le commerce vantent leur action bénéfique sur les cartilages des articulations. Les plus courants sont la glucosamine et la chondroïtine. Administrés régulièrement, ils semblent avoir un effet favorable. L'apport d'acides gras essentiels, présents dans l'huile de poisson ou de lin, donne également des résultats. Chez certains sujets, il permettrait de réduire la consommation de médicaments destinés à soulager les douleurs.

La polyarthrite

Dans le cas de cette maladie rare, l'inflammation touche de nombreuses articulations. Il peut s'agir d'une maladie auto-immune ou déclenchée par une infection ou une hypersensibilité à certains médicaments. Le chien présente de la fièvre, une éruption cutanée, des ganglions lymphatiques enflés ou une inflammation. Les troubles disparaissent généralement à l'arrêt du traitement mis en cause.

Les infections articulaires et osseuses

Il peut arriver qu'une bactérie parvienne jusqu'à l'articulation, profitant d'une plaie ou de la circulation sanguine.

Les vieux Bergers Allemands

La myélopathie dégénérative chronique frappe de nombreux Bergers Allemands qui perdent peu à peu l'usage de leurs pattes arrière et marchent en titubant. Malheureusement, il n'existe à ce jour aucun traitement pour cette affection nerveuse dégénérative, indolore.

Question au vétérinaire

Q. Les chiens ont-ils des rhumatismes ?
R. Nombre de personnes m'expliquent que leur chien est rhumatisant ou souffre de rhumatismes. Si l'arthrite rhumatoïde auto-immune est courante chez les humains, elle demeure rare chez les chiens, touchant principalement les articulations des pieds (carpienne et tarsienne) chez les races de petite taille, entre 1 et 8 ans.

Borrelia burgdorferi, organisme responsable de la maladie de Lyme, ainsi que d'autres infections transmises par les tiques, telles que *Rickettsia* et *Ehrlichia*, peuvent également atteindre les cavités des articulations. Les infections articulaires provoquent une boiterie mais se guérissent aisément grâce à un traitement antibiotique.

En dépit d'une certaine résistance aux infections, les os sont parfois touchés par une bactérie de type staphylocoque, qui pénètre dans l'organisme *via* une plaie ou une piqûre. L'infection aiguë s'accompagne de fièvre, d'une perte d'appétit et de poids, d'une léthargie, d'un échauffement et d'une inflammation des muscles entourant le siège de l'infection. Une infection des os, ou ostéomyélite, se résorbe après 6 semaines de traitement antibiotiques.

Les tumeurs osseuses

L'ostéosarcome est une tumeur courante chez le chien. Ce type de cancer, à malignité très élevée, apparaît le plus souvent sur les os longs des chiens de grande ou de très grande race, ayant atteint ou dépassé un âge moyen.

Claudication et douleur constituent généralement les premiers symptômes d'une tumeur osseuse. Ce type de cancer gagne très rapidement du terrain (*voir p. 272 et 273*) et lorsque la tumeur est découverte, il est probable que les

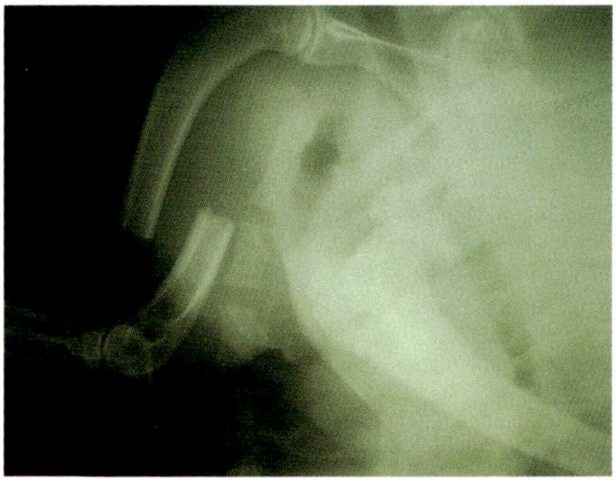

Une simple fracture guérira parfaitement grâce à une attelle ou un plâtre, mais une fracture complexe pourra demander un appareillage (broche, plaque, vis).

La natation est recommandée lors de problèmes articulaires. Elle entretient le tonus musculaire et soulage les articulations du poids de l'animal.

poumons et le foie aient déjà des métastases.

L'amputation du membre atteint et la prescription de médicaments contre la douleur constituent le traitement privilégié. Grâce à une intervention radicale, près de la moitié des chiens souffrant de ce type de cancer survivent au moins une année.

Les fractures

Les fractures sont généralement la conséquence d'un accident de la circulation. Avant de traiter la fracture, il convient de mettre votre chien – et vous-même – à l'abri de tout danger, de traiter l'état de choc et, si nécessaire, de pratiquer les gestes élémentaires de survie (*voir p. 222 à 225*).

Il peut s'agir d'une fracture ouverte – lorsque l'os est apparent – ou fermée – lorsque l'os n'est pas visible – la douleur et le gonflement sont identiques dans les deux cas. On parle de fracture incomplète ou de fêlure lorsqu'un os se plie et se rompt d'un côté seulement, avec réduction du côté opposé. Les fractures des os longs sont les plus évidentes, car le chien est alors incapable de supporter son propre poids sur le membre touché.

Les luxations

Il y a luxation lorsque les surfaces des deux os formant l'articulation se trouvent disjointes. En revanche, on parlera de subluxation ou luxation incomplète en cas de disjonction partielle des deux parties de l'articulation. Les subluxations sont souvent difficiles à diagnostiquer, même à la radiographie. Dans certains cas, lorsque le chien est examiné peu après la blessure, les os déplacés peuvent être remis en place manuellement, sous anesthésie générale. Sinon, un acte chirurgical sera nécessaire pour réparer l'articulation.

Les déchirures des ligaments

La blessure ligamentaire la plus courante

Question au vétérinaire

Q. Les chiens ont-ils besoin d'un complément en minéraux ?

R. Uniquement s'ils sont malades ou âgés. Les chiots à croissance rapide n'ont pas besoin de complément de calcium car l'excès de calcium peut nuire au bon développement des articulations. Les aliments fabriqués par les grandes marques offrent une teneur équilibrée en vitamines et minéraux, suffisant à assurer une bonne croissance. Les meilleurs produits sont également riches en anti-oxydants, aux effets bénéfiques (*voir p. 198 à 201*).

– et de loin – est la rupture des ligaments croisés (genou) antérieurs, qui touche surtout les chiens en surcharge pondérale. Le traitement varie selon le poids de l'animal: pour les chiens de moins de 7 kg, le repos du membre touché pourra suffire. En 3 mois, le tissu fibreux se développe et l'articulation est réparée. Si le repos se révèle insuffisant, et pour les chiens plus gros, une intervention chirurgicale est nécessaire.

Les élongations et les déchirures musculaires

Chez les chiens, les problèmes musculaires concernent généralement la jonction entre fibres musculaires et fibres nerveuses ou les nerfs innervant les muscles. Déchirures, élongations, contusions sont de très loin les problèmes les plus fréquents, parfois difficiles à identifier. Elles peuvent être dues à une chute ou à une collision, ou résulter d'une activité physique ou d'un travail excessifs: les Greyhounds de compétition sont particulièrement sujets aux déchirures musculaires. Les blessures mineures se traduisent par une sensibilité et une fragilité localisées, tandis que les blessures graves entraînent une inflammation et une douleur intenses.

Il faut parfois écarter le pelage pour découvrir une rougeur provoquée par une blessure musculaire sous-jacente. Dans tous les cas, le repos est essentiel. En cas de blessure grave, 3 semaines au moins seront nécessaires. L'application de compresses froides sur la région douloureuse réduit l'inflammation et soulage la douleur.

Les problèmes musculaires

La *myasthenia gravis* est une affection, congénitale ou acquise, impliquant un déficit d'acétylcholine, substance assurant la transmission d'informations de la fibre nerveuse à la fibre musculaire. Elle se traduit par une faiblesse physique et une faible tolérance à l'exercice. Une infection par la bactérie *Clotridium botulinum* (botulisme) et une paralysie à tiques peuvent empêcher la libération d'acétylcholine conduisant à une paralysie. Heureusement, ces affections musculaires sont très rares.

Quelques termes couramment utilisés

Votre vétérinaire utilisera peut-être l'un ou l'autre de ces termes pour décrire la cause de la boiterie de votre chien.

Entorse	Il s'agit d'une lésion des fibres musculaires et des tendons. Les entorses s'accompagnent souvent d'un léger saignement et d'une ecchymose.
Foulure	Torsion de l'articulation, avec étirement excessif des ligaments. Elle se traduit par une claudication similaire à celle provoquée par une entorse.
Crampe	Douloureuses, elles surviennent lorsque les filaments qui composent les fibres musculaires sont contractés en permanence. Elles touchent souvent les chiens athlétiques, comme les Greyhounds.
Déchirure	Les ligaments, les tendons et les muscles se déchirent totalement ou partiellement.
Fracture	Les plus courantes désignent le fractionnement de l'os en deux ou plusieurs parties. D'autres, moins fréquentes, fendent ou compriment l'os sans que la cassure soit totale. Leur diagnostic est plus délicat.
Luxation	L'os se sépare d'un autre os avec lequel il forme une articulation. Elles impliquent souvent une déchirure ligamentaire.

L'usure naturelle

Avec le temps, les muscles du chien rétrécissent et perdent de leur force. Les dérèglements du métabolisme peuvent également entraîner une baisse de la masse musculaire. Si vous constatez une telle perte chez votre chien, sans raison apparente, consultez un vétérinaire.

Les affections spinales

- Quelle que soit la lésion, priorité au repos
- En cas de paralysie, il est vital d'opérer immédiatement
- Certaines races, petites ou grandes, sont davantage prédisposées

Les lésions de la moelle épinière – spontanées ou accidentelles – peuvent empêcher tout mouvement musculaire volontaire, modifier les réflexes spinaux ou le tonus musculaire, atrophier les muscles, entraîner une perte du toucher et une insensibilité à la douleur.

La paralysie

La paralysie est la conséquence d'un traumatisme de la moelle épinière lors d'un accident, d'une chute, d'une blessure par balle ou d'une maladie des disques intervertébraux (*voir ci-contre*). La paralysie partielle touchant les membres postérieurs est plus fréquente que la paralysie totale. Les paralysies d'origine traumatique peuvent faire l'objet d'un traitement médicamenteux, mais dans la majorité des cas, une intervention chirurgicale est nécessaire.

Une lésion d'un nerf périphérique provoquée par une très forte traction sur un membre, entraîne la perte de sensations des muscles contrôlés par le

Bouger un chien blessé au dos

Vérifiez tout d'abord la présence éventuelle d'autres signes ou blessures graves et, si besoin, pratiquez la RCP et traitez l'état de choc (*voir p. 222 à 225*). Manipulez le chien selon les indications ci-dessous et consultez dès que possible un vétérinaire.

1. Maintenez le dos aussi droit que possible. Si nécessaire, muselez le chien.
2. Trouvez une surface dure et plane, comme un morceau de contreplaqué, qui servira de civière. Il doit être suffisamment petit pour rentrer dans un véhicule. Placez-le contre le dos du chien blessé.
3. Avec l'aide d'autres personnes, et tout en prononçant des paroles réconfortantes, saisissez la peau du chien au-dessus des hanches et des omoplates et posez-le délicatement sur la civière.
4. Attachez-le à la civière, avec du ruban adhésif au-dessus des hanches et des épaules. Évitez tout mouvement des cervicales en cas de blessure au cou.
5. Si vous n'avez pas de quoi confectionner une civière, repliez une grande couverture de façon à obtenir un support épais et ferme sur lequel vous déposerez le chien. Immobilisez-le à l'aide d'adhésif et soulevez la couverture par les deux extrémités.

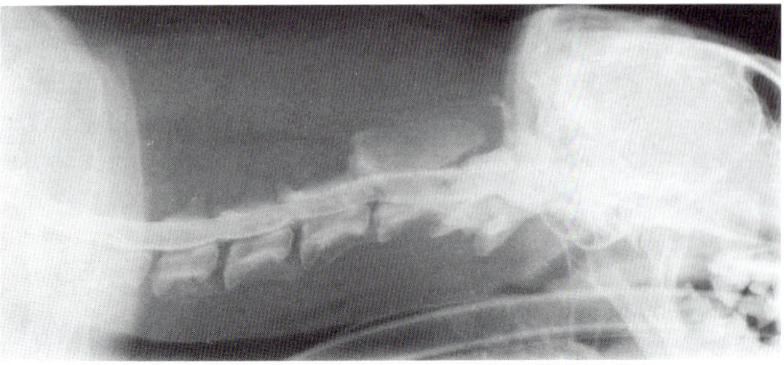

La moelle épinière de ce Doberman est comprimée en plusieurs points, au niveau cervical, par des disques intervertébraux déplacés.

Les disques intervertébraux

Fragile, la moelle épinière est protégée par les vertèbres mobiles de la colonne vertébrale. Des disques jouent le rôle d'amortisseurs entre les vertèbres contiguës. Lorsqu'un disque se déplace et appuie sur la moelle épinière, il en résulte une douleur, voire une paralysie.

Les disques intervertébraux sont constitués d'une matière gélatineuse enrobée d'un revêtement fibreux. La moelle épinière passe entre ces disques et les vertèbres.

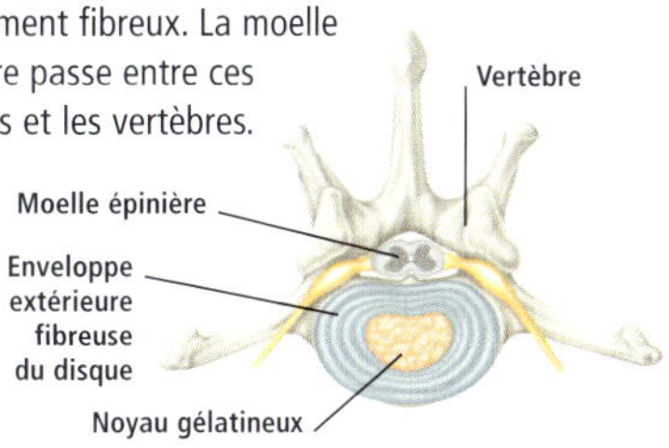

Si le disque envahit le canal spinal, la moelle épinière se trouve compressée et la douleur apparaît. C'est un éclatement soudain du disque ou une hernie qui compriment la moelle épinière

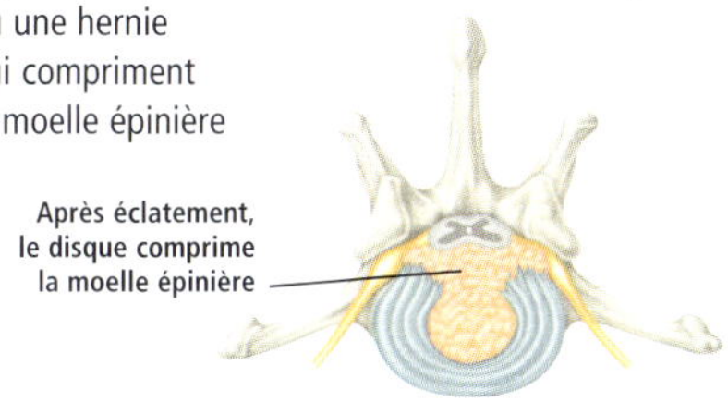

nerf concerné, voire une paralysie. Dans certains cas graves, le membre doit être amputé. Sinon la chirurgie permet une transposition des attaches musculaires pour conserver une patte raide et droite.

Les lésions des disques intervertébraux

Le tissu fibreux qui sépare les disques intervertébraux de la moelle épinière (*voir ci-dessus*) peut se déchirer sous l'effet d'une dégénérescence, provoquant douleurs et paralysie. La plupart des chiens réagissent bien aux corticostéroïdes administrés rapidement. Après quoi, un repos de quinze jours constitue l'essentiel du traitement.

Le syndrome de Wobbler

Cette grave maladie, également appelée spondylomyélopathie cervicale, touche le plus souvent les jeunes Danois et les Dobermans. Elle entraîne une perte progressive de la coordination des pattes arrière en raison d'une instabilité des vertèbres cervicales qui provoque une compression et une lésion de la moelle épinière. Les interventions chirurgicales précoces donnent les meilleurs résultats.

La myélopathie chronique

Si elle frappe essentiellement les Bergers Allemands, d'autres races de grande taille ne sont pas pour autant épargnées, la radiculomyélopathie dégénérative chronique débouche sur une paralysie partielle, qui peut se déclarer dès 6 ans. Le chien perd progressivement toute coordination de ses membres postérieurs. Puis cet affaiblissement évolue vers une paralysie partielle, sans perte de la perception de la douleur ni du contrôle volontaire de la libération d'urine et de la défécation. Malheureusement, aucun traitement n'est à ce jour capable de ralentir ou d'enrayer l'évolution de cette myélopathie. Le contrôle du poids de l'animal et l'exercice quotidien favorisent néanmoins, autant que faire se peut, le maintien d'un certain tonus musculaire.

Les races à dos long et à courtes pattes, comme le teckel, sont sujettes aux lésions des disques intervertébraux.

La bouche et les dents

- La maladie des gencives est le problème le plus fréquent
- Mâchonner des bâtons et des pierres reste dangereux
- Pratiquez la prévention en brossant les dents de votre chien

Les chiens utilisent leur bouche et leurs dents pour manger, se défendre, faire leur toilette, signifier leur affection ou simplement explorer, goûter, jouer et s'amuser. En conséquence, ils peuvent connaître toutes sortes de problèmes.

Les infections buccales

Une infection ou une inflammation de la bouche – ou stomatite – peut être provoquée par une coupure, une brûlure, un corps étranger resté collé et certaines maladies des gencives et des structures soutenant les dents (maladie parodontale). Les affections métaboliques, telle l'insuffisance rénale, peuvent aussi entraîner de douloureuses stomatites. Les blessures provoquées par des bouts de bois se révèlent parfois graves, surtout à l'arrière de la bouche. Il convient de s'attaquer à la cause de la stomatite: soigner les blessures, retirer les corps étrangers, soigner les dents et enrayer tout dérèglement sous-jacent du métabolisme afin de prévenir une rechute. Les infections bactériennes secondaires sont fréquentes, ce qui justifie l'utilisation presque systématique d'antibiotiques.

Un corps étranger dans la bouche

Les chiens s'amusent souvent à mâchonner des brindilles, des pierres, des os ou tout autre matériau dur. Mais ce jeu se révèle parfois dangereux, car ils peuvent se blesser la bouche ou se casser les dents, notamment les molaires, avec un risque d'exposition et d'infection de la pulpe dentaire. Si votre chien a un corps étranger dans la bouche, immobilisez-le, sans le brusquer, et retirez délicatement l'objet avec le manche d'une cuillère (*voir p. 237*).

Un corps étranger dans la gorge

Certaines brindilles se logent à l'arrière de la gorge, trop loin pour être facilement retirées. Le chien a des haut-

Les affections buccales et dentaires les plus fréquentes

PROBLÈME	CAUSE POSSIBLE	CONSULTER
Le chien mange lentement.	Toute affection buccale douloureuse.	Dans les 24 h
Il mange tête inclinée, lâche les aliments avant de les manger.	Douleur d'un côté de la bouche.	Dans les 24 h
Il a du mal à ouvrir la bouche.	Affection congénitale ou acquise de la tête, de la mâchoire ou du cou, tumeur, abcès, présence d'un corps étranger.	Le jour même
Il bave.	Affection buccale ou gingivale, présence d'un corps étranger, rage, chaleur excessive, tumeur, kyste salivaire, blessure par la chaleur	Le jour même
Il a des haut-le-cœur.	Présence d'un corps étranger, tumeur.	Le jour même
Il a mauvaise haleine.	Maladie parodontale, intertrigo des commissures labiales, corps étranger, tumeur, maladie de l'estomac, trouble du métabolisme.	Dans les 24 h

Que faire en cas de présence d'un corps étranger dans la bouche ?

OBJET	SIGNES	TRAITEMENT
Bois ou os dans la voûte du palais	Il se frotte avec la patte.	Retirez-le avec le manche d'une cuillère.
Bois ou os coincé entre les dents	Il se frotte et bave.	Retirez-le avec le manche d'une cuillère.
Arête de poisson dans les lèvres	Visible.	Retroussez les lèvres puis tirez l'arête.
Arête de poisson avalée	Il se frotte et semble abattu.	Partez immédiatement chez le vétérinaire.
Ficelle ou élastique autour de la langue	Écoulement de bave. La ficelle est peut-être visible.	Partez immédiatement chez le vétérinaire.
Piquants de hérisson dans les lèvres	Visibles.	Retirez–les avec des pinces ou consultez le vétérinaire.
Piquants de hérisson dans la bouche	Il se frotte et bave.	Partez immédiatement chez le vétérinaire.
Tout élément fiché dans la langue.	Il se frotte, bave, ouvre la bouche. Gonflement sous la langue.	Partez immédiatement chez le vétérinaire.

le-cœur, se touchant frénétiquement la bouche avec la patte, bave ou vomit. Un gonflement peut apparaître et rendre la respiration difficile. Si l'objet bloque le larynx, le chien suffoque et s'évanouit. Un traitement immédiat est impératif (*voir p. 237*).

La maladie parodontale

Tous les chiens, ou presque, auront une fois dans leur vie une maladie parodontale. Une mauvaise haleine en est généralement le premier signe.

La meilleure façon de prévenir la maladie parodontale est de brosser régulièrement les dents de votre chien (*voir p. 197*). Vérifiez qu'elles ne sont pas bordées d'une ligne rouge : premier signe d'une inflammation des gencives ou gingivite. Un traitement à ce stade empêche l'apparition de la maladie.

Les tumeurs buccales

Peu fréquentes, des tumeurs peuvent toutefois se former sur les gencives, la langue, la voûte du palais ou les glandes salivaires. Dans la mesure du possible, elles sont éliminées grâce à une intervention chirurgicale suivie d'une radiothérapie ou d'une chimiothérapie.

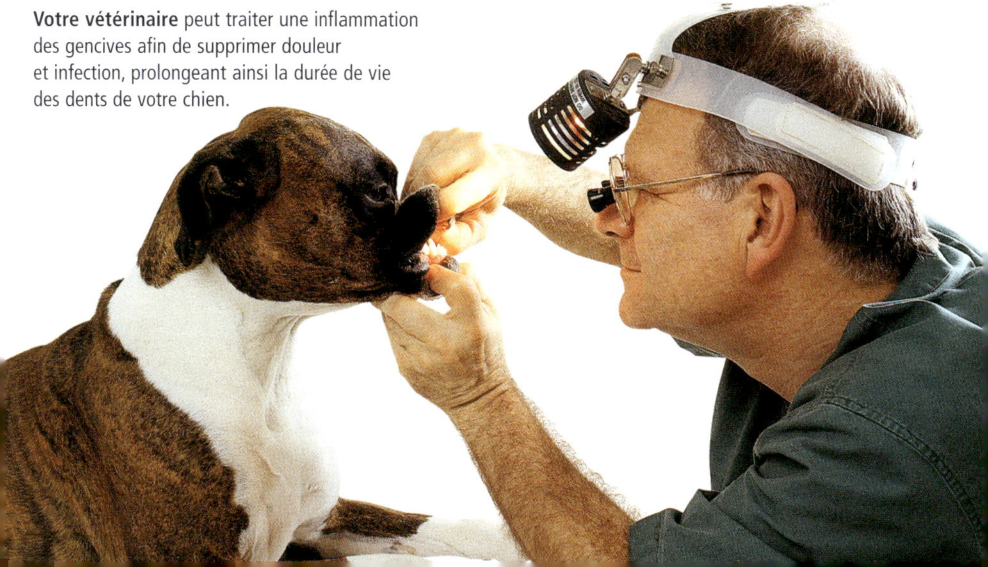

Votre vétérinaire peut traiter une inflammation des gencives afin de supprimer douleur et infection, prolongeant ainsi la durée de vie des dents de votre chien.

Les problèmes d'estomac

- La cause des vomissements peut se trouver ailleurs que dans l'estomac
- Ne donnez ni nourriture ni boisson à un chien qui vomit
- Les torsions d'estomac sont une urgence engageant le pronostic vital

Vomissements et diarrhée sont deux des problèmes les plus fréquents chez le chien. La cause en est souvent évidente, mais dans certains cas, ils peuvent mettre sa vie en danger. Quelques notions des différents types de vomissements vous aideront à évaluer la situation.

• **Les vomissements aigus.** Les chiens régurgitent les aliments et les corps étrangers qui n'ont rien à faire dans leur estomac. Le mal des transports provoque aussi des vomissements aigus. Supprimez toute alimentation et boisson pendant 2 heures après un vomissement.

• **Les vomissements intermittents.** Ils surviennent en cas d'allergie alimentaire ou d'affection grave, comme les troubles du métabolisme, les ulcères ou les tumeurs. Consultez votre vétérinaire dans les 2 jours en cas de vomissements intermittents pendant plusieurs jours.

• **Les vomissements à répétition.** Ils sont parfois causés par une simple irritation de l'estomac ou une occlusion intestinale engageant le pronostic vital. Consultez immédiatement.

• **Les vomissements explosifs.** Souvent dus à une occlusion qui empêche les aliments de quitter l'estomac ou à une maladie neurologique. Consultez le vétérinaire le jour même.

• **Les vomissements de sang.** Ils peuvent être le signe d'un ulcère à l'estomac ou à l'intestin grêle, d'un empoisonnement, d'un corps étranger, d'une tumeur ou d'une infection grave. Allez chez le vétérinaire le jour même.

• **Les vomissements de bile.** Il s'agit souvent d'une forme modérée d'allergie. Le chien vomit de la bile, tous les jours et à la même heure. Ces vomissements cessent avec un traitement anti-nauséeux et un nouveau régime alimentaire.

Les principales causes de vomissements

TYPE	CAUSES
Alimentaire	Chapardage, repas trop copieux, intolérance alimentaire, allergie.
Problèmes gastriques	Inflammation (gastrite), parasites, ulcère, corps étranger, tumeur, ballonnements (volvulus), troubles de la motilité.
Problèmes intestinaux	Inflammation (inflammation des intestins, colite), parasites, corps étranger, tumeur, infection (parvovirose, maladie de Carré), infestation bactérienne, télescopage des intestins, (intussusception), constipation.
Autres problèmes abdominaux	Inflammation du pancréas (pancréatite), inflammation du péritoine (péritonite), tumeur abdominale.
Troubles métaboliques et dérèglements hormonaux	Insuffisance rénale ou hépatique, diabète, insuffisance des glandes surrénales, hyperthyroïdie, empoisonnement du sang, dérèglements, électrolyte et base acide, anxiété, peur, phobie.
Poisons et médicaments	Plomb, antigel (glycol d'éthylène), strychnine, médicaments pour le cœur (digitaline), anti-inflammatoires non stéroïdiens, traitement de chimiothérapie, certains antibiotiques.

Le traitement des vomissements

Supprimez toute nourriture pendant 2 à 24 heures, selon la gravité des vomissements, son âge et son état de santé. Donnez-lui de l'eau ou des glaçons, en petite quantité. Des sels de réhydratation dissous dans de l'eau ont un effet bénéfique et l'eau de Seltz aide à neutraliser les remontées acides. Donnez-lui progressivement des aliments solides, en servant, de façon rapprochée, de petites portions d'aliments mous, à faible teneur en graisses et en protéines. Vous pouvez le préparer vous-même en mélangeant 1/3 de fromage blanc maigre et 2/3 de riz cuit à l'eau.

La régurgitation

Il y a régurgitation lorsque les aliments se trouvant dans l'œsophage sont expulsés, quasiment sans effort, par la bouche. La cause la plus fréquente est une dilatation de l'œsophage, souvent diagnostiquée lorsque le chiot passe d'une alimentation liquide à une alimentation solide. Dans ce cas, il convient de lui donner de petits repas fréquents, à haute teneur calorique, et de placer sa gamelle en hauteur pour faciliter la descente des aliments dans l'œsophage. Certains médicaments favorisent le transit de l'œsophage vers l'estomac.

Certains chiens mâchent de l'herbe pour calmer leurs troubles gastriques.

Attention aux médicaments

Les corticostéroïdes et les anti-inflammatoires non stéroïdiens peuvent provoquer des ulcères à l'estomac. Si votre chien suit un tel traitement et qu'il vomit par intermittence, semble malheureux et perd du poids, consultez votre vétérinaire. N'utilisez que des anti-inflammatoires à usage vétérinaire, moins dangereux que ceux destinés aux humains.

Les torsions d'estomac sont mortels

Si votre chien a le ventre gonflé et semble gêné, consultez immédiatement un vétérinaire.
Les torsions d'estomac (avec volvulus gastrique) constituent l'une des urgences les plus graves. Les causes du volvulus demeurent mal connues. Il peut survenir lorsque le chien a trop mangé, l'estomac se gonflant de liquides et de gaz.
Le chien se met à baver, a des haut-le-cœur, va et vient sans relâche, devient apathique, semble souffrir et cherche à vomir. Les symptômes de l'état de choc apparaissent rapidement (*voir p. 224 et 225*). Consultez d'urgence un vétérinaire car il s'agit d'une affection aiguë, au taux de mortalité élevé même chez les chiens ayant subi une intervention chirurgicale immédiate.
Les torsions d'estomac concernent surtout les races grandes ou très grandes, avec une poitrine étroite et profonde, comme les Danois, les Braques de Weimar, les Caniches Standard, les Wolfhounds, les Setters Irlandais et Gordon et les Dobermans. Limitez la consommation d'eau de votre chien 1 heure avant ou après le repas. Donnez-lui de l'eau et des aliments souvent, mais en petites quantités, et empêchez-le de se rouler ou de faire de l'exercice après les repas.

Les problèmes digestifs

- Une diarrhée peut être bénigne ou engager le pronostic vital
- L'origine des problèmes intestinaux n'est pas toujours intestinale
- Le foie et le pancréas jouent un rôle essentiel dans la digestion

La diarrhée est un dérangement intestinal fréquent dû à une lésion gastro-intestinale ou tout simplement l'élimination d'un aliment irritant.

Elle s'accompagne éventuellement de vomissements, de gargouillements, de douleurs, de renvois ou de gaz et contient parfois des mucosités ou du sang. Si votre chien semble léthargique, fiévreux et que sa diarrhée, contenant du sang, est persistante ou explosive, consultez d'urgence un vétérinaire.

Dans certains cas, on observe une perte ou une augmentation de l'appétit accompagnées d'une apathie sévère. L'examen des selles diarrhéiques et l'observation de toute modification du comportement facilitent l'identification du problème (*voir ci-contre*). Parmi les causes les plus fréquentes, figurent:

- une imprudence alimentaire,
- une allergie alimentaire;
- un empoisonnement alimentaire,
- des parasites, de type *Giardia* ou *Trichuris*;
- des virus tels que la parvovirose ou la maladie de Carré,
- des bactéries de type *Campylobacter*,
- une réaction à certains médicaments.

La perte d'appétit n'est pas toujours la conséquence de problèmes digestifs.

Le traitement de la diarrhée

Un chien souffrant de diarrhée persistante doit toujours être examiné par un vétérinaire. Il traitera les symptômes, identifiera la cause et ne prescrira pas d'antibiotiques, sauf en cas d'infection bactérienne.

Il existe un risque de déshydratation: même si vous supprimez tout aliment solide, incitez votre chien à boire beaucoup d'eau. De nombreux spécialistes conseillent de ne pas modifier son alimentation après une crise de diarrhée, afin d'apporter des aliments habituels à la flore intestinale.

Diarrhée sanglante et vomissements de sang

Cette affection dangereuse, survient principalement chez des animaux d'âge moyen de petite taille, comme le Caniche Nain, le Schnauzer Nain et le Teckel. Un chien présentant ces symptômes doit être traité d'urgence et nécessitera éventuellement une hospitalisation.

L'inflammation de l'intestin ou colite

Le terme de colite désigne diverses maladies à composante immunitaire

Les différents types de diarrhée

CARACTÉRISTIQUE	DESCRIPTION	CAUSE
Consistance	Aqueuse Couverte de substance gélatineuse Huileuse ou graisseuse Présente des bulles	Transit intestinal rapide Affection du gros intestin (colite) Problème de malabsorption (graisses) Bactéries produisant des gaz dans l'intestin
Couleur	Goudronneuse et noire Rouge vif Crayeuse et luisante Terreuse et claire Jaune vert	Saignement de la partie supérieure de l'appareil digestif Saignement de l'appareil digestif inférieur ou de l'anus Mauvaise digestion/absorption (problème de pancréas) Insuffisance de bile hépatique Transit intestinal rapide
Fréquence et quantité	Petites quantités, fréquence élevée Grandes quantités, 3 à 4 fois/jour	Irritation du côlon Problème de digestion/malabsorption de l'intestin grêle
Odeur	Normale Nauséabonde	Transit rapide/malabsorption Activité bactérienne, fermentation, sang
Autres signes	Vomissements Perte de poids Pas de perte de poids, bon appétit	Gastro-entérite Malabsorption Affection du gros intestin ou côlon

impliquant une inflammation du gros intestin ou côlon. Les chiens présentent une diarrhée chronique, vont à la selle plus fréquemment, la défécation est douloureuse, ils perdent du poids, semblent sous-alimentés et sont souvent anémiques. Le Berger Allemand est particulièrement touché par ces problèmes. Votre vétérinaire vous conseillera une alimentation hypoallergénique et un traitement à base d'immunosuppresseurs, comme les corticostéroïdes.

La constipation

La constipation n'a rien de rare chez les chiens, mais elle ne dure généralement pas plus de 48 heures. Certains cas graves s'expliquent par l'ingestion de matériaux indigestes, des troubles nerveux, une occlusion intestinale, une douleur ou une déshydratation.

Chez les chiens âgés, elle est provoquée par l'inactivité et le manque de tonus musculaire. Dans ce cas, suivez ces quelques conseils :

• faites tremper des aliments secs dans un volume équivalent d'eau pendant 20 minutes, jusqu'à ce que toute l'eau soit absorbée. Votre chien disposera ainsi d'un apport supplémentaire en liquide.

• Sortez souvent votre chien pour qu'il puisse faire régulièrement ses besoins.

• Donnez-lui du lait de vache – laxatif naturel – ou un produit recommandé par votre vétérinaire.

L'occlusion intestinale

Les occlusions de la partie rectale de l'intestin peuvent être à l'origine d'une constipation ou de selles en forme de ruban. Une dilatation de la prostate, par exemple, rend plus difficile le passage des selles. Une occlusion peut aussi être la conséquence d'une hernie périnéale – renflement se formant sur les parois fragilisées de l'intestin – avec

Question au vétérinaire

Q. Le lait provoque-t-il des diarrhées ?

R. Tout changement d'alimentation peut entraîner une diarrhée, mais le lait pose un problème particulier chez les chiens qui, avec l'âge, ne produisent plus assez de lactase. Si votre chien aime le lait mais souffre de diarrhée lorsqu'il en boit, essayez de lui donner du lait sans lactose.

Un chien qui se traîne sur son arrière-train pour soulager une irritation sous la queue risque d'aggraver le problème de départ

accumulation de selles dans la hernie, déviation de la trajectoire du rectum et dilatation.

Un traitement médicamenteux ou une stérilisation réduisent la taille de la prostate. Les hernies nécessitent souvent une intervention chirurgicale.

Le frottement de l'arrière-train

Une irritation déclenchée par des vers peut mener le chien à se frotter l'arrière-train en rampant, de préférence sur une surface abrasive, un tapis ou de l'herbe, par exemple. Mais la cause la plus fréquente reste une irritation des poches anales. Le chien souffrant de ce type de problème, sursaute, comme pris de frayeur ou d'une douleur soudaine. Les poches anales engorgées peuvent être vidées d'une simple pression externe (*voir p. 197*). En cas d'infection, les poches enflent et éclatent sous la peau, de part et d'autre de l'anus, provoquant un douloureux abcès purulent. Un traitement antibiotique est alors nécessaire.

Le ventre dilaté

L'obésité est la cause la plus courante du ventre dilaté. Chez les femelles non stérilisées, les grossesses – réelles ou nerveuses – très marquées expliquent aussi ce phénomène. Mais il existe également des causes cliniques, liées à des affections graves. Consultez rapidement votre vétérinaire si l'abdomen de votre chien se dilate subitement.

Les flatulences

Un chien qui mange trop vite ou qui ingère des aliments à haut pouvoir de fermentation, comme le soja (tofu) et certains glucides indigestes, présents notamment dans les légumes crus, peut avoir des renvois et des flatulences. Pour limiter ces désagréments, donnez-lui plusieurs petits repas par jour, digestes et à faible teneur en fibre. Le charbon actif, vendu sans ordonnance, absorbe efficacement les gaz intestinaux.

Les troubles du pancréas

Le pancréas sécrète dans les intestins des enzymes permettant la digestion des aliments. Une production insuffisante d'enzymes digestives entraîne des problèmes de malabsorption. Une libération d'enzymes ailleurs que dans les intestins provoque une inflammation intense et douloureuse. Voici quelques troubles fréquents du pancréas :

- **La pancréatite aiguë**. Très douloureuse, cette affection désigne une inflammation du pancréas. Le chien cherche à se remonter le ventre, vomit et manifeste des signes de choc. Dans les cas moins graves, il relâche la partie avant du corps, en position de repos, mais n'abaisse pas ses pattes arrière, faisant en quelque sorte une révérence. Le traitement consiste

Question au vétérinaire

Q. Pourquoi mon chien mange-t-il les excréments d'autres animaux ?
R. Le fait de manger ses propres excréments ou ceux d'autres animaux est un comportement habituel surtout lorsqu'ils possèdent une valeur nutritionnelle, comme ceux des chevaux (*voir p. 150 et 151*). Dans certains cas, rares, il y a une raison médicale.

à diminuer la douleur et à ralentir la progression de l'état de choc. Refusez toute nourriture à votre chien afin de réduire l'activité du pancréas. Après le retour à la normale, faites-lui suivre un régime pauvre en graisses, avec des repas peu copieux, mais fréquents.

• **L'insuffisance pancréatique exocrine.** Le pancréas perd sa capacité à produire des enzymes digestives, lorsque le système immunitaire se dérègle. Le chien se livre alors au chapardage, mange voracement, tout en perdant du poids. Il expulse en grande quantité une diarrhée grisâtre, semblable à du purin. L'administration de comprimés d'enzymes pancréatiques avant les repas améliore son état.

Le diabète sucré

L'insuline produite par le pancréas permet aux cellules d'absorber le glucose. En cas de diabète sucré, le pancréas ne produit plus d'insuline, faisant augmenter le taux de sucre après chaque repas. Parmi les races les plus exposées au risque de diabète sucré, citons les Teckels, les Caniches et les petits Terriers.

Un chien diabétique nécessite des injections quotidiennes d'insuline (*voir p. 219*) et votre vétérinaire conseillera certainement une alimentation riche en fibres.

Les problèmes hépatiques

Entre autres fonctions, le foie métabolise ou détoxifie les substances provenant des intestins. Voici quelques troubles hépatiques courants :

• **L'inflammation du foie ou hépatite.** Inflammation grave et soudaine du foie provoquée par une infection (hépatite canine infectieuse ou leptospirose), un traumatisme (accident), un coup de chaleur ou un empoisonnement. Les premiers symptômes sont des vomissements, une léthargie, une soif excessive, un besoin fréquent d'uriner et une perte de poids. Lorsque l'ictère apparaît (coloration jaune de tout le corps), les fonctions hépatiques sont déjà détruites à plus de 80 %. La solution consiste à traiter la cause première et à soulager le foie en surveillant l'alimentation.

• **La dérivation hépatique.** Les vaisseaux sanguins des intestins contournent le foie. Les substances toxiques ne sont alors plus éliminées, ce qui provoque une inflammation du cerveau. Le chien titube, convulse, tombe en léthargie ou fait une attaque cérébrale. Une intervention chirurgicale s'impose.

Un chien fait la révérence lorsqu'il cherche à soulager les douleurs causées par une pancréatite.

L'appareil urinaire

- Une affection rénale chronique se révèle généralement insidieuse
- Une soif accrue est toujours à prendre en considération
- Les affections de la vessie sont souvent douloureuses

Toute modification des urines de votre chien – quantité, couleur ou consistance – requiert l'avis immédiat d'un vétérinaire, car elle peut être le signe d'une maladie grave.

La modification des urines

Le volume et la qualité de l'urine constituent de précieux indices pour diagnostiquer les affections rénales ou des voies urinaires inférieures. L'augmentation des urines peut avoir l'une des causes suivantes :
- affection rénale,
- diabète sucré (*voir p. 259*),
- diabète insipide ou diabète avec insuffisance en HAD (*voir p. 242*),
- maladie du foie ou insuffisance hépatique (*voir p. 259*),
- infection de l'utérus (*voir p. 264 à 265*),
- hyperactivité de la glande corticosurrénale (*voir p. 243*),
- insuffisance surrénale,
- insuffisance de la glande thyroïde (*voir p. 242*),
- traitement médicamenteux ou régime alimentaire,
- douleur, fièvre ou trouble du comportement.

La présence de sang dans les urines

Si vous constatez la présence de sang dans les urines de votre chien (hématurie), consultez votre vétérinaire le jour même. Voici quelques-unes des causes possibles :
- traumatisme,
- maladie grave, de type inflammatoire, de l'appareil urinaire,
- calcul rénal ou urinaire,
- empoisonnement par un raticide,
- anémie hémolytique auto-immune,
- tumeur des organes génitaux.

L'insuffisance rénale grave

On parle d'insuffisance rénale en cas de perte à 75 % de la fonction rénale. Elle peut survenir à la suite d'une blessure, d'une maladie, d'un déficit immunitaire ou tout simplement avec l'âge. Elle apparaît subitement (insuffisance rénale

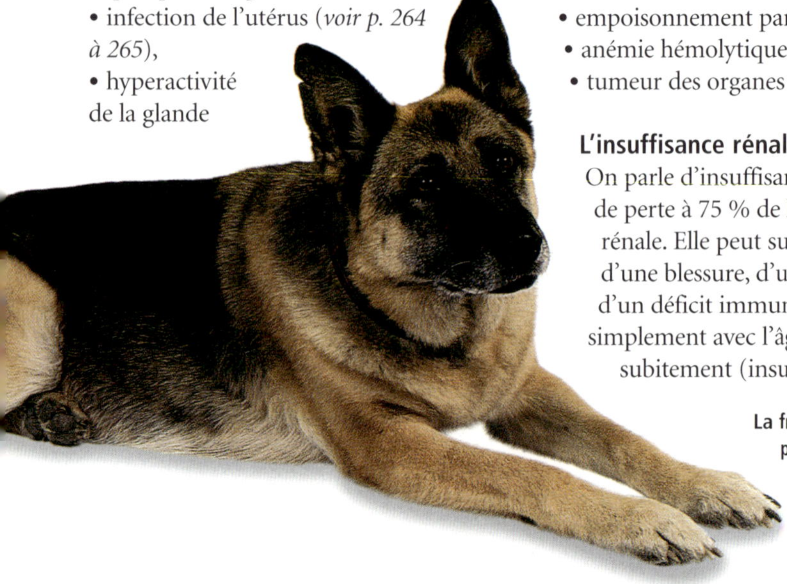

La fréquence des problèmes urinaires augmente sensiblement avec l'âge.

Question au vétérinaire

Q. Qu'est-ce que l'urémie ?
R. Elle survient en cas d'insuffisance rénale grave. Les déchets, éliminés en temps normal dans l'urine, arrivent dans le sang. Si l'urémie est à un stade avancé, le pronostic est grave. Les signes en sont une soif excessive, une perte d'appétit et de poids, une léthargie ou une apathie, une haleine à l'odeur d'ammoniaque, des gencives pâles, des ulcères de la bouche, des vomissements et des diarrhées.

aiguë) ou, progressivement, de façon chronique (*voir ci-dessous*).

L'insuffisance rénale aiguë résulte souvent d'une affection extérieure à l'appareil urinaire – insuffisance cardiaque, choc, infection grave ou maladie systémique, tumeur en phase évolutive, par exemple. Certains poisons, comme l'antigel, provoquent également une telle insuffisance. Le chien perd alors l'appétit, s'affaiblit, devient apathique et souffre de malaises, éventuellement accompagnés de vomissements et de diarrhée. Si votre chien présente de tels symptômes, emmenez-le d'urgence chez le vétérinaire.

L'insuffisance rénale chronique

Maladie lente et insidieuse, elle touche surtout – mais pas exclusivement – les chiens âgés. Les premiers symptômes sont généralement une soif accrue, des urines plus fréquentes et un léger affaiblissement, évoluant vers une fatigue générale, une indolence et une perte d'intérêt pour le monde environnant. En l'absence de traitement, des haut-le-cœur apparaissent, suivis de vomissements. Le chien tremble ou souffre de pertes d'équilibre et d'attaques cérébrales d'intensité moyenne. Le traitement consiste à surveiller le régime alimentaire (*voir ci-dessous*). Les liquides peuvent être administrés par voie intraveineuse

Les chiens aiment boire l'antigel des voitures. Or ce produit est un violent poison qui provoque une insuffisance rénale pouvant aller jusqu'au coma.

ou, dans certains cas, sous-cutanée. Des inhibiteurs de l'enzyme de conversion de l'angiotensine (ECA), sont prescrits pour faire baisser la pression artérielle. Les reins se chargeant d'éliminer de nombreux médicaments, il convient donc, en cas d'insuffisance rénale grave, de réévaluer les doses prescrites.

Le régime alimentaire en cas d'insuffisance rénale

L'insuffisance rénale chronique est irréversible. Toutefois, un régime alimentaire soigneusement étudié peut freiner l'évolution de la maladie et en atténuer les symptômes. Votre vétérinaire vous conseillera, au vu de l'évolution de la maladie. Les grands principes alimentaires restent les suivants :

- **Réduire l'apport de phosphore :** ralentit l'évolution de la maladie.
- **Réduire l'apport de sodium :** permet un contrôle de la pression artérielle.
- **Augmenter l'apport de lipides :** une alimentation riche en graisses stimule l'appétit et augmente l'apport calorique.
- **Choisir des protéines de qualité :** un apport modéré favorise un niveau normal d'activité et maintient la masse musculaire.

Réduire les risques d'insuffisance rénale

Quelques conseils pour réduire les risques d'insuffisance rénale ou permettre leur détection.

1. Si votre chien est âgé, pesez-le tous les trois mois. Signalez à votre vétérinaire toute perte de poids égale ou supérieure à 5 %.

2. Prévenez l'apparition des gingivites, qui favorisent le passage de bactéries dans les reins et dans le sang.

3. Lors du bilan de santé annuel de votre chien, demandez au vétérinaire de pratiquer une analyse de sang afin de surveiller le fonctionnement des reins.

4. Si vous choisissez un chien d'une race sujette à l'insuffisance juvénile héréditaire, comme les Cockers, veillez à ce que la lignée de l'éleveur soit exempte de cette affection génétique grave.

L'insuffisance rénale juvénile

Certaines races présentent une prédisposition génétique à l'insuffisance rénale juvénile. Chez le Cocker, le Samoyède et le Shar-Peï, elle peut se déclarer très tôt, certains sujets n'atteignant pas l'âge adulte. Seul l'élevage sélectif est en mesure d'éliminer cette affection héréditaire fatale.

• **Augmenter l'apport de vitamines:** les chiens souffrant d'une insuffisance rénale sont sujets à certaines carences vitaminiques.
• **Augmenter l'apport d'antioxydants:** ils luttent contre les radicaux libres – molécules d'origine naturelle – qui endommagent les parois des cellules rénales. Les principaux fabricants ajoutent des antioxydants à leurs aliments spéciaux *(voir p. 198 à 201)*.
• **Donner de l'eau en abondance:** le chien souffrant d'une insuffisance rénale doit toujours disposer d'eau fraîche.
• **Prévoir des compléments nutritionnels:** les acides gras polyinsaturés Oméga-3 protègent les reins et abaissent la pression artérielle. Certains aliments déjà enrichis en acides gras Oméga-3 constituent à eux seuls un traitement efficace.

Les troubles des voies urinaires inférieures

Les affections de la vessie et de l'urètre concernent les chiens de tous âges. Cystite – inflammation des parois de la vessie – et urétrite – inflammation de l'urètre – peuvent se déclarer à la suite d'une infection bactérienne, d'un dépôt minéral, d'une blessure, d'une tumeur, ou d'un stress. Certaines de ces maladies se révèlent très douloureuses. L'urine présente un aspect trouble et une odeur aigre. Les analyses mettent en évidence la présence de cristaux, de sang, de bactéries ou d'autres substances.

Les dépôts et les calculs

Les dépôts minéraux (cristaux) ou les calculs (urolithiases) en un point quelconque de l'appareil urinaire sont très courants. Ils se forment généralement dans la vessie, puis descendent dans l'urètre. L'obstruction des voies urinaires par un calcul est une affection très douloureuse qui peut mettre la vie de votre chien en danger. Le traitement consiste notamment à éliminer la cause première de formation du calcul et à réduire la quantité de sédiment ou à prévenir les phénomènes récurrents par un régime alimentaire strict. En cas d'origine infectieuse, des antibiotiques seront prescrits. Il faut également inciter le chien à boire davantage. S'il mange des aliments secs, le plus simple consiste à les remplacer par des aliments humides.

Les calculs particulièrement volumineux sont décelables par palpation abdominale. Plus petits, ils apparaissent à la radiographie ou lors d'un examen aux ultrasons. Les calculs importants ou qui provoquent une occlusion de l'urètre requièrent une intervention chirurgicale.

L'obstruction des voies urinaires

De toute évidence, un chien ayant une obstruction des voies urinaires souffre : il se tord, pleure, s'agite et ne parvient plus à uriner. L'absence de traitement entraînera à brève échéance un choc clinique mortel. Si votre chien présente de tels symptômes, consultez d'urgence un vétérinaire. Dans la plupart des cas, l'obstruction est due à un calcul. Les calculs logés derrière l'os du pénis – ou os pénien – sont les plus fréquents. Mais il peut s'agir d'une rétention d'urine résultant d'un problème de prostate, d'une tumeur ou d'une blessure de la moelle épinière.

À l'aide d'un cathéter, le vétérinaire essaiera de repousser le calcul jusque dans la vessie. S'il n'y parvient pas, il piquera une aiguille dans la paroi abdominale afin de ponctionner la vessie gonflée ou, cas extrême, devra recourir à une intervention chirurgicale pour débloquer les voies urinaires.

L'incontinence

L'incontinence – uriner involontairement – peut avoir différentes causes, parmi lesquelles une inflammation chronique des voies urinaires inférieures, une distension de la vessie, une insuffisance rénale et une perte de contrôle du mécanisme fonctionnel de l'urètre sphinctérien due à l'âge. Mais l'incontinence résulte aussi de déséquilibres hormonaux chez les sujets âgés et les femelles ayant subi une ablation des ovaires, notamment les Dobermans et les Collies barbus. Il existe, heureusement, des traitements médicamenteux très efficaces, pour ces derniers types d'incontinences.

La formation de calculs dans la vessie

Il arrive que les minéraux contenus dans les urines se cristallisent et deviennent des calculs. Le sédiment irrite la paroi de la vessie, provoquant une pression et un passage fréquent d'urine, parfois mêlée de sang. La formation de calculs peut être prévenue par un contrôle du régime alimentaire.

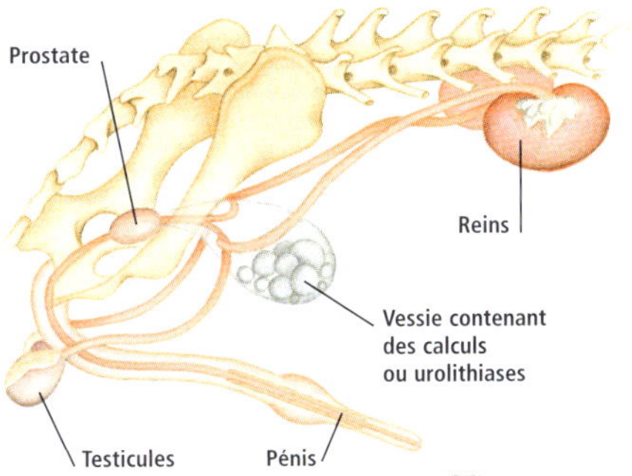

1 Les calculs de struvite ou « triple phosphate » sont les plus fréquents. Ils se forment généralement à la faveur d'une infection et doivent faire l'objet d'un traitement antibiotique.

2 Les calculs d'oxalate de calcium sont impossibles à dissoudre par voie alimentaire, ils requièrent, selon leur taille, une intervention chirurgicale.

3 Les calculs de cystine touchent occasionnellement les Teckels et les Bulldogs. Une intervention chirurgicale est parfois nécessaire.

L'appareil génital

- Chez la femelle, nombre d'affections engagent le pronostic vital
- Les risques d'infections sont plus élevés après l'œstrus
- Les maladies de la prostate sont fréquentes et douloureuses

De nombreuses affections touchant l'appareil génital de la femelle revêtent une extrême gravité. Toutefois une ablation des ovaires permet de limiter ce risque. En revanche, chez le mâle, les maladies de l'appareil génital sont rarement aussi graves.

Les risques lors de la mise bas

Un accouchement n'est pas sans danger pour une femelle. Il faut parfois pratiquer une césarienne en cas de contractions insuffisantes ou de travail particulièrement pénible. Après la naissance, la chienne court le risque d'une hémorragie, d'une infection, d'un prolapsus – rupture de l'utérus –, d'une éclampsie – perte de calcium dans l'organisme, engageant le pronostic vital.

Grossesse nerveuse ou pseudocyesis

La grossesse nerveuse est un phénomène normal (*voir p. 140*) qui ne requiert aucun traitement, sauf si votre chienne manifeste un inconfort physique ou psychologique. Dans ce cas, le traitement fait appel à des inhibiteurs de la prolactine, par voie orale.

La stérilité

Chez le mâle, une hypothyroïdie ou une forte fièvre prolongé, peut entraîner une stérilité. La stérilité de la femelle est plus difficile à déterminer, mais les analyses du taux d'hormones dans le sang pendant l'œstrus se révèlent utiles. Chaque femelle a son propre cycle d'œstrus, et la plupart du temps, l'absence de grossesse est due à un mauvais calcul de la période propice à l'accouplement.

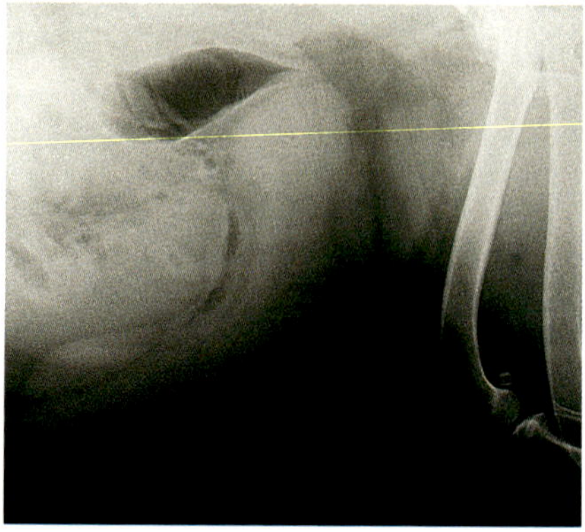

La radiographie permet de diagnostiquer un pyomètre fermé – affection grave provoquée par une accumulation de pus dans l'utérus.

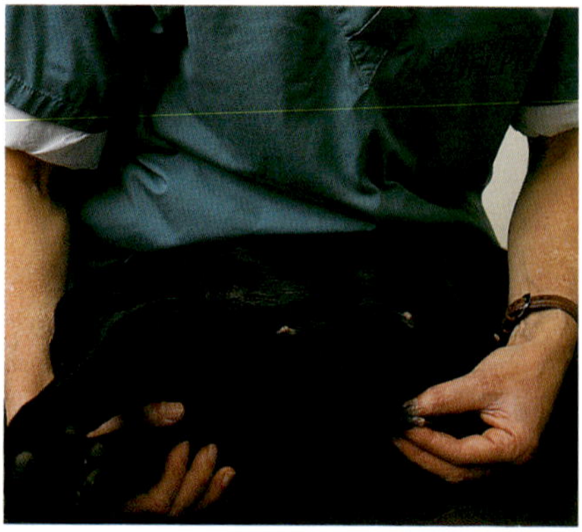

Un examen régulier des mamelles, chez les chiennes âgées, est essentiel pour une détection précoce des tumeurs.

Affections de l'appareil génital de la femelle

MALADIE	SYMPTÔMES ET TRAITEMENT
Infection de l'utérus ou pyomètre	Survient généralement après l'œstrus. La multiplication des bactéries dans l'utérus entraîne la formation de pus. Si le col reste ouvert, le pus s'écoule par le vagin et la vulve. Il s'agit d'un pyomètre ouvert, relativement facile à diagnostiquer et à traiter. En revanche, si le col est fermé, le pus s'accumule dans l'utérus, on parle alors de pyomètre fermé. Le développement des signes cliniques intervient rapidement. La soif augmente et l'appétit diminue. La chienne se repose davantage et peut présenter des pertes vaginales. Un pyomètre non traité aboutit à un collapsus et un état de choc. En cas de pyomètre fermé, une ablation immédiate de l'utérus doit être pratiquée.
Vaginite et vaginite juvénile	La vaginite (inflammation du vagin) entraîne une gêne chez la chienne adulte, qui se lèche constamment la vulve. Chez certaines chiennes jeunes, on voit apparaître des pertes vaginales jaunâtres, gluantes, qui forment en séchant une croûte dure au sommet de la vulve. Cette affection, appelée vaginite juvénile, disparaît presque toujours spontanément lors des premières chaleurs. Si c'est le cas de votre jeune chienne, attendez trois mois après les premières chaleurs pour pratiquer la stérilisation.
Tumeurs mammaires	Pour la plupart, les tumeurs mammaires se présentent comme de petites boules dures et mobiles, sous la peau entourant les tétines. Les formes les plus agressives entraînent rapidement un gonflement douloureux au niveau de l'aine. L'ablation d'une grosseur en vue d'une analyse constitue le seul moyen de diagnostiquer avec certitude une tumeur mammaire. La stérilisation peut réduire le risque de tumeurs mammaires. Si elle est pratiquée avant ou après les premières chaleurs, ce risque réduit de plus de 99 %. En revanche, après 6 œstrus, elle n'a plus aucune incidence sur le risque de tumeur mammaire.

Affections de l'appareil génital du mâle

MALADIE	SYMPTÔMES ET TRAITEMENT
Inflammation du gland (balanoposthite)	Le gland produit en temps normal un lubrifiant jaune crème, le smegma. Une blessure ou une infection touchant le gland ou le pénis peuvent entraîner une rougeur et un écoulement excessif, parfois nauséabond, que le chien va lécher. Le traitement consiste à asperger le gland de solution saline tiède ou d'antiseptique dilué. Si le problème est dû à une infection bactérienne, le chien devra prendre des antibiotiques.
Strangulation du pénis par le prépuce (paraphimose)	Lors d'une érection, le gland bulbo-urétral du pénis peut gonfler au point de ne pouvoir rentrer à nouveau dans le prépuce. En cas d'érection prolongée, le pénis devient trop sec pour se rétracter. Il faut alors le lubrifier avec un gel soluble à l'eau pour le faire rentrer dans le prépuce. Si vous n'y parvenez pas, continuez de l'humidifier avec un lubrifiant et consultez un vétérinaire.
Testicules non descendus	On constate de nombreux cas de cancer des testicules non descendus. Une opération permet de retirer les testicules abdominaux. Les modifications de texture et de taille des testicules partiellement descendus – qui ont franchi l'anneau inguinal –, sont à surveiller. S'agissant d'un problème héréditaire, les chiens souffrant de testicules non ou partiellement descendus ne doivent pas être utilisés pour la reproduction.
Augmentation de volume du scrotum ou des testicules	La principale cause est la tumeur testiculaire, très rarement maligne. Une infection ou une blessure suite à la morsure d'un autre chien, une gelure ou le contact de produits chimiques corrosifs peuvent également causer un douloureux gonflement. Une infection suintante du scrotum entraîne des lésions cutanées et la formation d'une croûte dure, donnant l'impression d'une augmentation de volume du testicule. Les blessures en profondeur sont traitées par des analgésiques et des antibiotiques.
Problèmes de prostate	La prostate peut s'infecter en cas d'infection de la vessie ou de l'urètre. Elle grossit avec le temps, atteignant généralement sa taille maximum entre 6 et 10 ans. En se développant, elle exerce une poussée sur la paroi inférieure du rectum, provoquant un goulet d'étranglement pour le passage des selles. La difficulté à éliminer les selles constitue l'un des premiers signes d'hyperplasie bénigne. Dans de rares cas, l'hyperplasie provoque la formation de kystes prostatiques pouvant entraîner une occlusion intestinale (*voir p. 257 à 258*). Les tumeurs de la prostate, peu fréquentes, sont traitées par injections de delmadinone. La stérilisation réduit l'hyperplasie sévère.

Les problèmes oculaires

- Certaines maladies héréditaires peuvent conduire à la cécité
- Les races à museau plat sont davantage exposées aux blessures oculaires
- Nombre de chiens s'accommodent très bien de leur cécité

Toujours inquiétants au premier abord, les problèmes oculaires comptent parmi les affections les plus faciles à diagnostiquer.

Savoir interpréter les symptômes

Demandez l'avis de votre vétérinaire si vous observez chez votre chien l'un des symptômes ci-dessous, qui peuvent indiquer une simple allergie ou un problème plus grave, comme une lésion de la cornée :

- strabisme,
- écoulement et aspect trouble,
- rougeur et inflammation,
- troisième paupière apparente,
- larmoiement excessif,
- yeux exorbités ou enfoncés,
- croûte ou inflammation autour de l'œil,
- détérioration ou perte de la vision,
- irritabilité et douleur.

Les écoulements oculaires

La couleur et la texture des écoulements oculaires donnent des indications sur l'origine du problème.

Aqueux et incolore	Problème allergique ou irritation
Mucosité protectrice gélatineuse	Irritation ou infection
Pus jaune-vert	Infection bactérienne nécessitant un traitement
Taches sur les poils situés sous les yeux	Obstruction du canal lacrymal. Cette affection est surtout fréquente chez les petits Caniches et les races à museau aplati, comme les Carlins.

La plupart des problèmes oculaires se traitent par un simple collyre ou une pommade ophtalmique.

Les blessures de la cornée

Les lésions de l'œil, à la suite d'une bagarre ou d'un accident, sont l'une des principales causes de cécité, notamment chez les races à museau plat, comme les Pékinois, dont les yeux sont peu enfoncés. Une lésion de la cornée – couche extérieure de l'œil – provoque un gonflement et un aspect trouble de l'œil. Ses écorchures peuvent dégénérer en ulcères. Votre vétérinaire nettoiera l'œil et prescrira un traitement antibiotique, ou dans des cas extrêmes, une intervention chirurgicale.

La cataracte

La cataracte est une perte de transparence d'une partie ou de la totalité du cristallin. Lorsqu'elle touche un seul œil, elle peut résulter d'une blessure oculaire, mais si elle se déclare aux deux yeux, il s'agit probablement d'un diabète sucré diagnostiqué tardivement ou d'une prédisposition génétique (chez les Labradors et les Cockers, notamment). La cataracte s'opère uniquement lorsqu'elle provoque une cécité complète et n'est pas associée à une dégénérescence de la rétine.

La reproduction sélective constitue la seule façon de réduire le risque de cataracte héréditaire. Cette affection n'apparaissant pas avant l'âge de six ans, vérifiez, avant de laisser votre chien s'accoupler, que ses parents, ses grands-parents et ses arrière-grands-parents étaient bien exempts de cette maladie.

Le cristallin, flexible et transparent chez les individus jeunes, durcit et s'opacifie avec l'âge, prenant une teinte bleu-gris, semblable à une cataracte. Cette évolution naturelle ne requiert aucun traitement.

L'atrophie rétinienne progressive (ARP)

Cette maladie héréditaire se manifeste dans un premier temps par une cécité nocturne, évoluant vers une perte de confiance pour sauter ou descendre un escalier. La cécité est, dans bien des cas, inéluctable et il n'existe aucun traitement. Tout comme pour la cataracte héréditaire, certaines procédures ont été établies afin de certifier que les sujets reproducteurs sont exempts d'ARP. Des tests ADN sont par ailleurs disponibles pour les reproducteurs de certaines races comme les Labradors, les Cockers et les Caniches.

Quelque chose dans l'œil

Si vous remarquez un corps étranger dans l'œil de votre chien, relevez-lui la paupière avec le pouce et lavez l'œil à l'eau tiède. Vous pouvez aussi imbiber un morceau de coton afin de retirer l'agent irritant. En cas d'échec, protégez l'œil et consultez immédiatement un vétérinaire.

Une cataracte complète donne au cristallin une teinte blanchâtre. L'opération permet de récupérer une vision partielle.

D'autres maladies des yeux

L'insuffisance de larmes entraîne une sécheresse oculaire. Il s'agit le plus souvent – notamment chez les West-Highland-White-Terriers – d'une maladie auto-immune. La perte d'éclat de l'œil s'accompagne souvent d'une conjonctivite purulente. Cette affection se soigne facilement par des pommades.

L'iris et la chambre antérieure de l'œil peuvent être touchés par des maladies infectieuses, telle la leptospirose. L'iris souffre alors d'une inflammation (uvéite), accompagné d'un éventuel rétrécissement de la pupille. Une rougeur oculaire, un strabisme, la crainte de la lumière et un excès de larmes constituent d'autres symptômes. Selon sa gravité, la maladie peut déboucher sur une cécité. Le traitement associe généralement antibiotiques et corticostéroïdes.

Les troubles auriculaires

- Les problèmes auditifs sont très fréquents
- Certaines maladies peuvent provoquer une perte d'équilibre
- Certaines races souffrent d'une surdité héréditaire

Chez le chien, l'oreille externe est très exposée aux blessures et le conduit auditif favorise l'accumulation de cérumen, de débris ou d'eau et offre une porte d'entrée à toutes sortes d'infections.

Les principaux symptômes

Un chien souffrant de problèmes auriculaires montre généralement l'un ou l'autre de ces symptômes :

- il secoue la tête et les oreilles,
- il se gratte une oreille ou les deux,
- ses oreilles ont une odeur nauséabonde,
- des écoulements jaunes ou marron apparaissent,
- il présente une inflammation de l'oreille externe ou de l'entrée du conduit auditif,
- il glapit ou manifeste sa douleur lorsque l'on touche ses oreilles,
- il penche la tête d'un côté,
- il semble avoir perdu de l'audition.

Les troubles de l'oreille externe

De nombreuses inflammations de l'oreille, ou otites, sont provoquées par un acarien blanc, de la taille d'une tête d'épingle, *Otodectes cyanotis*. Certains traitements, d'une durée d'au moins 3 semaines, permettent de l'éliminer. Il est nécessaire de traiter les animaux ayant été en contact avec le sujet contaminé, car ces acariens sont très contagieux.

L'infection de l'oreille externe est souvent le fait d'une levure, *Malassezia pachydermatis*. Non traitée, cette infection peut entraîner une rupture du tympan et une infection de l'oreille moyenne ou interne, qui se manifeste par une inclinaison de la tête et une perte de l'équilibre. Le vétérinaire prescrira alors un traitement antibiotique.

Les graines

Les graines de certaines plantes peuvent entrer dans l'oreille de votre chien et se frayer un chemin dans le conduit auditif. Le chien secoue alors vigoureusement la tête. N'essayez pas de retirer vous-même ce corps étranger, car l'oreille est très sensible et fragile. Laissez faire votre vétérinaire.

Les problèmes auriculaires doivent toujours être examinés par un vétérinaire.

Certaines races – les Labradors et les Golden-Retrievers notamment – semblent plus sujettes aux hématomes (inflammation chaude, molle et non douloureuse) de l'oreille externe, provoqués par la rupture d'un vaisseau et l'accumulation de sang entre la peau et le cartilage. Le vétérinaire doit alors ponctionner l'hématome puis le suturer afin d'éviter que l'oreille ne se remplisse à nouveau de sang. Il prescrira éventuellement des corticostéroïdes. L'extrémité des oreilles, notamment chez les races au pelage fin, est également exposée aux gelures. Si votre chien est resté longtemps au froid, tamponnez-lui les oreilles à l'eau tiède, sans les frotter pour ne pas accentuer les démangeaisons.

Par beau temps, les oreilles craignent les coups de soleil, notamment chez les races à poils blancs. Appliquez une crème écran total avant toute exposition prolongée.

L'équilibre et la surdité

Les problèmes de l'oreille moyenne ou interne peuvent provoquer une perte d'équilibre, notamment chez les chiens âgés. Ils inclinent alors la tête, clignent des yeux, semblent perdre l'appétit ou leur faculté de coordination et vomissent. Cette série de symptômes – le syndrome vestibulaire canin – fait parfois croire à une attaque. Leur cause exacte demeure inconnue et ils s'atténuent souvent dans la semaine qui suit leur apparition, malgré la persistance, dans certains cas, d'une inclinaison résiduelle de la tête. Un traitement symptomatique permet d'atténuer les nausées et d'éviter les blessures accidentelles.

Les Dalmatiens sont particulièrement touchés par la surdité congénitale.

Il arrive qu'une surdité temporaire apparaisse en raison d'un excès de cérumen ou d'une séborrhée, problème affectant également la peau. Une médication appropriée permettra un rapide retour à la normale. Une déficience auditive, voire une surdité, peut s'installer insidieusement chez les chiens âgés. Chez certaines races, il s'agit de troubles congénitaux. Votre vétérinaire pourra établir un diagnostic précis grâce à une réponse évoquée auditive du tronc cérébral.

Il n'est pas toujours facile de dresser un chien sourd. Toutefois, à force de patience, de récompenses et de gestes simples mais expressifs, il peut parfaitement apprendre à obéir. Un chien sourd doit toujours être tenu en laisse.

Question au vétérinaire

Q. Dois-je prendre un soin particulier des oreilles de mon Cocker ?

R. Limitez le poids de ses oreilles en coupant ou en tondant régulièrement les poils se trouvant sur le pavillon de l'oreille. Cela facilite le passage de l'air et réduit les risques d'infections de l'oreille.

Les troubles immunitaires

- Les allergies : un problème qui va en s'accentuant
- Le meilleur traitement consiste à éviter l'allergène
- Les vétérinaires peuvent jouer sur le système immunitaire

Le rôle du système immunitaire est d'identifier et de détruire les microbes ou les cellules devenues cancéreuses. En cas d'hypersensibilité ou de dérèglement du système immunitaire, on assiste au développement d'allergies ou de maladies auto-immunes. Ces affections sont de plus en plus souvent diagnostiquées chez les chiens.

Les anticorps et l'immunité

Les anticorps sont des protéines fabriquées par des globules blancs spécialisés, capables de se fixer sur des antigènes. Les mères transmettent des anticorps à leurs petits avec le premier lait – ou colostrum –, leur offrant une protection (*voir p. 44 et 45*) pendant les trois premiers mois.

Certaines formes d'affections cardiaques, chez des races comme le Doberman, pourraient être auto-immunes.

Influer sur le système immunitaire

Les vétérinaires peuvent influer de deux façons sur le système immunitaire. En administrant des vaccins, ils favorisent la production de nouveaux anticorps afin de protéger l'animal contre un germe spécifique (*voir p. 212*). Ils peuvent également neutraliser le système immunitaire lorsque celui-ci se montre hyperactif, dans le cas des maladies auto-immunes ou des réactions allergiques, par exemple.

Les maladies auto-immunes

Les maladies auto-immunes apparaissent lorsque le système immunitaire se dérègle, devenant incapable de distinguer les particules dangereuses des cellules normales de l'organisme. Le système immunitaire se met alors à détruire ces cellules ou ces tissus. Ainsi, les problèmes d'hypothyroïdie peuvent être la conséquence d'une attaque de la thyroïde par le système immunitaire (*voir p. 242 et 243*).

Les maladies à complexes immuns

Il arrive que des anticorps se combinent à des antigènes, pour former des « complexes antigène-anticorps » ou « complexes immuns » qui sont en temps normal filtrés et éliminés

Les réactions allergiques

Une réaction allergique apparaît lorsque le système immunitaire réagit de façon excessive à certaines substances nocives que le chien inhale, avale ou avec lesquelles il est en contact. Ces allergènes provoquent des démangeaisons, des éternuements, une toux, des difficultés à respirer, des vomissements ou des diarrhées. Les chiens ne naissent pas avec des allergies : ils les développent après avoir été exposés pendant un certain temps à un allergène.

1 Lors d'une réaction allergique, le système immunitaire fabrique des anticorps contre un allergène donné, tel le pollen. En cas d'exposition répétée à l'allergène, ces anticorps se fixent à la surface des mastocytes présents dans la peau, le système digestif ou les voies nasales.

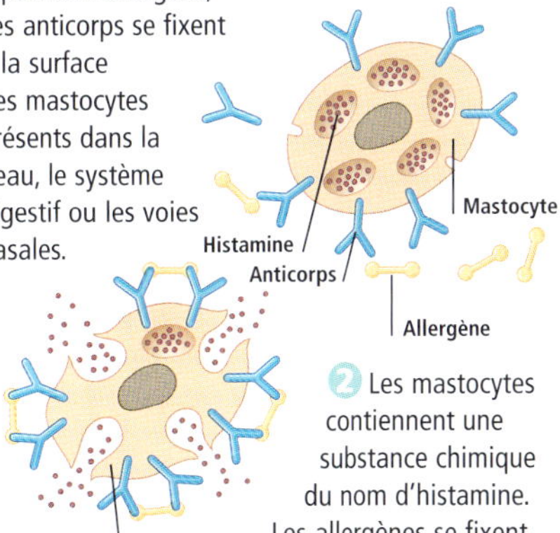

2 Les mastocytes contiennent une substance chimique du nom d'histamine. Les allergènes se fixent sur les anticorps du mastocyte, les liant entre eux, ce qui provoque la rupture de la cellule, qui libère alors ses réserves d'histamine, entraînant l'apparition des symptômes allergiques.

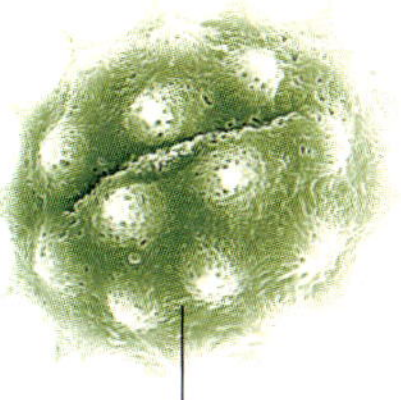

Le pollen est un allergène courant.

Les substances chimiques contenues dans les piqûres d'insectes, certains aliments, certaines plantes, le pollen… peuvent provoquer chez le chien une réaction allergique. Certaines races de chiens semblent davantage sujettes aux allergies. Ainsi, celles qui présentent un pelage à dominante blanche – Bull Terriers ou Setters Anglais, par exemple – sont prédisposées aux allergies de la peau, tandis que l'on observe chez les West-Highland-White-Terriers, une incidence d'allergies gastro-intestinales supérieure à la normale.

de la circulation sanguine générale. Toutefois, ils peuvent se déposer et s'accumuler dans les reins ou les parois des vaisseaux sanguins, ce qui déclenchera une réaction du système immunitaire, entraînant une inflammation locale et une lésion tissulaire. La forme la plus fréquente de maladie à complexe immun est l'arthrite auto-immune, qui touche les articulations.

Le diagnostic et le traitement de l'allergie

Les vétérinaires peuvent diagnostiquer une allergie grâce aux antécédents familiaux de l'animal, à des analyses de sang et des tests cutanés, à la modification du régime alimentaire ou au retrait temporaire du chien de son environnement habituel. Cependant, identifier la cause exacte d'une allergie se révèle souvent extrêmement difficile. Pour soulager sans attendre les symptômes, votre vétérinaire peut prescrire à votre chien des médicaments – comme les antihistaminiques – et recommander un complément nutritionnel d'acide gras essentiel.

Les affections allergiques

Problèmes cutanés	Dermatite de contact Dermatite allergique par inhalation Allergie alimentaire Urticaire
Problèmes respiratoires	Rhume des foins (rhinite allergique) Bronchite allergique Pneumopathie allergique – infiltration des poumons par des éosinophiles
Problèmes gastro-intestinaux	Gastrite allergique Entérite allergique Entérite éosinophilique Colite allergique.
Affections cutanées auto-immunes	Dermatite solaire du nez Lupus érythémateux discoïde Pemphigus Lupus érythémateux systémique

Les cancers

- La génétique joue un rôle essentiel
- De nombreux cancers sont détectés lors d'une visite de routine
- Les thérapies ne cessent de s'améliorer

Un cancer apparaît lorsqu'une cellule se met à se multiplier de façon incontrôlée, formant des amas de cellules anormales ou cancéreuses : les tumeurs. Ces cellules cancéreuses, échappant à la détection du système immunitaire, ne sont ni attaquées ni détruites par les cellules tueuses.

Les gènes et le cancer

Certains chiens sont porteurs de gènes les prédisposant à un cancer. Le Bouvier Bernois, par exemple, a 60 % de probabilités de développer une tumeur cancéreuse. Pour d'autres races, le lien génétique se révèle beaucoup plus complexe. Les sujets peuvent hériter d'un gène cancéreux, mais également d'un gène anticancéreux, et même d'un autre gène supprimant le gène anticancéreux.

Question au vétérinaire

Q. Le stress peut-il provoquer un cancer ?
R. Non. Mais on a pu observer chez le chat et le rat qu'il peut en accélérer le développement, notamment pour les cancers provoqués par des virus. Il semble que le stress entraîne une diminution du nombre et de l'efficacité des cellules tueuses naturelles qui ciblent en temps normal les cellules cancéreuses et organisent leur destruction (*voir p. 45*).

De plus, ces gènes peuvent être activés ou désactivés par différents facteurs, comme les rayonnements ultraviolets, et certaines substances chimiques.

Les noms ont leur importance

Les cancers sont classés selon la partie du corps où ils sont apparus. Les carcinomes, par exemple, se développent à partir des tissus qui recouvrent les parois internes et externes de la peau et des organes, tandis que les sarcomes naissent dans des tissus comme les muscles, les vaisseaux sanguins et les os.

Les Lévriers Afghans font partie des races chez qui l'on observe une forte incidence de cancers.

Diagnostiquer un cancer

Des moyens sophistiqués, comme le scanner, facilitent l'identification d'une tumeur, mais l'analyse d'un échantillon de tissu de la zone suspecte est nécessaire pour établir un diagnostic précis. Les petites tumeurs peuvent tout simplement être enlevées. Dans le cas d'une tumeur importante, le vétérinaire prélèvera un petit morceau de tissu suspect (biopsie) ou pratiquera une ponction à l'aide d'une aiguille afin d'obtenir un échantillon de cellules.

Généralement tardifs, les cancers peuvent toutefois frapper des sujets jeunes. Un diagnostic précoce est primordial et les chiens âgés de plus de 7 ans doivent faire l'objet d'une visite de contrôle annuelle. Voici quelques symptômes du cancer :

- grosseur anormale persistante ou continuant à évoluer,
- douleurs qui ne disparaissent pas,
- perte de poids,
- perte d'appétit,
- saignement ou écoulement inhabituel d'un orifice corporel,
- odeur nauséabonde,
- difficulté à manger et à avaler,
- réticence à faire de l'exercice ou manque de résistance à l'effort,
- claudication ou raideur persistante,
- difficulté à respirer, à uriner ou à déféquer.

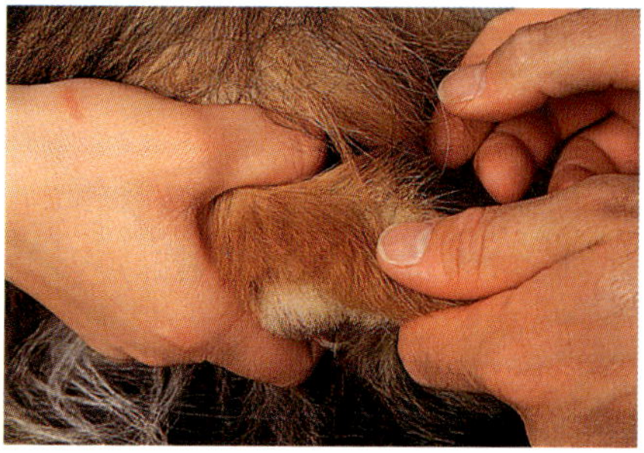

Une palpation régulière permet de déceler d'éventuelles grosseurs anormales, et par là même de multiplier les chances de guérison.

Dans le cas d'un cancer avancé, on observe l'apparition d'un processus appelé métastase, qui entraîne la dissémination des cellules cancéreuses en d'autres endroits de l'organisme. Le cancer se propage par le système lymphatique ou le système sanguin.

1 Le cancer se propage par le sang lorsqu'une tumeur à développement rapide perce un vaisseau sanguin contigu. Les cellules cancéreuses voyagent alors dans le sang, vers d'autres parties du corps.

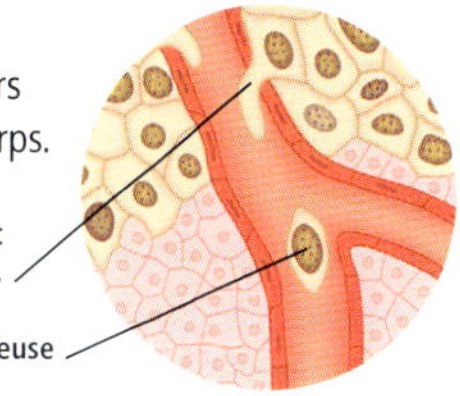

2 Les cellules cancéreuses peuvent se frayer un passage dans les capillaires – minuscules vaisseaux – (*voir p. 37*), dont elles traversent les fines parois pour envahir les tissus locaux.

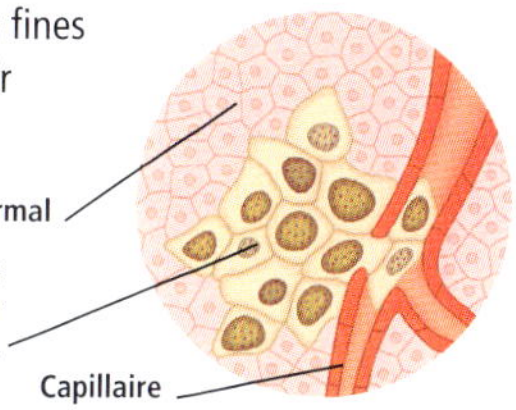

Les traitements du cancer

La chirurgie constitue généralement le traitement le plus efficace, mais lorsqu'il est impossible de retirer entièrement la tumeur ou que le cancer a gagné d'autres parties du corps, il reste la possibilité d'une radiothérapie ou d'une chimiothérapie. De nouveaux traitements ont également été mis au point, qui pourraient se révéler d'une grande efficacité, parmi lesquels des médicaments privant de façon sélective les cellules cancéreuses de tout apport sanguin ou incitant le système immunitaire du chien à attaquer la tumeur. La thérapie génique permet une destruction ciblée des cellules cancéreuses.

Toutefois, dans certains cas, vous devrez prendre, avec votre vétérinaire, la difficile décision d'offrir à votre chien la meilleure qualité de fin de vie possible plutôt que de vous lancer dans un traitement long et pénible, même si cela doit inévitablement abréger son espérance de vie.

Les troubles émotionnels

- Le contrôle des émotions relève de la chimie
- Certains vétérinaires manquent d'assurance face à ce type de problèmes
- Les médicaments ne constituent pas un traitement suffisant

Certains états, comme l'anxiété, sont destinés à protéger le chien du danger. Le cortex cérébral reconnaît une menace ou un stress et communique avec le reste du cerveau grâce au système limbique, déclenchant une série de réactions chimiques affectant l'ensemble du corps. Mais une libération ininterrompue de substances chimiques liées au stress, par exemple, peut entraîner des dommages à long terme. Chez les chiens âgés, on observe une détérioration du fonctionnement du cerveau semblable à la maladie d'Alzheimer.

Le rôle joué par la chimie du cerveau

L'éloquent neurologue américain Robert Sapolsky déclarait que les gens souffrant de dépression chronique étaient ceux dont le cortex susurrait ordinairement des choses tristes au reste du cerveau. Chez les hommes comme chez les chiens, ce chuchotement intervient dans le système limbique du cerveau, toile d'araignée d'interconnexions cérébrales, qui orchestre instincts et émotions grâce à la production de messagers chimiques: les neurotransmetteurs.

Chez l'homme, le taux de neurotransmetteurs influant sur l'humeur peut être modulé grâce aux médicaments ou à une psychothérapie. Chez les chiens, certaines techniques, tels l'apprentissage de l'obéissance, la désensibilisation, le contre-conditionnement et la pratique d'exercice influent sur le taux de neurotransmetteurs, le comportement et les émotions.

Les phobies et l'anxiété

Une phobie est une peur irrationnelle d'un objet ou d'une situation. Les chiens développent des peurs rationnelles – du vétérinaire, par exemple – mais aussi irrationnelles – peur du tonnerre ou des hommes portant des chapeaux ou des parapluies. Ils peuvent également éprouver une anxiété irrationnelle lorsque leur maître quitte la pièce. Phobies et anxiété provoquent des attaques

L'anxiété ou une activité physique insuffisante sont parfois à l'origine d'un comportement destructeur.

À l'état sauvage, les chiens sont rarement séparés du reste de la meute. Chez vous, la séparation peut être source d'anxiété et de dépression.

de panique au cours desquelles le chien connaît une hyperventilation et une tension musculaire. Elles peuvent aussi entraîner des comportements compulsifs : le chien réalise alors rituellement une activité donnée, comme marcher en avant, puis en arrière. L'incapacité à se détendre et à dormir est une forme extrême d'anxiété.

La dépression se manifeste par une perte – ou, rarement, un regain – d'appétit, une recherche constante du contact ou, au contraire, une attitude distante, une irritabilité et une léthargie.

Le diagnostic et le traitement

Jusqu'à une date récente, phobies, anxiété, dépression et chagrin ne faisaient pas partie de la médecine vétérinaire. Certains vétérinaires se sentent encore aujourd'hui gênés pour parler des chiens en ces termes. Si vous pensez que votre chien souffre de problèmes psychologiques, consultez un vétérinaire ayant une formation en médecine comportementale.

Le traitement des problèmes comportementaux associe généralement médication et thérapie. Des tranquillisants parviennent à calmer l'anxiété. Quant aux anxiolytiques, ils peuvent être prescrits en cas d'anxiété ponctuelle.

De plus en plus, les vétérinaires associent, dans le traitement des troubles émotionnels, certaines thérapies comme la mise en valeur environnementale, la désensibilisation ou le contre-conditionnement, à de nouveaux médicaments modulant l'humeur, qui agissent sur les neurotransmetteurs.

Les problèmes comportementaux liés à l'âge

Les expressions « dysfonctionnement cognitif canin » (DCC) et « démence sénile » sont souvent utilisées pour désigner la détérioration des schémas comportementaux associée au vieillissement. On observe chez le chien la plupart des signes de démence sénile présents chez l'homme, comme de ne pas se tenir du bon côté de la porte lorsqu'il veut sortir. Certains chiens aboient, l'air absent, d'autres semblent avoir oublié pourquoi ils sont là.

Certaines manifestations du vieillissement sont irréversibles. D'autres, en revanche, peuvent être retardées, voire diminuées, grâce à l'utilisation judicieuse de médicaments appropriés.
La sélégéline, utilisée pour différer les symptômes d'une maladie de Parkinson avancée, a désormais reçu l'agrément pour une prescription vétérinaire. Enfin, une stimulation mentale quotidienne est bénéfique pour tous les chiens.

Les affections gériatriques

- Chaque type de cellule dispose d'une espérance de vie donnée
- Le vieillissement est un phénomène naturel
- Les changements liés à l'âge peuvent être freinés, voire stoppés

Vieillir n'est pas une maladie. Avec l'âge, le corps du chien fonctionne moins bien. Comme nous, l'âge leur apporte une plus grande sagesse et un esprit moins vif.

À partir de quand un chien est-il vieux ?

De nos jours, grâce à un suivi médical, à une bonne nutrition et à des soins vétérinaires appropriés, les chiens vivent plus longtemps que par le passé. Toutefois, l'espérance de vie varie sensiblement d'une race à l'autre. Ainsi, un Doberman, sujet aux insuffisances hépatiques et aux maladies du cœur, vivra moins longtemps qu'un Caniche Nain. Les chiens sans race déterminée et ceux de petite taille ont généralement une espérance de vie plus longue que leurs congénères plus grands et de pure race.

Une perte de vision due à l'âge peut faire perdre de l'assurance à votre chien et l'inciter à se reposer davantage.

Des bilans de santé préventifs

Dans les maladies liées à l'âge, plus le diagnostic est précoce, moins le traitement sera difficile. Par conséquent, une visite chez le vétérinaire une ou deux fois par an s'impose pour tous les chiens âgés. De plus, entre 6 et 10 ans, selon la race de votre chien, il est bon de le soumettre, à titre préventif, à un bilan de santé complet.

Les problèmes habituels de l'âge

Avec l'âge apparaissent divers problèmes de santé, décrits, pour la plupart, dans les pages qui précèdent. Certains, néanmoins, sont spécifiques au vieillissement. Ils sont souvent la conséquence d'une capacité moindre des cellules et des tissus à se réparer spontanément.

- **La perte de vision et d'audition.** Tout chien de plus de 9 ans développe une opacification des cristallins (*voir p. 267*) : il voit les mouvements de loin, mais n'a qu'une faible vision de près. Les problèmes d'audition sont également fréquents et une surdité totale peut survenir brutalement.
- **Les modifications du comportement.** La démence sénile et autres modifications du comportement sont caractéristiques de la vieillesse. Les vieux chiens dorment davantage et mettent plus longtemps

Le système immunitaire change

En vieillissant, l'efficacité du système immunitaire du chien diminue progressivement. Il peut ne pas détecter un germe – d'où un plus grand risque d'infections – ou être incapable d'identifier des cellules anormales qui évolueront vers une tumeur cancéreuse. Le système immunitaire d'un chien âgé est aussi plus enclin à réagir de façon inappropriée, en détruisant les cellules normales (*voir p. 270*).

à reprendre leurs esprits au réveil. Ils détestent le changement. En imaginant de nouvelles activités mentales, stimulantes, vous pouvez ralentir les dégradations sensorielles et comportementales dues à l'âge.

• **L'odeur de chien.** Les chiens âgés font moins leur toilette. Ayant perdu de leur souplesse, cette tâche leur est devenue compliquée, ou peut-être n'en ont-ils plus le courage. Il faut donc leur consacrer des soins plus fréquents.

• **La mauvaise haleine.** Les infections des gencives, qui provoquent une mauvaise haleine, touchent presque tous les chiens, et particulièrement les races miniatures. En outre, en cas d'infection grave, les bactéries risquent de passer dans le sang. Une bonne hygiène dentaire permet de réduire autant que possible ces risques : brossez régulièrement les dents et les gencives (*voir p. 197*) de votre chien et donnez-lui des biscuits très durs ou une lanière de cuir brut, traité aux enzymes, à mâchonner.

• **La constipation et les gaz.** Un chien âgé est plus sujet à la constipation et aux gaz. Il convient donc de lui donner une alimentation équilibrée et riche en fibres, qui favorise la prolifération bénéfique de bactéries sans émissions gazeuses, facilitant le transit. Faites-lui faire de l'exercice et veillez à ce qu'il boive beaucoup d'eau.

• **Les douleurs articulaires.** L'incidence de la maladie articulaire dégénérative – très douloureuse – augmente avec l'âge (*voir p. 246 à 247*). Les médicaments se révèlent, certes, utiles, mais la perte de poids et l'exercice régulier restent essentiels.

• **Le manque de force.** Le vieillissement implique un apport de nutriments moindre pour les muscles, ce qui rend les chiens plus apathiques et diminue leur résistance. Pour contrebalancer ces effets, donnez à votre chien une alimentation très digeste, enrichie en vitamines et en antioxydants. Demandez l'avis de votre vétérinaire sur les médicaments favorisant l'oxygénation du sang.

• **L'incontinence.** L'incontinence urinaire, si elle n'épargne pas les mâles, touche surtout les femelles âgées (*voir p. 263*). Le vétérinaire pourra prescrire à votre chienne un traitement pour tonifier le muscle sphinctérien et compenser un déséquilibre hormonal.

Les chiens âgés éprouvent parfois une gêne au niveau des articulations. Un massage doux des articulations ankylosées, au réveil, le soulagera.

La fin de la vie

- Sachez prendre des décisions pour le bien de votre chien
- Il est normal d'éprouver du chagrin
- D'autres chiens sont prêts à combler ce vide sentimental

Quel que soit l'état de santé de votre chien, le déclin est inévitable et le moment viendra où vous serez confronté à de graves décisions concernant son avenir.

L'euthanasie : une délivrance

L'euthanasie consiste à mettre fin volontairement à la vie d'un chien. Avec l'expérience, voici quelques raisons qui justifient, de mon point de vue, cet acte :

- une maladie irréversible parvenue à un stade où il devient impossible de maîtriser la douleur et la gêne,
- lorsque les effets de l'âge affectent en permanence la qualité de vie,
- une blessure, une maladie ou un amoindrissement impliquant une perte permanente du contrôle des fonctions de l'organisme,
- une agressivité incurable, supposant un risque pour les enfants, les maîtres ou toute autre personne,
- lorsque le chien est porteur d'une maladie incurable dangereuse pour l'homme.

La douleur que nous ressentons à la mort de notre chien n'est pas à sous-estimer.

Prendre sa décision

Pour vous aider à prendre une décision dans l'intérêt de votre chien, posez-vous ces quelques questions :

- Les traitements font-ils encore effet ?
- Est-il encore possible de soulager sa souffrance ?
- En cas de rétablissement, risque-t-il

de rester chroniquement malade, impotent ou incapable de se suffire à lui-même?

• Son rétablissement éventuel impliquera-t-il des changements profonds de personnalité?

• Les soins dont il aura besoin poseront-ils de sérieux problèmes à notre famille, et à moi-même?

• Le coût du traitement sera-t-il impossible à supporter?

Si vous répondez « oui » à ces questions, alors l'euthanasie est bien la solution la plus intègre, la plus simple et la plus humaine. Pensez toujours que votre chien est un membre de la famille et que toute décision difficile doit être prise avec l'accord de chacun de ses proches. Je crois pouvoir m'exprimer au nom de tous les vétérinaires en disant que je reçois, en un an, bien plus de lettres de remerciements pour avoir su mettre fin convenablement à des vies que je n'en ai reçu en plus de trente ans pour en avoir sauvées.

Comment se pratique l'euthanasie

Le phénobarbe est l'anesthésique le plus couramment utilisé pour pratiquer l'euthanasie. En quelques secondes, le chien perd conscience puis son cœur cesse de battre. Selon les circonstances, un sédatif est préalablement administré.

Lorsque survient la mort cérébrale, quelques secondes plus tard, la persistance de l'activité électrique des muscles peut entraîner des soubresauts. Si les muscles respiratoires sont touchés, un râle réflexe peut survenir jusqu'à 10 minutes après la mort. Le corps est entreposé dans une chambre froide avant d'être collecté. Si vous choisissez d'enterrer votre chien, veillez à le placer dans un contenant biodégradable et à l'enterrer à une profondeur suffisante pour que les animaux sauvages ne puissent pas le déterrer.

Il est normal d'éprouver du chagrin

Le sentiment de deuil lors de la disparition d'un chien est une chose normale. En moyenne, il vous faudra près d'un an pour passer de l'incrédulité à la phase de résolution et faire ainsi votre deuil.

Sachez que ce que vous avez aimé chez votre chien – honnêteté, constance, fidélité… – existe bel et bien chez tous les autres chiens. Si votre compagnon précédent répondait parfaitement aux attentes de votre famille par son allure, sa stature et son tempérament, et qu'il s'agissait d'un chien de race, vous aurez d'autant moins de difficultés à retrouver un compagnon.

Chaque chien est unique, mais lorsqu'un chien manque soudain dans votre foyer, souvenez-vous que d'autres, innombrables, petits ou grands, sont capables, prêts et désireux de combler le vide qu'il a laissé.

Ne partez pas du principe que tous les changements affectant votre vieux chien sont dus à l'âge. Au moindre doute, consultez votre vétérinaire.

Glossaire de termes médicaux

Abcès Poche infectieuse localisée, au niveau des tissus.
Acides gras essentiels Acides gras ne pouvant être synthétisés par l'organisme et qui doivent être absorbés dans les aliments.
Affection idiopathique Maladie dont on ignore la cause.
AINS Anti-inflammatoires non-stéroïdens. Ce groupe englobe des médicaments tels que l'aspirine, le carprofen et le méloxicam.
Anémie Diminution du nombre de globules rouges ou du pigment transportant l'oxygène (hémoglobine).
Anticorps Protéine produite par des globules blancs spécialisés en réaction à certains antigènes. La liaison anticorps-antigène est à la base de la réaction immunitaire.
Antigène Tout agent capable de provoquer une réponse immune spécifique.
Anxiété de séparation Problème émotionnel qui pousse le chien laissé seul à se comporter de façon destructrice, à aboyer, hurler, uriner ou déféquer.
Ataxie Absence de coordination des muscles.
Atrophie Dégradation.
Attaque Activité électrique anormale du cerveau, qui provoque des réactions nerveuses incontrôlées, également appelées « convulsions ».

Brachycéphale Qui a le museau aplati et la tête large.

Castration Désigne généralement l'ablation des testicules chez le mâle. D'un point de vue juridique, le terme s'applique à la stérilisation du mâle et de la femelle.
Cataracte Opacification du cristallin de l'œil.
Césarienne Opération chirurgicale visant à ouvrir l'utérus afin d'en extraire des chiots arrivés à terme.
Choc anaphylactique Réaction allergique excessive à une protéine ou toute autre substance étrangère, mettant la vie en danger.
Colite Inflammation du gros intestin ou côlon.
Colonisation bactérienne de l'intestin grêle Maladie de l'intestin marquée, pour diverses raisons, par le développement d'une culture pure de bactéries, qui supplante d'autres bactéries bénéfiques.
Colostrum Le premier lait, produit juste après la naissance, qui permet une immunisation passive des chiots contre diverses maladies infectieuses.
Congénital(e) Affection présente dès la naissance, qui n'est pas systématiquement héréditaire.
Corticostéroïde Toute hormone produite par le cortex surrénal (couche extérieure des glandes surrénales).
Crampe Contraction involontaire des filaments des muscles (composantes des fibres musculaires) survenant surtout chez les chiens de compétition.
Cryochirurgie Destruction de cellules par congélation.
Cytologie Examen des cellules au microscope.

Déshydratation Baisse du niveau naturel de liquides présents dans les tissus de l'organisme.
Diabète insipide Déficit d'une hormone hypophysaire (hormone anti-diurétique ou HAD) qui commande la concentration d'urine dans les reins.
Diabète sucré Taux de sucre élevé dans le sang, en raison d'une production insuffisante d'insuline ou d'une mauvaise absorption de l'insuline circulant par les tissus.
Dysfonctionnement cognitif canin (DCC) Autre désignation de la démence sénile chez le chien.
Dysplasie de la hanche Anomalie de développement des tissus conjonctifs de la hanche, en partie héréditaire, évoluant vers une arthrite.

Échocardiographie Images du cœur obtenues par réflexion des ondes à l'intérieur et à l'extérieur du cœur, visualisées sur un écran.
Électrocardiogramme (ECG) Enregistrement de l'activité électrique du cœur.
Emphysème Accumulation pathologique d'air dans les tissus.
Endorphine Substance chimique naturellement présente dans le cerveau, qui atténue la perception de la douleur.
Endoscope Instrument permettant de voir l'intérieur d'une région du corps.
Entorse Lésion des fibres musculaires et des tendons, s'accompagnant souvent d'un léger saignement et d'ecchymoses.
Épilepsie Perturbation de l'activité électrique

du cerveau qui provoque une attaque cérébrale.

État de choc Urgence engageant le pronostic vital, marquée par un effondrement du système vasculaire, entraînant collapsus, accélération du pouls et pâleur des muqueuses.

Euthanasie Procédé indolore destiné à mettre fin à la vie. Elle peut être active (en administrant une substance qui provoque la mort) ou passive (en supprimant toute assistance médicale permettant le maintien en vie).

Exsudat Liquide qui s'est échappé des vaisseaux sanguins pour se déposer dans ou sur les tissus.

Foulure Blessure causée par la tension excessive d'un ligament, provoquant une claudication.

Gingivite Inflammation des gencives.

Glande endocrine Glande fabriquant des hormones, directement sécrétées dans le sang.

Glande sébacée Glande de la peau produisant du sébum, une substance grasse contribuant à imperméabiliser le pelage.

Glande thyroïde La plus grosse glande endocrine chez le chien, qui produit des hormones essentielles pour la croissance et le métabolisme.

Glaucome Augmentation de la pression du liquide interne de l'œil.

Granulome Tumeur bénigne du tissu conjonctif associée à une irritation ou une inflammation.

Hématome Inflammation remplie de sang, sous la peau.

Hématurie Présence de sang dans les urines.

Hernie Partie d'un organe sortie de la cavité dans laquelle elle se trouve en temps normal.

Hypersensibilité Réponse immune exagérée à un agent extérieur.

Hyperthermie Température corporelle inhabituellement élevée.

Hypoglycémie Baisse du taux de sucre dans le sang.

Hypophyse ou glande pituitaire Glande centrale, à la base du cerveau, qui commande toutes les autres glandes productrices d'hormones, elle-même placée sous le contrôle de l'hypothalamus (région située à la base du cerveau).

Ictère (jaunisse) Pigmentation jaune des muqueuses ou de la peau, associée à une maladie du foie.

Kératoconjonctivite Inflammation de la cornée et de la conjonctive.

Imagerie à résonance magnétique (IRM) Technique permettant l'obtention d'images en coupe de structures telles que les articulations ou le cerveau. Particulièrement utilisée pour étudier le cerveau.

Incontinence Libération incontrôlée d'urine, surtout en position couchée, plus fréquente chez les femelles âgées et stérilisées.

-ite Inflammation. Une néphrite, par exemple, désigne une inflammation des reins.

Laparotomie Incision chirurgicale de la paroi abdominale.

Laser Amplification de la lumière par stimulation de l'émission des rayonnements. Rayon de lumière concentré utilisé comme instrument chirurgical.

Lipome Tumeur bénigne de graisse, très fréquente chez les chiens de grandes races âgés et en surpoids.

Liquide synovial Liquide qui lubrifie les articulations.

Luxation Séparation de deux os conjoints qui forment une articulation, impliquant souvent une déchirure des ligaments.

Macrophages Gros globules blancs consommant des débris.

Malabsorption Trouble impliquant une mauvaise absorption des nutriments par le sang à travers la muqueuse intestinale.

Maladie articulaire dégénérative (MAD) Incapacité des tissus articulaires à rester sains ou à se reconstituer après une lésion, également appelée arthrite ou ostéoarthrite.

Maladie auto-immune Toute maladie dans laquelle le système immunitaire attaque, par erreur, des parties normales de l'organisme.

Maladie génétique Affection transmise par les gènes des parents.

Maladie immunitaire Maladie provoquée par une hyperréaction du système immunitaire.

Maladie pulmonaire obstructive chronique (MPOC) Affection caractérisée par une inflammation ou une lésion des structures des poumons, provoquant un essoufflement.

Maladies inflammatoires de l'intestin Groupe d'affections intestinales, toutes caractérisées par l'augmentation d'un type donné de cellules inflammatoires.

Méléna Diarrhée noire, contenant du sang séché.

Membrane nictitante Troisième paupière.
Métastase Invasion par les cellules cancéreuses de parties du corps autres que celle où elles ont pris naissance.
Métrite Inflammation de l'utérus.
Mucus Sécrétion transparente, lubrifiante, produite par les cellules des muqueuses.
Myélogramme Radiographie de la moelle épinière après injection d'un produit de contraste (substance opaque aux rayons X).
Myocardite Inflammation du muscle cardiaque ou myocarde.

Nécrose Mort des cellules.
Néoplasie Croissance d'une cellule cancéreuse, bénigne ou maligne.
Néphrite Inflammation des reins.

Oedème Accumulation excessive de liquide dans les tissus. Gonflement.
Oestrus Cycle reproducteur de la femelle.
Ostéochondrite Maladie impliquant une anomalie de développement ou de croissance du cartilage.
Ovariohystérectomie Ablation des ovaires et de l'utérus, procédé normal de stérilisation.
Oxalate Sédiment minéral de calculs produits dans la vessie, comme l'oxalate de calcium.

Parodontal Autour ou à proximité des dents.
Périanal Entourant l'anus, comme dans l'adénome périanal.
Périnéal Désigne la région située entre l'anus et les organes génitaux.
Période d'incubation Laps de temps s'écoulant entre l'exposition à l'agent responsable de la maladie et l'apparition des signes cliniques.
Péritonite Inflammation des muqueuses de la cavité abdominale.
Pinna Pavillon de l'oreille.
Pseudocyésis Grossesse nerveuse de nature hormonale.
Psychogénique D'origine psychique, comme la polydypsie psychogénique.

Radicaux libres Atomes d'origine naturelle détruisant les cellules.
Radiculomyélopathie dégénérative chronique (CDRM) Détérioration progressive héréditaire de la transmission spinale des signaux, notamment chez le Berger Allemand.
Reflux sanguin Sang refluant des ventricules du cœur vers l'atrium.
Régime exclusif Régime alimentaire excluant tous les aliments consommés précédemment, généralement constitué de nouvelles sources de protéines, de lipides et d'hydrates de carbone.
Régurgitation Reflux de nourriture provenant de l'œsophage.

Scanner Tomographie par rayons X permettant d'obtenir des images du corps.
Sclérose Durcissement des tissus, conséquence de l'âge ou d'une inflammation.
Séborrhée Hyperactivité des glandes sébacées.
Septicémie Infection bactérienne du sang.
Signes cliniques Ce que vous observez chez votre chien.
Soins palliatifs Thérapie améliorant le confort, mais sans but curatif.
Stomatite Inflammation de la muqueuse buccale.
Struvite Sable ou sédiment minéral également appelé triple phosphate ou phosphate ammoniaco-magnésien hexahydraté, présent dans la vessie.
Symptômes cliniques Ce que ressent votre chien.

Test Élisa Test utilisé pour détecter ou mesurer le taux d'un antigène ou d'un anticorps.
Testostérone Hormone sexuelle mâle.
Thérapie de l'aversion Traitement des troubles du comportement occasionnant un inconfort physique ou mental modéré.
Torsion de l'estomac Dilatation de l'estomac, généralement par des gaz ou de l'air.
Tumeur Grosseur, également appelée néoplasme, provoquée par la multiplication de cellules, qui peut être bénigne ou maligne.
Tumeur maligne Tumeur ayant la capacité d'envahir le tissu environnant ou de gagner, *via* la circulation sanguine ou lymphatique, d'autres parties du corps, comme les poumons ou le foie.

Ulcère Lésion entraînant la perte du tissu superficiel en raison d'une blessure ou d'une maladie.
Urémie Accumulation de déchets dans le sang, conséquence d'une insuffisance rénale.
Urolithiases Calculs dans la vessie.

Syndrome de Wobbler Ataxie provoquée par la compression de la moelle épinière en raison d'une instabilité des vertèbres cervicales.

Vomissement Expulsion de nourriture provenant de l'estomac.

Zoonoses Maladies transmissibles des animaux à l'homme.

Adresses utiles

Associations et écoles vétérinaires

École nationale vétérinaire de Maison-Alfort
7, avenue du Général de Gaulle
94704 Maisons-Alfort
Tél. : 01 43 96 71 00
Fax : 01 43 96 71 25
www.vet-alfort.fr/

École nationale vétérinaire de Lyon
1 avenue Bourgelat
69 280 Marcy l'Étoile
Tél. : 04 78 87 25 25
Fax : 04 78 87 82 62
Consultations : 04 78 87 26 73
Vaccinations : 04 78 87 25 67

École nationale vétérinaire de Nantes
route Gachet
44 300 Nantes
Tél. : 02 40 68 77 77
Fax : 02 40 68 77 78
www.vet-nantes.fr

École nationale vétérinaire de Toulouse
23 chemin des Capelles
31 300 Toulouse
Tél. : 05 61 19 38 00
Fax : 05 61 19 38 18
Consultations / Renseignements :
05 61 19 39 89

Syndicat national des vétérinaires d'exercice libéral (SNVL)
10, place Léon-Blum
75011 Paris
Tél. : 01 44 93 30 00
www.snvel.fr

Fédération of European Companion Animal Veterinary Associations
40, rue de Berri
75008 Paris
Tél. : 01 53 83 91 60
www.fecava.org

Fédérations et associations canines

La cynophilie en France
www.cedia.fr/

Société francophone de cynotechnie
www.cyno.org

Fédération cynologique internationale
www.fci.be

Société cynologique suisse
Langgassstrasse 8
Case Postale 8217
3001 Berne
Tél. : 00 41/ 31 306 62 62
www.fcs.ch

The Kennel Club
1–5 Clarges Street, London
W1J 8AB
Tél. : 0870 606 6750
www.the-kennel-club.org.uk

Société centrale canine
Administration L.O.F.
155, av. Jean Jaurès 93535
Aubervilliers Cedex
Tél. : 01 49 37 54 00
www.scc.asso.fr/

Fédération nationale des associations et écoles de chiens-guides d'aveugles
71 rue de Bagnolet BP603
75961 Paris Cedex 20
Tél. : 01 44 64 89 89
www.chiensguides.com

Protections, soins et dressage

Société protectrice des animaux (SPA)
39, boulevard Berthier
75847 Paris Cedex 17
Tél. 01 43 80 40 66
Fax : 01 43 80 99 23
www.spa.asso.fr

Société pour la prévention de la cruauté envers les animaux (SPCA)
5215, rue Jean Talon ouest
Montréal, Québec H4P 1X4
www.spcamontreal.com

Dispensaire de la fondation Assistance aux animaux
23, av. de la République
75011 Paris
Tél. : 01 43 55 76 57

Ethologia (Association belge d'étude et d'information sur la relation homme-animal)
194, rue Victor Hugo
1040 Bruxelles
http://users.skynet.be/ethologia

Fichier central des chiens tatoués
Tél. : 01 49 37 54 54.

Sites internet

Centre régional d'initiation à l'éducation canine (CRIEC)
www.criec-education.com

Commission nationale Education et Agility de la société centrale canine
www.cnea.net

Le site des animaux de compagnie
www.animorama.com

Tous les liens concernant le monde du chien, adresses utiles, éleveurs, pensions, aliments…
http://canifrance.free.fr

Espace pour les chiens, les chats et les autres animaux de compagnie…
http://new.mypetstop.com/

Association française d'information et de recherche sur l'animal de compagnie (AFIRAC)
www.afirac.org/

Le monde francophone du chien
www.chien.com/

Index

Remerciements

« Elle est exactement comme toi ! », me dit ma femme en regardant Macy, notre jeune Golden-Retriever, couchée à mes pieds tandis que je rédigeais cet ouvrage. « Elle fait semblant d'être détendue, mais en réalité, elle a envie de découvrir chaque odeur, chaque arbre, chaque écureuil, de se lier d'amitié avec chaque chien, chaque être humain, chaque canard qu'elle peut rencontrer. Ni l'un ni l'autre, vous ne pouvez ni ne voulez vous tenir tranquilles ! »

Julia a raison. Macy et moi avons hérité d'une curiosité naturelle envers le monde dans lequel nous vivons. Je crains que ce trait de caractère, très amusant à observer chez un chien, ne le soit beaucoup moins chez un humain. Merci, donc, Julia, d'accepter mes week-ends plongés dans les futilités canines et mes absences, que ce soit pour assister à des réunions ou travailler devant l'écran de mon ordinateur. Il est bon de savoir que tu découvres avec plaisir le résultat final.

Écrire ce livre fut une expérience merveilleuse, grâce à la compétence, à la sympathie et au professionnalisme de l'équipe éditoriale. Merci à Marek Walisiewicz, Paul Reid et Kati Dye, chez Cobalt id. pour leur amour des chiens et leur merveilleux travail d'édition.

Remerciements de l'éditeur

Cobalt id remercie le Dr Kim Bryan, pour son travail de relecture, Hilary Bird, pour l'index, Debbie Maizels, pour les illustrations, et les personnes suivantes pour leur collaboration au texte ou aux images. Le Dr Jane Dobson et Lizza Baines, du Queen's Veterinary School Hospital de l'université de Cambridge ; Paula Oldham de Iams UK ; le Dr A. Hesse, de l'Univeritätsklinikum, à Bonn ; Reinhard Forberger, de Boehringer Ingelheim ; la Portman Veterinary Clinic ; Anne Readings, des Silverstream Kennels ; ainsi que Logan, Arthur, Megan et Josie.

Crédits photos

L'éditeur souhaite remercier les personnes ou sociétés suivantes, qui l'ont aimablement autorisé à publier leurs photographies (légende abréviations : h=haut b=bas, d=droite, g=gauche, c=centre) :
1 : Getty Images/Morgan Mazzoni ; 2 : Corbis/Paul Barton (hg) ; 2-3 : Getty Images/Sean Ellis ; 4 : Getty Images/Paul Harris (bg) ; 4-5 : Getty Images/Ted Wood ; 6 : Getty Images/Karl Hentz (bg) ; 6-7 : Getty Images/Chip Simons ; 8 : Masterfile UK/Valerie Simmons ; 9 : Getty Images/Michelangelo Gratton (bd) ; 10-11 : Getty Images/VCL/Chris Tubbs ; 12-13 : Getty Images/Gary Randall ; 13 : RSPCA/Angela Hampton (hg) ; 14 : NHPA/E. A. Janes ; 18 : Getty Images/Gary Randall ; 21 : Digital Vision ; 37 : Science Photo Library/NIBSC (cd) ; 37 : Getty Images/Peter Cade (hg) ; 43 : Science Photo Library/J Walsh (cd) ; 45 : Science Photo Library/Biology Media (bd) ; 51 : National Geographic Society/James L Stanfield ; 57 : Corbis/Jim Craigmyle (hd) ; 57 : Pictor International (hg) ; 129 : Marek Walisiewicz (cg) ; 131 : Getty Images/Lorentz Gullachsen ; 141 : Portman Veterinary Clinic (bd) ; 163 : Getty Images/Ron Chapple ; 167 : RSPCA/Tim Sambrook (bd) ; 187 : Getty Images/Lori Adamski Peek (bd) ; 203 : Marek Walisiewicz (hd) ; 207 : Getty Images/Christian Michaels ; 209 : Sylvia Cordaiy Photo Library Ltd/Monika Smith (bd) ; 215 : Science Photo Library/Sinclair Stammers (hd) ; 217 : Science Photo Library/K H Kjeldsen ; 231 : Science Photo Library/Alfred Pasieka (bd) ; 232 : RSPCA/Angela Hampton (hg) ; Cheryl A Ertelt (hd) ; 233 : Science Photo Library/Eye of Science (bg) ; 235 : RSPCA (hd) ; 236 : RSPCA/Angela Hampton (hd) ; 241 : Queen's Veterinary School Hospital, University of Cambridge (bd) ; 246 : RSPCA/Ms Marina Imperi (h) ; 248 : FLPA - Images of nature/Martin B Withers (hg) ; 248 : Sally Anne Thompson (hd) ; 250 : Portman Veterinary Clinic (bd) ; 258 : Warren Photographic/Kim Taylor (hg) ; 259 : Warren Photographic/Jane Burton (bd) ; 261 : Marek Walisiewicz (hd) ; 263 : Prof Dr A Hesse, Univeritätsklinikum, Bonn (bd,1), (bd,2), (bd, 3) ; 264 : Queen's Veterinary School Hospital, University of Cambridge (bg) ; 267 : RSPCA/Tim Woodcock (hd) ; 271 : Science Photo Library/BSIP (bg) ; 273 : RSPCA/Angela Hampton (hd) ; 275 : Getty Images/Jeffrey Sylvester (hg).

Pour plus d'informations, consulter :
www.dkimages.com